本书为广东外语外贸大学所承担省“211 工程”三期重点学科建设项目“人文学中心建设——比较文化视野的文学通化研究”系列成果之一

人文学丛书 第二辑

主编 栾栋

文化传承的隐形力量

越南的妇女生活与女神信仰

吴云霞 著

暨南大學出版社
JINAN UNIVERSITY PRESS

中国·广州

图书在版编目（CIP）数据

文化传承的隐形力量：越南的妇女生活与女神信仰/吴云霞著．—广州：暨南大学出版社，2012．8
（人文学丛书·第二辑）
ISBN 978－7－5668－0322－1

Ⅰ．①文…　Ⅱ．①吴…　Ⅲ．①妇女—生活—研究—越南②神—信仰—研究—越南　Ⅳ．①D443．337②B933

中国版本图书馆 CIP 数据核字（2012）第 200583 号

……………………………………………………………………………………

文化传承的隐形力量：越南的妇女生活与女神信仰
著　　者：吴云霞

丛书策划：史小军
责任编辑：陈绪泉
责任校对：程　辰　张　纯

地　　址：中国广州暨南大学
电　　话：总编室（8620）85221601
营销部（8620）85225284　85228291　85228292（邮购）
传　　真：（8620）85221583（办公室）　85223774（营销部）
邮　　编：510630
网　　址：http：//www. jnupress. com　http：//press. jnu. edu. cn
排　　版：广州市广海照排设计中心
印　　刷：佛山市浩文彩色印刷有限公司
开　　本：787mm×960mm　1/16
印　　张：17．5
字　　数：300 千
版　　次：2012 年 8 月第 1 版
印　　次：2012 年 8 月第 1 次
定　　价：38．80 元

总　序

栾　栋

克服“单面人”生产和突破“块垒式”教学，探索宽基础、大口径、深层次培养通识通才的途径，是世界所有高校的重大难题，也是广东省建设文教大省不可回避的关隘之一。近几年我们以省重点扶持学科——比较文学为依托，进行了集约性融通的尝试，一系列成果聚焦于“人文学中心建设——比较文化视野的文学通化研究”。2008年底，我们以此为题，获省“211工程”三期重点学科建设工程立项，一个融通人文学科的核心实践在广东外语外贸大学拉开序幕。

何谓人文学？从学科脉络上讲，她是研究文史哲互根的学问；从学术本质上看，她是求索中西学融会的艺术；从学理辐射而论，她是探讨教科文贯通的方略；从学丛变数展望，她是文科大类场域趋通的津渡。我们将之作为文学化感通变的“核心加速器”，从“比较文化视野”多向度运作，以推动中外语言文学的通化性研究。这是我们创新团队数十年的精心设计，是我校长期师资建设和学术积累的集成绽放，是我校比较文学在本科、硕士、博士学位授权点和博士后流动站配套后的新拓展，尤其是我校作为省属涉外型重点大学对“明德尚行，学贯中西”校训的认真践履。

“人文学中心”是广东省文科基地重点项目建设的一个工作站。本中心面向海内外招聘学术带头人和教研骨干，大力推动国内外同行间的多向交流，旨在打破近代以来人文领域分科治学人为分界的局限，同时坚守合理的规则，以具有长远规划、长期积累和趋向性影响的重大项目实施，带动人文主干学科多面建设。

从省文科基地已经完成的“人文学研究”成果和全校人文力量的整合情况来看，以“人文学中心建设——比较文化视野的文学通化研究”为题，全面推进省“211 工程”三期重点学科建设项目的效率日益加强。广东外语外贸大学的人文人为学校、全省和全国高教界践履这一历史使命的努力正在稳步付诸实施。

本团队积极进行中外语言文学的教研改革，力求在人文学探索上有较大的突破，把中心建成教学科研、学术交流和资料信息的综合平台，努力实现省内领先、国内出色的目标，扩大在国际学术界的知名度。增强实力，协调运作，承担对本学科发展具有中长期导向作用的重大课题，使中心成为在国内外有一定影响力的人文学高层次人才培养基地和文史哲通化研究的资料中心。

“人文学丛书”是“人文学中心”建设的一个信息窗口，她将本项目的水平标高展现给社会。“人文学丛书”也是“文学通化研究”的一个交流平台，她把本团队融贯文史哲和匀兑中西学的成败利钝呈现出来，与学界同仁品鉴。这套丛书包含三个方面的内容，其一是人文学原理与方法探要，其二是中外文史通义问题求索，其三是中外文学通化现象研究。毋庸讳言，这样一套丛书的编著，连同上述“人文学中心”建设的重大任务，都属于既“吃螃蟹”也“尝蜘蛛”的艰险行动。但是全球化的历史潮流迫使我们斗胆进取，面对国际教科文演变的一道难题，中国的人文学者总得交出自己的答卷。

“人文学丛书”第一辑的十部著作已于 2011 年出版发行，此次第二辑十部著作整装待发。本辑的第一本是栾栋教授主编的《人文学概论》。这部书稿既是一本研究性的著作，也是一种人文学的切题教材。绪论部分首先从学科发生学体察，循序渐进地揭示了人文学的生态概观；其次是从古代艺文志逆推，道动于反地回溯了人文学的古根远源；再次从学术场合论发凡，圆观宏照地擘画了人文学的毗邻大类；最后从学术集约论综述，深入浅出地阐明了人文学的学品基质。正文部分共分三编，以栾栋教授关于“文史哲互根”的命题作为提纲挈领的聚焦点，钻仰古今人文学术大师的人文深衷和思想智慧，把握人文学作为重大研究领域的时代精神。第一编是对华夏人文化成的探索，主要揭示《周易》、《道德经》、《论语》、《庄子》、《史记》、《文心雕龙》等古代典籍的人文思想，说具体点，是从人文学的角度，阐发中国文史通义的学术精华。第二编主要以现代人文大师作为研究对象，我们选取蔡元培、王国维、陈寅恪、鲁迅、钱穆、唐君毅、钱锺书作为钻仰的楷模。大师级的学者远不止这七位，仰泰山朝北斗，是概而论之。人文巨擘是人文学园地的参天大树，是人文学建设的光辉灯塔。他们给了我们榜样，给了我们智慧，照亮了我们前进的方向。第三编是对西方人文学发展的回溯与解析，尤其对西方人文学思想的萌芽期（大致经历了古典人文主义）、兴盛期（近现代人文主义）和重构期（后现代人文主义）作了擘肌分理的研究。从古希腊、文艺复兴到现代主义以及后现代主义，西方的人文学在宗教中洗练，在主义中磨合，在科技中陶冶，有如江河千回百转而入海，在人文学的节点上找到了重审人文的平台。简单地讲，这本《人文学概论》是对人文学历史、现状及各类形态的透视，也是对古今人文学术大师的一次瞻拜。人文学作为一个重大研究领域正在悄然兴起，这本概论既是一次学术巡礼，也是一种教材建设。我们将这本著作献给高校的学科建设，虔诚地祝福人文学。

第二本是陈桐生教授的《〈论语〉十论》。如题所示，全书共探讨了十个论题。“《论语》成书论”力求真实地还原孔门七十子后学“记”、“辑”、“论纂”的情形；“《论语》地位论”试图纠正“《论语》之外，免谈孔子”的偏颇；“《论语》分期论”将全书四百八十六章语录划分为四个时期；“《论语》文体论”探讨《论语》文体渊源及其创新；“《论语》渊源论”追溯孔子学术思想渊源；“《论语》仁学论”论述孔子仁学及其他伦理概念；“《论语》礼乐论”研究孔子的礼乐思想；“《论语》孔子论”讨论《论语》中的孔子自述和弟子时人对孔子的评论；“《论语》人性论”研讨孔子的人性学说；“《论语》教育论”探讨孔子教育言论的方法论意义。在十个论题后面，附有《论语》简注。陈教授研究孔子及其思想多年，在《论语》研究方面的造诣尤其深厚。他通过上述论题的探讨，旨在帮助读者了解《论语》的相关知识及其思想内涵，可谓大手笔撰写国学的通识著作，对儒学研究者是不可多得的参考书，对普通读者更属案头必备。

第三本是王焱副教授的《得道的幸福——庄子审美体验研究》。以幸福问题作为庄学的价值取向在国内外尚不多见。本书是一个耐人寻味的学术探索。作者以审美体验为中心，以实现幸福为旨归，对庄子体道的内在机制与外部效应进行全方位的考察。庄子的审美体验即得道体验，而得道正是庄子所认为的终极幸福。本书对庄子审美体验的发生基点、获得途径、呈现特质、终极依据等进行了系统研究，并对庄子审美体验学说的外部效应，即其历史与现实意义进行了尽可能广泛的扫描式和深入的揭示。古老的思想在本书中变为现代美学话语，诸如，何为得道，为何得道，如何得道，都讲得通俗易懂。得道即领会宇宙精神，达致最高境界。得道之人能享有“至乐”、“逍遥游”、“与物为春”的生命体验。得道是对本性的回归，是对自我与世界原初亲密关联的恢复。要达至体道之境，不仅需要运用高明的处世之方安顿生命，还需要有特别的精神修炼术，使心灵免于无谓的痛苦，重返空明。庄子的审美体验学说能为现代人提供谋求幸福的生命智慧，同时也蕴涵着自身的危机。我们相信，读者不仅能从其中领会庄子的人文思想，同时可以体悟得道的幸福和谋幸福的门径。

第四本是肖四新教授的《欧洲文学与基督教》。基督教在近两千年的发展过程中，已经积淀为一种对欧洲社会的价值观念、伦理准则和生存方式产生巨大影响的文化现象，也构成了欧洲文学的精神底蕴。但基督教的内涵是复杂的，而且是一个动态的历史概念，有其发展变化的历程，这种复杂性与动态性也体现在欧洲文学中。本书在对基督教内涵进行辨析的基础上，以欧洲文学发展史为线，欧洲文学中的经典作家作品为点，从基督教内涵在欧洲文学中的嬗变这一角度出发，对欧洲文学与基督教的关系进行梳理与辨析。本书认为，自中世纪以来，欧洲文学在其发展过程中走过了一条对基督教“顶礼膜拜—反思与反叛—回归与超越”的变迁之路。作者对欧洲文学与基督教关系的解读体现出西方人文主义思想的总体导向。基督教不是文学，但是基督教孕育和孵化了欧洲两千多年来的一种信仰性的文学。信仰性的文学不是宗教，然而信仰性的文学包蕴同时也披露了文学与宗教之间复杂的关系。肖四新教授的解读深入浅出，脉络分明，为读者提供了打开欧洲文学与基督教关系的一把钥匙。

第五本是李亚旭博士的《走向熔铸：全球化时代的文学研究》。如题所示，该书论述的重点问题是全球化时代的文学研究，其基本主张是全球化时代的文学研究应该走“熔铸”之路。作者对比较文学学科发展史与全球化的内在联系作了全面、系统的考察，并从全球化进程各个阶段的特点出发对比较文学法国学派、美国学派与中国学派的学科理论给予“了解之同情”和平实之阐释。他认为，文学的世界性交流与世界市场不断扩展的历史相互影响、相互塑造。简言之，比较文学的学科发展史，是比较文学研究领域从有影响关系的跨国别文学到没有影响关系的跨国别文学、跨学科领域扩展的历史，其世界文学视野从有共同文学源头的欧洲文学，扩展到了东西方跨异质文学的比较研究。这一发展历程是对全球化从以欧洲为中心的资本主义全球化，向以美国为中心的东西方（世界性）全球化推进的反映。本书在讨论比较文学与全球化的“能量流动”的基础上，提出比较文学的一个新趋势，即走向栾栋教授所主张的“熔铸性研究”，并进而论证了此举对于中国软实力建设的必要性与可行性。

第六本是法国让·贝西埃的《文学理论的原理》。贝西埃是巴黎新索邦大学比较文学教授，曾任国际比较文学学会会长。该书是他的代表作之一。作者发现文学研究的危机与人们对作品的某种盲视相关，这种盲视又与文学本身的模糊性和不确定性有密切的关系。本书从哲学、历史和修辞学的多重视野，翻检欧洲文学的重大文类（les grands genres）、重要诗学和文学思潮。第一部分聚焦于作品之场；第二部分探讨作品之体；第三部分解析作品之行；第四部分论述作品自立性、体裁、作者和读者之间的关系。该书是西方高校文学研究的必读书，翻译者是著名教授史忠义先生。史先生是我们外国文学文化研究中心的兼职研究员。他曾先后在洛桑大学和巴黎大学就读，获两所名校的两个博士学位。贝西埃先生行文诡异，尽量不用名词，而用代词和关系从句。其风格既与文学的复杂性和多样性盘根错节，也与他本人的思想特点互为表里。史教授的译文深得贝西埃原著的精神气质。如果说贝西埃的这部著作为我们提供了西方文学理论变化的一个范例，那么史忠义教授的译文则为我们提供了解读贝西埃以及西方文论变化的一个绿色通道。

第七本是外国文学文化研究中心的兼职研究员刘介民教授和广州市华夏学院刘小晨老师的著作《哈拉维赛博格理论研究——学术分析与诗化想象》。西方著名的跨学科学者堂娜·哈拉维（Donna Haraway）思想激进且前卫。她的“赛博格宣言”（The Cyborg Manifesto）是当代重要的一股文化思潮，影响遍及西方社会的方方面面。本书是对当代赛博格理论和方法的专题研究。论域涵括以下主要问题：当代赛博格的理论构思、学术话语、科学哲学等相关方面。作者对这些问题作了深入、严格而又简明的论证。譬如对哈拉维思想体系围绕着“人的本质是什么”这个核心问题的探讨；又如对连接大脑与机器的赛博格系统是否可以用机器替换人体的思维模式研究；再如对人体越来越受到现代科学技术的影响，特别是生物技术和信息技术的发展趋势的影响研究。作者对哈拉维赛博格理论的探讨相当深入，将之放到西方后现代人文思潮的大背景中进行阐发和评介，这对读者理解哈拉维赛博格理论及其在整个外国文学发展进程中的意义很有帮助。从本书的字里行间，我们还可以感受到作者传介西方科学哲学思想的良苦用心，读者或可从中获得如何自主创新的学术启发。

第八本是吴云霞博士的《文化传承的隐形力量——越南的妇女生活与女神信仰》。在地域分布上，包含中、日、韩、越的东亚文明是一个可以互相阐释的整体，本书依据对越南民俗的实地考察，从女神信仰这一视角切入东亚精神的内核。作者主要采用民族志的研究方法，考察了越南北部红河三角洲地区一个古老村落的日常生活与风俗场景，勾勒出越南妇女的生计模式、家庭分工、信仰空间与精神传统。由于广泛参与家庭及公共事务，妇女的权威性得以彰显，逐步形成与儒释道思想并存的女神信仰传统。传说与民俗的互补共建令越南女神体系异彩纷呈。本书梳理了女神信仰的故事源头与思想脉络，展现了越南本土文化的特色。东亚文明以儒家文化为内核，结合各国本土观念，形成了独特的民俗。以越南女神信仰为代表的东亚女神信仰融合了儒释道思想，成为一种巫俗，而东亚妇女在衣食住行、婚丧嫁娶等生活层面则切实传承着各自的民族文化，这是以往被忽略的文化潜流。作者侧重研讨越南妇女民俗，分析女神信仰对女性人格的塑造作用，提出“母性精神”在当代社会对女性发展的指导价值。作者从神话语境中探寻越南女神信仰的脉络，于妇女民俗叙述中揭示越南女性的成长。本书的笔调自然流畅，从神话与越俗虚实相生的评介中，展示了女神与女性之间彼此互释的研究路径。

第九本是张竞生博士的《卢梭教育理论之古代源头》。张竞生是我国民国时期第一批留洋（法国）博士，广东籍的新文化运动名人。该书原著是法文。著名作家张培忠先生对张竞生及其著作非常关注，他积极谋划，多方运筹，从法国发掘采编，并请莫旭强教授将之翻译成了中文。作者系统地揭示了启蒙运动思想家卢梭教育思想的古代源头，对于理解卢梭及其思想具有重要的价值。作为“五四”时期的弄潮儿，张竞生将其思想在大江南北广为传播。鲁迅、林语堂等同代人都给予张竞生以相当高的评价。作为北大名教授和“五四”时期的思想家，张竞生是我国新人文研究不可或缺的一位学术人物。本书在前两章对卢梭教育思想的古代源头进行了清晰的总体理论梳理，并分别用智力教育、道德教育、宗教教育、政治教育、女子教育共五章对卢梭教育理论的形成详加分析，以历史考证的方法，揭示了卢梭的学说体系及其与柏拉图、普鲁塔克、亚里士多德、法沃里努斯、西塞罗、色诺芬、瓦罗等古代思想家的异同。在张竞生眼里，卢梭是一个伟人，是一位天才。然而，他并不满足于仅仅寻找和理清卢梭教育学说的源头，一味赞颂启蒙运动的巨人。他对卢梭思想的局限性和诸多缺憾，也有批评指陈。卢梭的教育思想对西方乃至全世界都具有极大的影响。相信读者通过对本书的阅读，可以加深对卢梭的人本教育和自然教育思想的理解。

第十本是强海燕教授和郭葆玲老师主编的《北美大学人文课程研究》。强海燕教授是国内外知名的教育学专家。她是华南师范大学教育学博士生导师，是广东外语外贸大学的客座教授，也是外国文学文化研究中心的兼职研究员。本书是强教授率领我们团队的中青年骨干教师共同攻关的学术成果之一，也是大学人文通识教育专题研究方面颇具参考价值的学术结晶。作者从跨文化比较的视角，探讨了北美十所知名大学人文教育课程的理念、目的、传统与现代发展，特别关注其中所体现的人文精神。“人文教育课程”研究在通识教育的框架下展开，主要探讨文史哲、艺术与社会科学、写作等科目对“完整的人”的形成所起的至关重要的作用。其中历史篇为读者展示北美国家高等教育及其人文教育课程演变的历史脉络；个案篇对十所选样大学逐一进行微观考察；比较篇分别对世界一流大学、综合性大学、理工科大学、本科教学型大学的人文教育课程进行比较分析，总结不同类型大学人文教育课程的独特性。结语部分揭示了北美大学人文教育课程本质属性的变化和发展，在课程设置模式上的多元性，在课程内容上的动态性和时代感，以及在课程结构和层次水平设计上的科学性，在人文课程两种导向上的利弊问题等普遍性特点。这些发现与思考将对我国大学人文教育课程的建设起到参考、对照、启发和借鉴作用。

上述十种论著从不同角度阐发了人文学的一些大的方面。从表面上看，这些著作云行雨施，各有所专，与建设人文学中心的主旨若即若离，实际上它们都很切近人文学思想的大主题，每部书都从治学理路上体现“文史哲互根”的思想，从学术格局上追求“中西学融通”的大端，在学科交叉上体现“教科文通化”的愿景。细心的读者可以从每本书的字里行间看到历史与人文的磨砺，看到思想与逻辑的扭结，看到学问与学科的切磋。这些都昭示着人文学在起根发苗。

这套丛书的主编是广东外语外贸大学外国文学文化研究中心主任栾栋

教授。他是广东省“211 工程”三期重点学科建设项目“人文学中心建设——比较文化视野的文学通化研究”的首席科学家。该丛书的总策划是暨南大学出版社总编辑史小军教授。

“人文学丛书”的出版渐入佳境。人文学中心建设的四个创新团队在夜以继日地工作。在本辑的十部著作付梓之时，第三辑的撰写正有条不紊地进行。此外，人文学研究走出去的思路也在酝酿中。对于广东外语外贸大学的人文学者而言，人文学中心建设是一个持之以恒的学术追求，人文学研究未有穷期。

2012 年 8 月 1 日

于广州白云山麓

目　录

第一章

绪　论

第一节　选题缘起

回溯2005年春节，我去越南海防探亲，想体验一下当地的节日民俗。来自河内的一个电话邀请，让我迫不及待地坐上了开往河内的汽车，进入到一个传统的订婚典礼现场。在浓烈的喜庆气氛中，我对越南民俗产生了浓厚的兴趣，至今还记得我的那位窈窕温柔的女学生阿垂穿着粉红色的越式长衫，佩戴着她母亲赠送的黄金项圈，在祖先的神龛前凝神驻足……

那是个信奉天主教的家庭，但订婚和结婚的典礼都是按照越南的传统仪式举行的。阿垂的父亲是驻中国的外交官，她在国外有很多继续深造的机会，令人不解的是她却走了最平凡的路：大学毕业前订婚、结婚，毕业典礼时接受新婚丈夫的祝贺，之后工作、生子。看起来，她似乎非常乐意成为一个平凡的妇人。曾经与阿垂一道来广州留学的表姑阿贤（她们几乎是同龄人）说过等孩子长大了她们会回广州学习汉语，至今她的孩子已经上幼儿园了，她还不能实现梦想，但是她谈起自己的新居时仍然是一副幸福的模样。

如同一粒石子在湖中激起层层涟漪，我一发而不可收地开始调查、访问，一步步走入越南北部的妇女生活。真实的见闻展现出越南妇女生活的丰富内容，在众多的民俗活动中，妇女起到了关键的作用。这些现象不时提醒我去继续关注越南妇女的生活，正是妇女生活的点点滴滴在不露锋芒的状态中传承了这个民族的传统文化。

2006年9月，我去广西民族大学查找与越南研究相关的资料时，拜访了越南问题研究专家范宏贵教授，他用自己的见闻向我描述了越南老百姓的生活：越南的家庭仍然保存了许多传统，大部分越南北方人的家庭观念比较重，家庭成员之间既注重礼节又注重情感，所以生活是很温馨的。与广西大学的袁少芬教授交流时，她认为越南妇女乐观开朗、能歌善舞，同时她也赞叹越南妇女具有坚韧的个性，即使在中越军事摩擦不断的1979—1989年之间，中越边境的贸易往来仍然悄悄进行，而挑着担子来换粮食和货物的正是越南妇女。

与专家的讨论令我更加坚定地选择越南北方妇女作为研究对象，我渴望了解越南妇女为家庭操劳而乐此不疲的内在动力，以及越南妇女在社会生活和家庭生活中的地位与作用，尤其是她们对妇女传统的自觉意识。

越南社会深受中国儒家思想的熏习，中国学者普遍认为越南是一个男逸女劳、男尊女卑的社会。而从社会现象上看，越南妇女在社会事务当中的参与程度非常高；从历史上看，越南的女性民族英雄非常多；从信仰上看，越南的女神也非常多。笔者认为，越南的民间传统塑造着越南妇女的特点，从女性与宗教（民间传统）的关系入手，不仅能够理解越南妇女的精神世界，而且可以通过宗教实践的表征，进一步理清越南女性在社会生活、家庭生活中的处境与地位。

家庭和宗教是人类学调查最感兴趣的永恒课题，因为在人类学家用来进行分析的社会文化体系中，家庭和宗教系统最容易辨认，具有全人类性质，而且在家庭和宗教系统之间存在着一种独特的亲缘关系（Melford E. Spiro，1987）。

宗教与女性的关系总是处在一个不断发展变迁的过程中。在亚洲，早先一般对妇女很尊敬，同时崇拜女神，而且妇女有机会参加宗教活动，但是到了儒家思想占据主导地位后，妇女就被贬到远远低于男人的地位，允许她们负担的宗教任务大多是不起眼的或者是带有服务性质的活动。但是，在巫术中，女性被认为是领先的，女神无论是在威望还是在权力方面都居于男神之上。在越南乡村普遍存在的升童 Lên Đồng（跳神活动）以及与之相关联的女神信仰，不仅仅停留在巫术的层面，它对于外来的佛教与道教在越南社会的本土化进程具有统合、改造的功能，值得学者去深入研究。

从越南历史上涌现的著名的抗击外敌的女将士、女英雄的事迹来看，越南妇女既拥有传统东方女性注重家庭生活的特质，又具备坚毅勇敢的战斗性品质，她们在政治舞台和民众的心中都创造了丰功伟绩。此外，与越南妇女紧密相连的“母神信仰”仪式具有丰富的现象和深刻的内涵，令人不知不觉地联想起“神的世界”的女性与现实生活中的女性的对应关系，笔者希望能够另辟蹊径，从母神信仰的角度去探讨越南妇女的社会地位问题。

从 1945 年到 1975 年的大部分时间里，越南相继陷入抗法、抗美的战争，1986 年开始实行以改革开放为主题的“革新”政策。经历了战争、革命和社会主义转型，越南正处在建立现代社会的过程中。社会学研究者非常关注越南的发展，因为它是一个体现了文化冲突与文化整合的社会，越南人将怎样处理新的文化要素、殖民时代的文化要素、殖民时代前的文化要素，这是社会学研究者感兴趣的问题。

本书研究的学术目标有两个：一是希望展现在社会变迁中越南妇女真实的生活图景，记录当代越南妇女的生活现状，为越南妇女的研究提供第一手资料；二是对亚洲妇女地位的讨论需要作进一步的地域分析。本书尝试从民间信仰的角度去讨论越南妇女的地位，为这个历久弥新的话题增添不同的视角与答案。

第二节 相关研究回顾

从公元前214年秦朝在今天的越南北部设置“象郡”开始，越南一直属于中国封建王朝疆土的一部分，这样的状态长达一千多年之久，直到公元968年丁部领建立大瞿越国（越南丁朝）[①]，越南才开始成为独立的国家。从此以后，中越之间开始建立“藩属关系”，越南因而成为朝贡体系中的一员，这种关系一直延续到1885年越南丧失主权成为法国的殖民地为止。因此，越南古代的政权建制与教育制度都借鉴了中国模式，中国哲学之儒、道等思想对越南也有深远的影响。此外，越南与中国之间有许多跨境民族，中越边境的民间贸易从来就没有停止过。

首先，在文献综述的第一部分，笔者将回顾学者针对东亚民间信仰的神灵体系所作出的研究成果。越南研究可以作为儒家文化圈、汉字文化圈[②]的一部分，考察其语言、风俗习惯和社会关系，从而分析出越南文化与东亚文明的内在联系。

其次，文献综述的第二部分将接着讨论性别、宗教与家庭之间关系的研究成果。东亚文明除了主流的儒、释、道思想之外，还有一股潜流一直对民众产生影响，这就是对于女神的信仰，因为中国黄河流域传统农业文明的男耕女织生产模式在一些地区产生了一些变体，比如日本的冲绳岛、

① 公元938年，吴权与南汉军队在白藤江大战告捷，随后吴权称王，越南老百姓普遍认为此时是越南作为独立国家的开始。但吴权并未统一安南地区，所以968年丁部领称帝乃为越南独立国家的开始。

② 越南曾经在很长时间内使用汉字，1917年，法国殖民者颁布法令，废除汉文和科举之制，强令越南举国上下一律使用拼音文字。

古代朝鲜的济州岛、中国福建地区等，女性拥有更多的生计方式，从而掌握更大的经济自主权。调查越南的民俗之后发现，越南最重要的民间节庆除了春节之外就是农历三月和八月的庙会，与这两个庙会相关的神灵分别是“柳杏圣母”和陈朝的“兴道大王陈国峻”，他们是越南“母神信仰”的主神。越南的母神信仰涉及“性别、宗教与家庭的关系”，可以成为一种特殊的关系类型。

最后，在文献综述的第三部分，将20世纪初到当前有关越南妇女生活研究的著作加以整理，以表现越南妇女生活状态的变迁，并与本书所呈现的越南妇女的现代生活加以比照。主要内容包括以下三个方面：妇女经济地位，婚姻生育及礼仪、女神信仰仪式。

一、民间信仰神灵体系的分类研究

著名的古典人类学家泰勒的《原始文化》（1871）和弗雷泽的《金枝》（1890）把中国民间的信仰、仪式、象征等现象与“原始的文化”列为同类。19世纪末，荷兰汉学家格如特根据在福建民间的调查写成的《中国宗教体系》（1892）一书，把民间的信仰和仪式与古典的文本传统相联系，认为民间信仰体系是中国古典文化传统的实践内容，是系统化的宗教。王斯福（1978）与桑格瑞（1987）认为古典文本传统和宇宙观对民间信仰具有相当的影响力。

1974年由斯坦福大学出版、武雅士主编的《中国社会中的宗教与仪式》一书总结了中国民间宗教的特点，发现汉人民间宗教存在一个共同的象征系统：神、祖先和鬼。其社会根源是中国农民的社会经历，在农民的生活世界中，存在三种人：①常来向他们收税、规范他们行为的官员；②他们自己的家庭或者宗族成员；③村落外部的“外人”和危险的陌生人等。神、祖先和鬼分别表达的是农民对他们的社会世界的阶级划分。王斯福认为神和祖先象征着社会对它的成员的包括力和内化力；而鬼象征着社会的排斥力和外化力。

1981年，马丁在所著的《中国仪式与政治》一书中指出：中国民间仪式雷同于衙门的政治交流过程，是一种意识形态交流的手段，具有自己系统化的符号与程序。在宗教祭拜中，神就是官员，祭拜者就是百姓或下属。中国社会中的仪式反映了民间对政治交流模式的创造。

1992年，英国人类学家王斯福发表《帝国的隐喻：中国民间宗教》，他认为汉人的民间宗教隐含着历史上帝王统治的影子，但地方上民间仪式的实践具有地域性。官方的仪式通过宇宙仪式化，在象征上创造了帝国的象征政治格局。对民间而言，这种格局却成为仪式上的傀儡，因为操演它的是地域化的社区或者民间权力的代表人。

施坚雅与桑格瑞（1987）在探讨仪式行为的区域性问题时指出，民间的小庙是大的区域的"根庙"的分化，民间小庙到大的"根庙"朝圣的行为是把地方庙宇与中心庙宇联结在一起的媒介。

与神灵世界的沟通是越南妇女生活中的重要环节，通过对越南民间信仰神灵体系的梳理，可以进一步体现妇女对自身生活情境的认同。越南北部普遍的民间信仰是祖先崇拜、土地神信仰以及村落保护神（城隍）信仰，与女性生活密切相关的女神信仰拥有更广阔的信仰圈，而且伴随着季节性的朝圣活动。越南妇女对神灵的认知系统值得探讨。

对越南民间信仰的研究在1930年代就得到了关注。Nguyen Van Khoan在《论亭与东京地区的城隍崇拜》[①]（Essai sur le Đình et le culte du Génie Tutélaire des village au Tonkin）中解说了亭的结构、配置、功能、祭礼日、仪礼、祭祀用具等，总括性地论述了亭与城隍神的关系，后半部分还介绍了各地罕见的城隍神以及各自相关的仪式。导语部分简洁地说明了各种神灵信仰体系与祭祀用品，并描述了"祭祀"（儒教式祭礼）的全过程。在满铁东亚经济局编的《印度支那民族志》（1943）第一部"乡村的守护神信仰"一节中部分收录了该文。

越南民间信仰的神灵非常丰富，本书希望清晰地归纳其民间信仰的脉络，并且就神灵分类从当地人的认知角度上加以论述。

二、关于性别、家庭与宗教的研究

Laurel Kendall的著作《萨满、家庭主妇、不安的神灵：韩国宗教仪式中的妇女》[②]通过研究韩国女性与萨满仪式的关系，发现了韩国女性借助

---

① Nguyen Van Khoan. Essai sur le dinh et culte du génie tutélaire des villages du Tonkin. *GEFEO*. 1930, 30（1－2）：107－139.

② Laurel Kendall. *Shamans, Housewives, and Other Restless Spirits: Women in Korean Ritual Life*. Honolulu：University of Hawaii Press，1987.

宗教力量获得在家庭中不可忽视的权利和崇高的社会地位。她认为传统学者受儒学影响以及对迷信的轻视，只关注佛教、儒教和新近繁荣的天主教，萨满和女性信仰传统在官方宗教（official religion）中被忽略。实际上女性的宗教仪式也解决了很多问题。韩国的传统女性应该是被压制的，但是实际上不是完全丧失权利。女性的角色补充了男性的角色，传统的理解过分强调了女性在日常生活和宗教仪式中的从属地位。她还重点解释了萨满和家庭宗教的关系，在韩国从事萨满活动的通灵者主要是女性。在家庭仪式中，男性主持祖先祭祀仪式，女性主持对神灵的仪式；男性定期与祖先沟通，女性在家庭出现异常状况时与死者进行沟通。女性为了自己家庭和后代家庭的利益，对神灵负有相应的责任，与家族相关的神灵是家庭主妇必需的知识储备，这将有助于她维护自己家庭的利益。

Laurel Kendall 将同样具有儒学社会背景的韩国与中国台湾地区进行比较，结论是韩国女性在家庭生活中的权威感和责任感都高于中国女性，女性不洁的观念在韩国被淡化，韩国女性和女性萨满的地位也高于中国。

Melford E. Spiro 在《文化与人性》[①] 中指出，东亚的神灵与东亚的家庭结构有关。他认为宗教行为者对超自然存在的观念来源于他们对于自身的家庭成员的有意识或无意识的概念，尤其是孩子们对于照顾者的概念。有关父母的表象，形成了超自然存在的精神表征的基础和概念模式。东亚的家庭紧张和宗教有着密不可分的关系，他总结出来东亚家庭主要有四种紧张关系——父子之间的紧张关系、母子之间的紧张关系、夫妻之间的紧张关系、兄弟姐妹之间的紧张关系。在祖先崇拜中，祖先的严厉特征来自父亲的形象，母亲是认知上最为突出的祖先。女神表征着东亚母子关系中母子之间的养育和依赖关系。妇女献身于宗教职业的动机主要是在家庭婚姻关系中遭受到性挫折。

中国学者连镇标在《多元复合的宗教文化意象——临水夫人形象探考》（2005）中分析了女神陈靖姑从原形到道家形象的形成过程。这位女神的形成过程是一个不断改造、完善的过程，女神的形象是经过历史积淀的文化意象，这个综合的形象体现了社会各阶层的精神寄托。

---

① Melford E. Spiro. Some Reflections on Family and Religion in East Asia, Culture and Human Nature. *Theoretical Papers of Melford E. Spiro*. Chicago: Chicago University Press, 1987.

日本学者野村伸一在论文集《东亚的女神信仰与女性生活》① 中收集了中、日、韩三国女神信仰的田野调查、民间传说与历史材料，论述了东亚女神的两个特点：一是融合了佛道儒思想而成为一种巫俗信仰；二是产生了丰富的文艺娱乐活动。他认为妇女生活是东亚基层文化的基轴，女性日常生活是东亚女神信仰活动的真正源头。女性在家庭中传承文化，并且将这种文化留传给后代，当女性成长为劳动者，她依然是家庭中的中坚力量。在东亚社会，许多信仰与女性有关，因为许多与灵魂有关的祭祀都与女性的牺牲有关，有些女性为了生活出卖身体，或者做艰苦的生计而成为怨灵，要切断其强烈的怨恨就必须由女性来完成这个禳除活动。比如陈靖姑怀孕时祈雨抗旱而劳累致死，后人为了纪念她，称她为“临水夫人”，并且将她拜为产妇的保护神。野村伸一先生从东亚女神信仰活动入手研读东亚女性的生活史，肯定了妇女在民间信仰构建过程中的价值。

越南女神信仰的主要内容是针对“母神”的崇拜，在一个民族的神灵系统中男性神与女性神的突出品质往往能反映该社会对所谓男性气质和女性气质的要求和规则。宗教仪式是一个民族文化的历史积淀，在越南民间信仰中尤为突出的是强调“女神”是一位“母亲”，因其母性特质而提升了其神圣的价值。对女神的双重定义——女性气质与母性特质，要真正理解越南女神信仰的源头和价值，有必要将神灵体系与越南传统的家庭结构以及性别关系进行参照式研究。野村伸一先生认为东亚女神崇拜的主要形成原因来自“女性的牺牲”，而笔者则更期待开拓女神信仰对性别塑造的作用和意义。

三、关于越南妇女生活的研究

最早对越南社会进行全面深入研究的是20世纪初的法国学者，他们的研究得到当时驻安南②法国殖民机构的支持，研究者在越南本土作实地调查，所以对当时风俗民情的记录颇为翔实。由于1945年之后越南北方经过

① 野村伸一：《東アジアの女神信仰と女性生活》（庆应义塾大学東アジア研究所从书），东京：庆应义塾大学出版会2004年版。

② 安南是越南的旧称，唐代政府在河内建立“安南都护府”，始得此名。南宋淳熙元年（1174年）初，越南李朝国王李天祚遣使入贡，南宋孝宗始正式“诏赐国名安南，封南平王李天祚为安南国王”；次年八月，又“赐安南国王印”，“安南国”之名自此始。

土地改革和破除封建迷信等社会主义运动，越南的民间风俗在最近50年内发生了很大的变化。法国学者于20世纪初的研究成果至今为越南学者与日本学者所推崇。

代表作品有法国殖民地军官 E. Diguet 于1906年撰写的民族志《安南人：社会、习俗与宗教》。[①] 这本书首先从人种特征、家庭组织、行政机制三个方面来描述安南人的社会；其次记录了生育、婚礼和葬礼三个方面的习俗。书中详细记录了为一位妇女办理葬礼的情景，此外还记录了新生儿满月祭拜12位母神的仪式，以及孩子在一周岁的时候举办“抓周”仪式的风俗习惯。在描述妇女生育风俗的部分时，作者对安南妇女必须在封闭的烧着炭火的屋子里坐月子表示同情，他认为安南的生活需要更多科学的指引。在论述安南妇女地位时，作者强调安南妇女享有比中国妇女更大的自主权利，在社会和家庭中得到了更多的尊重。

此外，在印度支那研究会的赞助下，法国东方语言大学的法学博士 Emile Tavernier[②]1930年完成的学位论文《安南人的家庭》也是一部力作。作者认为安南的家庭与中国相似，女性从属于男性。但是寡妇有继承权，同时她们会受到族长的管理和保护。在家庭中，妻子的职责是相夫教子，同时在社会生活中起到非常大的作用。在社会中，妇女参与劳作与收获；在商人家庭，妇女负责沟通、协商，参与商务谈判，甚至在船上就能进行买卖。所以女性的地位非常重要，因为在农业生产和商业事务中，女性都起到了主要作用。作者发现安南很多大的贸易行和农庄都是由女性来负责经营的，相对于男性，女性更有优势，女性勤快，也善于积累财富和处理人际关系。

日本学者福田勇二郎的论文《有关一夫多妻制在安南的习俗》针对《东京[③]民法》相关预备调查中有关一夫多妻制的部分加以翻译与分析，其中有相当数量关于如何通过称呼表明正妻与次妻之间关系的信息。他将越

---

① E. Diguet. *Les Annamites*：*Société*，*Coutumes*，*Religions*. Paris A. Challamel Editeur，1906.

② Emile Tavernier. *La Famille Annamite*. Saigon：Editions Nguyen Van Cua，1927.

③ 这里的“东京”是指以河内为中心的越南北部地区。公元1010年，李公蕴建立李朝，定都升龙（即河内）。1428年黎利在东京（今河内）称帝，建立后黎朝（1428—1788）。1884年越南沦为法国殖民地后，法国殖民者将越南分割为三部分：南部称交趾支那（又名南圻），直接由法国统治，首府西贡；中部称安南（又名中圻），为法国“保护”下的王国，首府顺化；北部称东京（又名北圻），由越南王国“让予”法国管理，首府河内。

南资料翻译成日文介绍到日本，为后来的研究者提供了参考。①

山本达郎的文章《安南黎朝的婚姻法》②（1938）指出越南一方面自黎朝就传承了《朱子家礼》中的婚姻规定，另一方面却仍然形成了独特的婚礼。该文即是研究其形成过程之力作。婚姻法与裁定奸淫罪、通奸罪的刑法密切相关。该文以婚姻作为研究对象，亦讨论了对裁判同姓通婚等违法案例的刑律的存在。此外，作为参考，本文还记述了韩国在朝鲜王朝初期至此后250多年间一直未能解决的针对夫方居住律的履行问题，这是十分有价值的研究。此篇文章指出，为完善父系社会，刑律作为手段之一而得到应用。通过婚姻法的条例解析父系社会制度的进一步深化过程，同时也发现母系社会特征的强大生命力，这是非常特殊的视角。

山本达郎在《安南不动产买卖文书》③（1940）一文中概括介绍了1767—1865年间的纯私人文书性质的土地买卖协议，其中对1786年与1789年的两份文书进行了全文详细介绍，具有较高的史料价值。文章还论及土地买卖中妻子与女性继承人的地位。

Coughlin Richard J. 的文章《越南的怀孕与生育》④（1965）对越南妇女有关妊娠、生育方面的习俗、信仰和观念作了最丰富的整理，但也仅限于项目罗列，欠缺对其历史沿革变化的考察。作者偏重介绍其中"传统的、观念性的部分"，并指出其中绝大部分观念现在已不为多数越南人所尊重，故而有必要通过新的田野调查对当时的数据进行修正，尤其是北部的共产主义改革对传统习俗所带来的影响尚未作出评价判断。其中对1965年的情况作了简单整理，尤为珍贵。作者从人类学角度明确指出：对妊娠、生育的研究不应以个人的自然体验为对象进行阐释，而应将整个共同体及其期待，包括祖先在内的亲族、神灵和地域等方面的研究都纳入考察范围加以理解。

Gammeltoft Tine 的著作《妇女的身体，妇女的烦恼：越南乡村社会的

---

① 福田勇二郎：《有关一夫多妻制在安南的习俗》，《法学协会杂志》1944年第1期，第1～18页。

② 山本达郎：《安南黎朝的婚姻法》，《东方学报》1938年第8期，第247～318页。

③ 山本达郎：《安南不动产买卖文书》，《东方学报》1940年第1期，第370～383页。

④ Coughlin Richard J. Pregnancy and birth in Vietnam. In *Southeast Asian birth customs: three studies in human reproduction*. by Donn V. Hart, Phya Anuman Rajadhon, and Richard J. Coughlin. New Haven, Conn: Human Relations Area Files Press, 1965, pp. 209 - 273.

健康与计划生育》[1]（1999）20世纪90年代在河西省Vai Son社进行的调查，着重研究越南北部女性与卫生的问题。国民家族计划政策提倡妇女使用避孕器械，该文侧重于研究该政策的实施对乡村女性有何影响，以及其持续效力。本书通过民族志式的叙述，描述了妇女生活中个人情况、政治因素的复杂性，以及伦理道德的复杂性。

Gammeltoft Tine 还探讨了越南都市社会性观念的变化，其论文《一些特殊的人：都市性关系与现代越南》[2]（2002）指出了一个问题，即越南婚外妊娠的人工流产率较世界各国都高。此文以河内青年为研究对象，讨论都市行为模式下隐藏的恋爱、非婚交往，以及短暂而表面的都市社会关系表现的都市行为模式。

此外，Gammeltoft Tine 还继续关注越南妇女的堕胎问题，她发现与堕胎行为相关联的有一套宗教仪式。在论文《现代越南的堕胎仪式》[3]（2003）中，作者考察了现代越南北方为流产胎儿的灵魂举行仪式这一文化变迁中的特有现象。以越南妇女堕胎实例为中心，作者还考察了各种堕胎行为理由背后的个人差异、两义性以及其混乱状况，除了妇女，男性亦纳入考察范围。此外，人们对因流产胎儿衍生的诸多现象产生了新的烦恼与顾虑，为此而产生了全新的仪式行为，文中对此也有论述。

Malarney, Shaun Kingsley 对越南婚礼形式的改变进行了研究，在《论北越村落生活中社会主义婚姻改革的结果》[4]（1998）中指出，越南社会主义革命以后，政府对婚礼仪式进行了许多改革，对传统婚礼删繁就简，对诸项仪礼进行简化，此举得到了老百姓的广泛接受。

宫泽千寻的《越南北部女性的财产地位：从19世纪到1920年代末》[5]（1996），首先在先行研究中指出越南国情的特殊性，虽然阮朝学习清朝制定了具有父系社会特色的《皇越律令》，但此前一直到黎朝的国家刑律，

---

① Gammeltoft Tine. *Women's bodies, women's worries: health and family planning in a Vietnamese rural community.* London: Curzon Press, 1999.

② Gammeltoft Tine. Being special for somebody: urban sexualities in contemporary Vietnam. *Asian journal of social science*, 2002, 30 (3): 476－492.

③ Gammeltoft Tine. The ritualisation of abortion in contemporary Vietnam. *The Australian journal of anthropology*, 2003, 14 (2): 129－143.

④ Malarney, Shaun Kingsley:《论北越村落生活中社会主义婚姻改革的结果》，《东洋文化》1998年第78期，第111～132页。

⑤ 宫泽千寻：《越南北部女性的财产地位：从19世纪到1920年代末》，《民族学研究》1996年第4期，第330～341页。

都规定男女继承权平等、夫妻财产权平等。该文还分析了20世纪20年代法国殖民当局进行的习俗调查、19世纪的遗嘱、财产分配书三种文献，认为包括女儿在内的平等继承权、妻子独有的继承权以及当没有直系男性继承人时女性享有财产祭祀分配权力等习俗即使在阮朝也曾实行过，并推测有可能存在双系血缘集团。

岩井美佐纪的《越南北部农村的社会变化与女性劳动：以北宁省×××村为例》[①]（1999）通过对越南北部北宁省某村庄的调查实例，考察妇女劳动与合作社托儿所运营的变化，并由此分析农村社会的变化。在集体经济时代（1958—1980），为保证妇女的共同劳动，托儿所应运而生；家庭承包制时代（1980—1988），妇女从合作社劳动解放出来，托儿所因此解散；家庭自主经济时代（1988至今），伴随妇女全面开展农余劳动，面向个人的托儿所又开始出现。

末成道男先生的论著《越南的祖先祭祀：潮曲的社会生活》[②]（1998）是作者经历了在日本、韩国、中国、蒙古及东亚整体范围内广泛进行的社会人类学调查之后，又耗费十年之功对越南村落进行调查的成果。对象是保存了各种传统要素的典型越南村落。除了题目中提及的祖先祭祀，文章还论及村庄历史、甲的组织、年龄阶梯集团、年度活动、家庭的亲族关系等内容。作者以东亚全域视野，科学地定位了越南与东亚社会的关系。

宫泽千寻《越南北部父系家族集团之一例：儒教的规范与实况》[③]（1999）的调查是为了对比末成道男的作品《越南的祖先祭祀：潮曲的社会生活》而进行的。作者调查了北宁省某村庄京族父系氏族集团宗族的生存状况，记述了该村的历史、社会状况及宗族的组织、共有财产、活动及姻族的作用等。此外，作者发现在葬礼及墓葬改建工程中形成了双系祭祀集团，并指出乡村生活中父系以外的亲属，尤其是姻亲的重要性。这些都为我们了解宗族的多元样貌提供了旧有文献不曾提及的宝贵资料。

女神信仰是越南民间信仰复兴的一个重要主题，越南的民俗研究者吴德盛教授运用调查与文献资料相结合的方式写出了介绍“圣母信仰”的专

---

① 岩井美佐纪：《越南北部农村的社会变化与女性劳动：以北宁省×××村为例》，《东南亚研究》1999年第4期，第525～545页。

② 末成道男：《越南的祖先祭祀：潮曲的社会生活》，东京：风响社1998年版。

③ 宫泽千寻：《越南北部父系家族集团之一例：儒教的规范与实况》，1999。

著《越南的圣母道》[①]（1996），介绍了越南的北部、中部、南部等各地（八个地区）的圣母信仰。此外，吴德盛的论文《Lên đồng：越南越族的一种心灵歌舞形式》[②]（1999）客观记述了圣母信仰的重要仪式——Lên đồng（升童）的基本内容，准确记录了仪式过程的特殊用语、普遍特征与现状。

Taylor Philip 的《隆盛女神：越南的巡礼与民众宗教》[③]（2004）围绕越南民间信仰的"女神热"现象展开论述，是一部从人类学角度讨论越南南部圣母巡礼热的专题著作。这股热潮是最近兴起的民俗现象，作者并不是从巡礼（朝圣之旅）这个超越地域限制的现象着眼于村落社会进行研究，而是以胡志明市商人的动向为中心对其历史及地域性进行了广泛的研究。通过展示该地区不同民族所孕育的各自的女神信仰，我们得以了解，虽然不同民族的女神信仰之间相互交流、同化，但是仍然保持了各自的特色。Taylor Philip 将圣母定位为与战士、文人、官僚此类人格神相对立的"无名的贵妇人"。

本书主要关注的是越南妇女生活的变迁过程，尤其是越南妇女的社会角色，探寻在历史话语以及民间信仰话语中妇女的地位。针对 Taylor Philip 将"母神信仰"所崇拜的对象——"圣母"定位为与战士、文人、官僚此类人格神相对立的"无名的贵妇人"这一观点，笔者将在此基础上研讨越南民间信仰中的女神所承载的越南妇女生活的"社会记忆"。

四、女性主义人类学与生态女性主义

女性不是独立的存在，而是在其所处的社会文化背景下造就出各自社会的女性气质。而每一个文化也大致可以从各自的社会性别加以具体反映，比如某一文化的社会性别差异如何体现，该社会的性别分工如何。一种特定文化中的具体性别特征，往往是这一民族文化的历史沉淀。

女性主义人类学是一种文化人类学的研究方法，旨在纠正人类学以男

---

① 吴德盛：《越南的圣母道》（两卷），河内：文化通信出版社 1996 年版。

② 吴德盛著，末成道男译：《Lên đồng：越南越族的一种心灵歌舞形式》，《越南的社会与文化》1999 年第 1 期，第 316～322 页。

③ Taylor Philip. *Goddess on the rise*：*Pilgrimage and popular religion in Vietnam.* Honolulu：University of Hawaii Press，2004.

性为主体的成见，在 20 世纪 70 年代尤为突出。女性主义人类学理论家 Henrietta Moore 认为人类学从建立之初就涉及女性，早期人类学家詹姆士·弗雷泽与伊文思·普理查德对婚姻制度和亲属关系很感兴趣，女性一直出现在他们的民族之中，问题在于他们对女性的阐释和理解不够深入。Henrietta Moore 发现针对澳大利亚原住民妇女的人类学研究，男性研究者与女性研究者分析得出了不同的结果：1976 年男性研究者 Ruby Rohrlich-Leavitt 认为当地妇女被排斥在仪式之外，原因是当地人觉得妇女会亵渎神灵；而女性人类学研究者却发现妇女在经济生活中不可缺少，在仪式中也很重要，受到男性的尊重。

Rayna Rapp 1975 年的作品 *Toward an Anthropology of Women* 的主要观点是女性和男性以不同方式经历着性别，女性与男性参照各自不同的社会标志，女性经历本身就是人类学的合法主题。Rapp 在作品中指出生物特质与社会行为的差异，提出了社会性别的概念。

1988 年 Henrietta Moore 出版了《女性主义与人类学》（*Feminism and Anthropology*），她的观点是，性别差异与阶层、民族、种族一样，也是重要的社会标志。与其他领域的女性主义者不同，女性主义人类学家认为不同的文化都在塑造性别，对妇女的压迫并不普遍。Henrietta Moore 认为女性的具体含义在不同文化背景下是不同的，来自西方社会的假设在她所调查的社会中可能是行不通的。她批评了女性主义者视其他当代文化为过时文化的倾向，将其他世界、地区、民族的当代文化视为西方文化的历史形态。

Judith K. Brown 有关易洛魁妇女的研究①在民族志历史上是非常重要的文本，她通过对北美洲易洛魁（Iroquois）社会的考察，探讨社会因素对性别关系的影响，这些因素包括劳动分工、亲属关系、居住组织以及对经济产品的控制和分配。在易洛魁（Iroquois）文化以及性别关系中，妇女处于崇高地位，反映了她们对部落经济组织的控制权。

美国学者 Judith K. Brown（1970）首先提出一个假设，认为妇女倾向于从事可以兼顾照看孩子的工作。这类工作相对单调，不需要太多的注意力，可以随时打断，对小孩子比较安全，而且可以在家里或者临近的区域

---

① Judith K. Brown. Economic Organization and the Position of Women among the Iroquois. *Ethnohistory*, 1970, 17 (3) fall.

从事。

20世纪70年代之后，一定数量的全世界范围的民族志研究对女性以生育、养育为主的分工模式提出了质疑。1977年Burton，Brudner和White (1977)[①] 指出，尽管怀孕和喂养子女的确限制了妇女的工作，但是经济生产的任务优先于照顾子女，也就是说，妇女为了离开家门去工作，可以对照顾子女的任务另行安排。有的地区，妇女将孩子交给家中的老人照顾；在美国，职业母亲将婴儿送到育婴中心。此外，Raphael和Davis（1985）的研究表明[②]，妇女出于工作的需要，有意用奶粉喂养代替母乳喂养。

以采撷食物为主要经济形式的社会中，男女之间表现得较为平等。根据Turnbull（1981）的记录，非洲中部的姆巴提俾格米人（Mbuti Pygmies）的性别关系表现得尤为平等，成人称呼父母的称谓相同，不分性别。男女之间彼此尊重，而女性比男性更为优越，因为她们拥有给予生命的特殊权利。女性气质和母性气质一同提升着女性的地位，甚至他们居住的森林也被称作“神圣的母亲”。

Thomas Buckley针对美洲优洛克（Yurok）印第安妇女的研究对女性的经期作出了不同以往的解释。从当地印第安妇女的角度去理解，女性进行十天的隔离，不是因为觉得经期是污秽的，而是借此机会进行静修与自省。女性接受的教育是，经期代表了神秘力量的周期，可以借此机会进行静修。如果单从男性的角度去调查，只能得到类似“经期是污秽的”的结论。

Barnes（1990）在非洲尼日利亚的拉各斯（Lagos）的研究证明，女性的性别意识非常复杂，在不同的情景会显示出不同的特色。拉各斯妇女在一些场合表现出对丈夫、女性尊长的柔顺态度，但是一旦进入另一个场景，比如说在市场，她们又表现出独立、果断、强大的一面。在这个社会中，女性的顺从是女性的常态，但是女性却在经济领域里不断地争取自己的权利。

女性主义人类学注重对社会性别的分析以及从女性视角分析社会文化现象，对越南社会的研究也可以多关注女性生活和与女性相关的风俗，并

---

① Michael L. Burton, Lilyan A. Brudner, Douglas R. White. *A Model of the Sexual Division of Labor*. American Ethnologist, 1977, 4 (2): 227 - 251.

② Raphael Dana, Davis Flora. Only mothers know: Patterns of infant feeding in traditional cultures. *Breast feeding*. Greenwood Press (Westport, Conn.), 1985.

且试图从女性的角度去阐释，如此方可以从看似已经成为定论的文化现象中看出新颖的图景，发现更深刻的文化内涵。

女性主义人类学不仅仅关注社会性别的差异，而且进一步从女性与自然的紧密关系这个角度提出了要将人类的生存环境当作“自然母亲”、“地球母亲”加以尊重和爱护，从而形成生态女性主义研究。

美国生态女性主义学者 Carolyn Merchant 在其代表作《自然之死》[①] 中指出：当科学开始物化并且剖析自然，被看作是女性的地球原本是有机宇宙观（organic cosmology）的中心，这一点被科学革命和市场导向的文化破坏。16 世纪的欧洲人认为自我、社会与宇宙结合成一个有机体。有机理论强调人体部件之间的相互依存，个体隶属于家庭、社区和国家，生命力渗透到宇宙乃至最底部的石头。Merchant 指出欧洲文明曾经认为自然是万物之母，但是这个比喻随着科学革命揭示自然所有的秘密而逐渐被统治的模式所取代。当自然被揭示了秘密，她就可以被控制。地球作为生命哺育者的概念逐步演变为科学开采的资源。伴随着工业化与资本主义的崛起，女性的工作开始远离自然，转换为在机器旁纺织，人们被赶到城市。16 世纪的艺术、哲学和科学伴随着工业化、科学探索，人类的地球母亲处于被支配的地位。

从 20 世纪 80 年代开始影响欧美生态运动的新异教（Neo-pagan）复兴发源于对欧洲传统女神信仰以及巫术信仰的重新阐释，通过对大自然以及宇宙观的性别属性进行分析，试图建立一个更为和谐的生态系统。新异教运动代表人物 Starhawk 受过心理学以及文化人类学的训练，她在研究美洲印第安巫术仪式的过程中产生灵感，试图通过性别差异来阐释一个更为和谐的宇宙观。Starhawk 在其代表作《螺旋舞蹈》中指出，虽然男性力量与女性力量表面上存在差异，然而从本质上看并无差异：他们是朝着相反方向流动的同一股力。我们每个人都包含了两种原则，即男性和女性的特质——创造与分散、成长与限制。女性被看成给予生命的力量，这种力的功能是显现和成形；男性被看作是积极的而非消极的死亡力量：对肆无忌惮的创造进行限制、解散，让有形归于无形。生与死两股力量和谐相处以维持生命在四季的轮回和自然界的生态平衡，以及人类从出生经历衰落、死

---

① Carolyn Merchant. *The Death of Nature: Women, Ecology and the Scientific Revolution.* London: Wildwood House, 1982 [1980].

亡直到重生。

越南女神信仰的神话传说也体现了与女性生态主义共同的意境，传递出的信息是：死亡不是终点，是导向重生的循环中的一段。死后，灵魂在永恒年轻的土地休憩，在那里更新、恢复年轻，为出生做准备。笔者将越南母神信仰的通灵仪式也看作是一种生命不断重生的阐释。

第三节 田野工作

2003 年 7 月我随朋友去越南海防探亲，第一次进入奉法村这个农村社区。经当地朋友介绍，我参观了村里一个比较大的家族——范氏家族的宗祠。族长范德仁先生热情地接待了我，给我翻阅 1877 年抄写的族谱，并告诉我范氏家族在本村住了至少 300 年了。祠堂的院子里住着族长的母亲、两个妹妹和一个弟弟，各个家庭都和睦相处。族长的弟弟已经有孙子辈，儿女的小家庭也一起住在同一个院落。族长的一个妹妹婚后与丈夫一道一直住在娘家，如今两个儿子也住这个院落。族长的另一个妹妹婚后每周只探望丈夫一次，主要住在宗祠院落的一间房里，吃住跟族长和母亲在一起。在院子里跑来跑去的狗大大小小有十几条，分不出是谁家的。一个年轻的姑娘抱着一个三四个月大的孩子在院子里晒太阳，看那亲密劲儿，以为是母子，问了才知道是孩子的姑姑。这一切让我对当地的家庭亲属关系产生了兴趣。

2005 年春节期间我再一次来到奉法村，这次恰巧赶上村民腊月祭祀祖先的活动。我住在范德端先生家，他 70 多岁，跟族长范德仁是堂兄弟，他们俩不仅同岁，而且从小就是同学，后来又一同读师范大专成了教育界的同行。范德仁先生是族长，做事比较认真，至今未婚，他需要掌管宗族的事务，却又缺少贤内助，所以看起来比较操劳。范德端先生是天生的乐天派，他从小就喜欢读越南语版的中国章回小说，年轻时参加单位的武术俱乐部，退休了还常常参加同学会。尽管他是长子，有着承继祖先香火的义务，但他并不十分担心家里的事情。他的妻子阮氏和女士负责打点家里的主要事务，她曾经是海防市总工会的干部，已经退休快十年了。她看起来总是很忙碌，心情有些急躁和紧张，其左右邻居分别是她丈夫的三弟和小妹两家人，她作为大嫂，自然要在大家庭的活动中担任组织安排者的角色。在奉法村的时候，我主要是跟随着阮氏和一同参加她的日常活动。

范德端先生家在每年春节前都要举行祭祖仪式，他的弟弟、姐妹和他们的子女都会来参加，满满一屋子人席地而坐，吃着供奉过祖先的饭菜，轻松地聊着彼此的近况。吃完了饭，堂姐妹或者表姐妹默契地收拾碗碟、打扫地板，男人们则在客厅悠闲地喝茶、看电视。这些情景让我感觉越南家庭保存了传统的文化，值得进一步调查。于是我又去走访族长范德仁先生，在他的帮忙和介绍下，我还去了当地一些家庭作有关家族历史的访谈。

越南北方的村落都有各自的佛寺和村亭，佛寺是村民诵经念佛、做法事的场所，而村亭是供奉本村保护神城隍的处所。在每个月农历的初一、十五[①]，村民都会去佛寺和村亭上香。奉法村的佛寺叫做宝光寺，宝光寺的住持是清林法师，出家前他上过大学，大学时代学习的是英文专业，大学毕业后一度参军，退伍后才出家。他当时正在河内文化大学攻读硕士学位，每个周末他从河内回奉法村时我就去宝光寺拜访他，每次有一半的时间是学习越南语，另一半的时间是用英文进行访谈。他得知我对越南民俗感兴趣，因此每次寺庙有重大仪式时，一定会打电话通知我。经他介绍，我结识了宝光寺佛学小组的组长，那是一位七十多岁白发苍苍的妇女，她的老家在永福，大家都称呼她为“乐婆婆”，因为她的丈夫名叫“范德乐”，根据习惯，大家叫她丈夫“乐爷爷”，叫她就是“乐婆婆”。乐婆婆常常带我参加宝光寺和附近佛寺的活动。

2006 年 10 月底至 2007 年 2 月我住在奉法村，当时曾经想寻找更加传统的乡村做民俗调查。2006 年 11 月我从海防去河内，在越南人文社会科学大学听范宏贵教授作关于“汉越词”[②] 的讲座。遇到几位从广西高校去那里攻读博士学位的教师，他们正在学习越南语，准备从事越南文化的研究。他们告诉我越南的都市生活也是忙忙碌碌的，要深入了解民俗现象的内涵还是要去越南乡村作调查。

我当时已经在距离河内一百公里的海防市奉法村踩点，此外还走访了

---

① 越南使用中国的农历，传统节日和祖先的祭祀都用农历计算日子。

② 在越南语中有许多词语是来自汉语的借词，这些词语被称为“汉越词”，比如说“家庭”、“国家”这两个词的越南语发音跟汉语发音近似。

“二征夫人”的故乡永福省。[①] 永福省文化局局长陈文光先生有史学功底，他带领我参观永福省乡村寺庙的恢复工程，寺庙的建设得到省文化局的经济支持，当地老百姓也热心参与。他告诉我越南乡村有着悠久的历史传统和强大的凝聚力，法属时期殖民者的统治也想进入乡村，所以对传统的乡村结构进行了破坏。1945 年解放之后，越南北方经历了一些政治运动，反对封建思想和破除迷信异端，所以乡村的寺庙也遭到了破坏。

我在海防、河内、永福的乡村寺庙和神祠都发现了一些带有越南本土特色的神灵，比如说天母、水母、林母三位女神，五虎神官和蛇神。[②] 永福省有一座名山叫“西天三岛”，有一座享誉全国的“西天禅园”坐落在山顶，是越南禅宗传承的一支。半山腰有一座神祠，名叫“西天圣母神祠”，传说西天圣母是雄王[③]的夫人，她是一位少数民族妇女，也是一位灵异的女神。供奉西天圣母的神祠同样也供奉着三位圣母和五位虎官，这让我看到了越南文化内在的某种特质，同样的神灵崇拜在河内的“西湖府”[④]也可以看到。令人兴奋的是，河内“西湖府”供奉的神灵更为全面，让我一下子看到了越南民间“四府信仰”[⑤] 诸神的全貌。河内的西湖流传着柳杏圣母的传奇故事，据说她在西湖跟才子冯克宽吟诗作对，令许多文人对此地心生向往。柳杏圣母不仅仅受到越南妇女的崇拜，20 世纪初在越南北方甚至有法国妇女参加该信仰的活动。

通过与越南专家的交流，我发现奉法村基本体现了越南北部乡村的特色，加之我已经在这里建立了比较好的人际关系，进行深入调查的可行性比较高，所以我确定海防市吴权郡奉法村为我的田野工作地点。从 2006 年 11 月开始的 4 个月时间里，我住在奉法村阮氏和女士的家中，跟她全家一起吃饭，每个周末跟随本村妇女去宝光寺念诵佛经。秋、冬两季是结婚的

---

① 中国东汉时代，公元 40—43 年，交趾（现越南北部）有二征夫人起义，越南的永福省是二征夫人的故乡，建有二征夫人庙，越南人礼敬崇拜她们，每年的庙会都很热闹。

② 这是越南母神信仰神灵体系中的神灵，五只老虎代表的是五方，也代表山林；蛇寓意着龙的化身，代表着海洋。

③ 越南史书《大越史记全书》记载，越人出自神农氏之后貉龙君，貉龙君有百男，长者为雄王，雄王建国，为越南建国之始。

④ 在越南民间信仰中，供奉神灵的信仰场所通常称作祠（đền），这些神灵大多是历史或传说中的英雄和当地名人，各地供奉的圣母神祠也称为 đền。由于大众认为柳杏圣母是天母的化身，有着特殊的地位，所以供奉柳杏圣母的神圣场所被称为府（phủ），在南定省与河内分别有南定府与西湖府。

⑤ 四府信仰是以女神崇拜为中心的越南民间信仰，以神灵众多、男巫女巫的萨满舞蹈闻名。

好时节，我跟随阮氏和的家人参加了本村一户人家的婚礼。我当时的调查重点是女性的生活，除了日常生活和民俗活动之外，还特别留意观察女性的信仰活动。

2008 年的春节和 2009 年的暑假我再次前往奉法村作补充调查，在这段时间我结识了奉法村的妇女联合会主任范氏秋香（阿香），通过与她的深入交流，我了解到越南政府近几年推行的妇女政策在当地的执行情况。奉法村供奉本村城隍的奉法亭有一个管理委员会，目前管委会的负责人已经更替，原先的负责人受过私塾教育，懂得汉字书写和认读，新的负责人只懂得越南文字。我去拜访前一任奉法亭管委会负责人武文票老先生，请他讲解一年当中拜祭城隍的主要仪式，从他那里我收集到了宝贵的奉法亭的祭祀文本。

从 2008 年春节开始，奉法村宝光寺的主持清林法师常住在寺庙，他已经从河内的文化大学获得了硕士学位。除了管理宝光寺寺务，清林法师还兼任海防市佛教中级学校的讲师，讲授英文与佛教史两门课。我在 2008 年春节和 2009 年夏天多次拜访他，主要与其交流越南北部佛寺举行的与民俗相关的活动。宝光寺是本村妇女信仰活动的主要场所，在海防市调查期间我接触了一些常来宝光寺参拜的当地妇女，对她们的信仰世界有了更加深入的了解。

第四节　研究方法

本书的研究方法主要是人类学的参与观察和深度访谈法，由于是作海外调查，为了更快地融入当地社会，并且对田野中的民俗事象有更深刻的了解，我访问了相关研究专家，同时也参阅了越南社会与民俗研究的相关文献。

从确立了研究对象开始，我首先在国内着手进行相关资料的收集工作。2006 年 9 月，我去广西民族大学的非通用语研究基地查阅越南研究的资料，得到一些越南学者有关越南风俗研究的著作。此外，在河内的越南国家图书馆、汉喃研究院，我进一步收集资料。

2006 年 11 月中旬，我回到了田野工作地点——海防市吴权郡奉法村，一边继续学习越南语，一边着手在当地的博物馆等文化单位查找跟研究相关的资料，搜寻到了奉法村寺庙的对联和碑记，以及有关奉法亭的记载和奉法乡的历史资料。

在接下来的田野考察过程中，我有幸得到了奉法村唯一的华侨梁北想先生的帮助。他祖籍广东新会，父亲年轻时来越南海防创业。他跟奉法村范氏家族的一位女性结婚，成了奉法村的女婿。梁先生成为我的重要报道人。

奉法村里有很多长寿的老人，七八十岁的老人依然热衷村里的事务，谁家有了婚丧嫁娶的大事，或者碰上本村保护神的忌日，如果身体情况许可的话，就一定会参加。我经常参加奉法村的集体活动，访问这些熟悉民俗和传统的老人家。在奉法村，我收获了存在于村民记忆中的历史和村里人有趣的故事，还有耐人寻味的女性情感世界与宗教信仰。

1925 年，哈布瓦赫提出了“集体记忆”（collective memory）[①] 的概念，用于研究在家庭、宗教群体和社会阶级的环境中，过去是如何被记住的。在摒弃了当时在欧洲流行的对记忆的几种心理学解释之后，他指出，所有对个人回忆的讨论必须考虑到亲属、社区、宗教、政治组织、社会阶级和民族等社会制度的影响。在稳定的社区生活中每个家庭都有其私下的记忆与秘密，只向自己的成员揭示。这种“家庭记忆”并不只是个人记忆的组合，而且是对过去的集体重构。

关注“社会记忆”的学者景军通过对西北一座孔庙重修过程中展现出来的历史记忆的研究，揭示了记忆与权力的动态关系，即对一段历史的集体记忆可以凝聚成一种强大的力量，从而形成一种权力。根据景军的分析，“继哈布瓦赫以来的对社会记忆的研究可以看到三个基本的取向：集体记忆取向、官方记忆取向、民间记忆取向”[②]。其中，“民间记忆取向”是指对公众抵制问题感兴趣的学者试图把握某些社会群体成员的玄奥、半神秘的历史观，这些群体成员不一定坚持占统治性地位的、大众化的或官方的记忆。这种民族记忆在与外部世界接触的关键时刻受到激发，从而为族群身份的观念创造了基础，形成了少数民族群体抗衡统治文化及其所带来的社会变迁的局面。

越南的女神信仰有着为数众多的神奇传说，形成区别于历史的、官方的记忆，而那些女神传说，在越南民间信仰的神灵世界中为女神建立起崇

---

① 莫里斯·哈布瓦赫：《论集体记忆》，上海：上海人民出版社 2002 年版。

② 景军：《神堂记忆：一个中国乡村的历史、权利与道德》，加州：斯坦福大学出版社 1996 年版。

高的地位，也成为越南女性人格塑造的典范。母神信仰的仪式可以作为一种记忆展演来探讨其深层内涵。

此外，在研究越南妇女参与宗教活动的动机和效应时，我想借用皮埃尔·布迪厄“象征资本”的概念，象征资本的要素来自并且可以还原为三种重要的资源：文化资本（学术知识、教育程度、学校类型），经济资本（财富、对生产资料的控制）和社会资本（职业声望、社会地位、人际网络以及群体的团结）。在社会现实当中，象征资本可以转化为象征权力。拥有一些类型的知识，就会在社会中占有更优越的地位。

本书所使用的基本资料来自公开出版的地方志和史料，还包括了流传于民间的、与信仰仪式相关的文本，以及在采访中不断被印证的口述材料。材料大致可以分为以下五类：

第一类属于地方志资料。包括《海阳风物志》、《海阳地舆》、《海阳省舆地志》等由汉喃研究院整理出版的有关海防地区的历代方志材料。

第二类是越南本土的汉文文献资料。目前这样的资料主要收录于法国远东研究院与台湾学生书局联合出版的《越南汉文小说丛刊》中，其中包括了越南的神仙传、笔记小说等非常有价值的研究资料。

第三类是宗教仪式文本。包括佛寺、村亭的祭祀活动以及家庭祭祀活动中所使用的祝祷文。无论是佛教的僧人，还是民间信仰的法师，他们都拥有适用于日常生活婚丧嫁娶等活动所需的宗教文本。

第四类是碑文。碑文主要是来自奉法村的佛寺碑刻，但是因为奉法村佛寺正在进行翻修重建，所以我所使用的资料来自海防市历史博物馆档案室，且是奉法寺碑刻的汉语—越南语对照版。

第五类是田野考察资料。包括口述资料和观察笔记，主要来自我 2006 年 11 月至 2007 年 2 月、2008 年 1 月至 2 月、2009 年 7 月至 8 月、2010 年 1 月至 2 月这四次田野考察的访谈和参与观察。我根据文章的结构布局对访谈资料进行了必要的整理和删减，文中对仪式以及事件过程的记录主要来自我的田野考察笔记。

景军在研究中国庙宇重建过程中，着重运用布迪厄象征资本概念中的“知识”的角色与功能。他将知识分成四种范畴[①]：①礼仪知识；②文字技

---

① 景军：《知识、组织与象征资本——中国北方两座孔庙之田野研究》，杨念群主编：《空间·记忆·社会转型：“新社会史”研究论文精选集》，上海：上海人民出版社 2001 年版。

能；③历史观念；④政治意识。本书试图解析妇女在越南社会成长过程中习得的传统知识，尤其是在祖先祭祀和女神信仰的礼仪知识方面如何成为象征资本，又如何建构起女性的社会地位，以及这一认知与实践的动态过程。

另外，在分析越南母性信仰的社会功能时，我借鉴了日本学者野村伸一的思路：女神的产生可能基于对女性“怨灵”的恐惧，女神信仰的仪式出于抚慰“怨灵”而使社会共同体获得安宁。

第二章

奉法村的生活图景

春天随着燕子回来，妈妈看到孩子归来，
期盼的春天已经到来。
热泪涌出，幸福闪闪发光。
乡村的第一个春天，多么欢乐的时刻。
手中第一次拥有温馨的生活。
——《第一个春天》①

第一节　海防城之历史沧桑

越南位于东南亚地区印度支那半岛东部，有“东南亚心脏”之称，与中国、老挝、柬埔寨接壤，东部至南部面向东海及太平洋，面积约33万平方公里，首都为河内，官方语言为越南语，英语也较为通用，50岁以上受教育的越南人普遍懂得法语。

越南国土狭长，境内多山地和高原，地形从西北向东南递减，高原主要分布在北部和中部地区，北部、南部、中部为平原，水力、森林资源较为丰富。由于地处热带，常年气候高温潮湿，年平均气温在25℃以上，年均降水量1 800 ~2 000毫米。

越南的历史悠久，古称交趾、安南，“越南”为清政府所赐的名字。自公元前214年中国秦朝设立郡县开始，一直到1884年沦为法国殖民地以前，越南始终与中国保持着密切联系，在此期间越南曾于10世纪末开始建立独立的封建国家。在法国推行殖民化统治（法属印度支那）半个世纪后，第二次世界大战期间，越南被日本占领。经过不懈斗争，越南人民于1945年9月成立民主共和国，又于20世纪50年代在中国帮助下取得抗法战争的胜利。自1955年开始，美国取代法国进行侵略战争，导致越南南北分裂，战争持续至1973年结束。1976年7月2日，越南宣布南北统一，改国名为越南社会主义共和国。

海防是越南四个中央直辖市之一，位于红河平原东北部，北接广宁

① 1945年9月，越南北部宣布独立，著名音乐家文高满怀激情地创作了歌曲《第一个春天》来迎接1946年的春节。出生于海防的音乐家文高也是越南国歌的词曲作者，海防人民为了纪念他，以他的名字来命名一条道路。至今，每年的春节，人们都会情不自禁地唱起这首《第一个春天》。

省，南连太平省，西与海兴省交界，东隔北部湾与中国广东、海南相望。海防市的面积为1 503平方公里，是越南的第三大城市、第二大海港，也是重要的工业城市，可谓首都河内的海上门户。该市有直通河内的铁路（河海线）及公路（5号公路），水路可抵河内、河北省北江市、广宁省广安等地。海防之于首都河内的地理位置以及战略重要性如同中国的天津之于首都北京，近几年海防与天津之间的政府互访与友好交流比较频繁。

海防包括内城和外城（即郊县）两个部分，内城有五个郡，相当于中国城市中的“区”，外城由两个县岛、一个地级市和六个县构成。内城的每个“郡”又划分为一定数量的“坊”，相当于居民区。外城以乡村为主，在县下面又分成社，社下面设村。市中心的五个郡是黎真郡、吴权郡、鸿庞郡、建安郡、海安郡，前三个郡较早成立，建安郡和海安郡新近成立，之前它们是建安县和安海县。市区之外的郊县包括建瑞县、先朗县、涂山市（靠近海滩风景区）、安老县、安阳县、永保县、水源县、吉海县岛（风景区）和白龙尾县岛（孤岛）。

海防地处红河三角洲平原，又位于出海口，地形平坦，尽管气候炎热潮湿，但与越南其他地方相比，还是比较凉爽的。夏季和秋季通常刮东南风，从7月到9月，常常有台风经过，降雨量大，有时造成洪涝灾害。海防市的陆地部分主要为平原，其中大部分为良田，小部分为盐碱地。

在遥远的过去，海防只是北部湾海滨的一个小渔村，有一个简简单单的船码头，居住着以捕鱼为业的渔民。公元10世纪起，来往的船只多起来。从15世纪开始，已经有外国船只往来，这里逐渐成了重要的水路交通枢纽。1870年，阮氏朝廷派人来这里建造码头，设立同外国船只进行贸易的商馆，同时建起兵站，执行海边防务，人们简称其为“海防”，这也就是海防这个地名的由来。

海防在各个历史时期分属于州、路、府、镇、省。经过一个较长时期的变化，1988年7月才正式成为直辖市，与河内市、胡志明市、岘港市齐名。海防港大约有150年历史，港口航道宽度100米，有18个泊位，退潮时水深仍可达6米，万吨货轮可以自由进出，年吞吐量可达300万吨和3万只集装箱，是越南北方进出口货物的中转站。

海防市的工业在法属时期[①]就打下了一定的基础，1929年这里的纺纱厂规模已达600名工人。目前海防的大小工业企业约200家，主要行业有水泥、船舶修造等，部分企业为20世纪70年代中国援建。在海防市区前往涂山镇的路上，新辟了一个出口加工区，由台商投资，但目前招商引资进展缓慢。

海防的地理位置险要，自古以来在它附近的白藤江上发生过多次激烈的战役，这些战役都与中国古代的封建政权有关。两位著名的越南民族英雄吴权与陈兴道[②]就是在此成名，从而成为越南民间信仰重要的守护神。

公元930年，五代十国中的南汉辖下的交趾地区发生了叛乱，叛将杨廷艺自称静海节度使，7年后杨被部将暗杀，他的女婿吴权于938年在越南的爱州（现在的清化）起兵抵御南汉军队的征剿。南汉政权为了重新夺取对交趾地区的控制权，立刻率兵进攻吴权。吴权命令手下的军士砍伐树木，制造木桩，在木桩顶端包上锋利的铁皮，并将这些木桩插在白藤江入海处险要的江心里，同时在河岸一带设下伏兵。由于轻敌冒进，南汉的水军在白藤江被伏击，船只也被木桩刺穿而沉没。此时吴权的伏兵四起，趁机驾小船袭击南汉军，与之展开白刃战。南汉军大败，从此无力再次进攻交趾，而吴权则在939年建立吴朝并自称吴王。交趾地区从此脱离中国而独立。这就是越南历史上著名的第一次白藤江之战。

时光流转至1287年，元军第三次攻打越南，陈兴道带领的陈朝军队无法抵挡，首都危急。陈兴道运用水师优势击败元朝水师的粮船，破获大批军粮物资。元军无法维持而被迫后撤。退至白藤江时，陈兴道在河中设下木桩陷阱。元军乘船渡河，越军乘江水涨潮时派船佯攻，诱元军来追。退潮时元军的船队被木桩所破，陈兴道出兵攻击，元军惨败，史称“白藤江大捷”。此次攻越以元军大溃败而告终，元朝不得不议和，越南同意恢复宗藩关系以求罢兵。

这两次白藤江战役至今为越南老百姓所津津乐道，海防市区的吴权郡

---

① 越南历史上的法属时期为1884—1945年。1884年6月6日，法国胁迫越南阮氏政府签订第二次《顺化条约》，最终确立了法国对越南的殖民占领，越南从此沦为法国殖民地。1945年9月2日，经过八月革命，胡志明在河内巴亭广场发表《独立宣言》，宣布越南民主共和国成立，正式脱离法国殖民统治。

② 陈兴道，本名陈国峻，越南陈朝宗室子，自幼博览群书，精于兵法，曾经于1257年、1284年、1287年三次击退元朝军队，因此被陈朝皇帝封为“兴道大王”。

就以击败南汉军队建立吴朝的吴权名字命名。海防市有许多的“亭”供奉的神灵也是“吴权”。随着市区的不断扩大，乡村也在逐步都市化，从祭祀村落保护神的“亭”这种传统建筑我们依然可以看到曾经的乡村边界。越南阮朝嗣德 33 年（1880 年）在安海地区共有 17 个村社供奉吴权为城隍，尽管供奉的是同一位神，但是每个村社共同体都觉得唯有自己村子的城隍才能真正保护自己，因而每个村都会在一年中的重要时节在各自的“亭”举行祭祀活动。位于海防市区的仁寿亭，始建于距今 300 多年的黎朝，曾在阮朝重修，现在已经成为著名的观光景点。

第二节　村名由来与历史传说

在海防市吴权郡与海安郡毗邻的地方，有一个古老的村庄，名叫奉法村（Lang Phung Phap）。由于海安郡是最近二十年才被归属于海防的城区，在 20 世纪 90 年代之前还被称为安海县，因此奉法村在很长一段时间里一直被认为是站立在城市与乡村之间的一道独特风景。如今，奉法村已经更名为海防市吴权郡藤江坊①，在 1945 年前它的行政建制是奉法社，属于安海县，这个村名最晚在 17 世纪前就有了。之所以称为“藤江坊”，主要是为了纪念吴权在“白藤江战役”中的战功。

藤江坊在 1987 年 2 月由藤江社（农村的行政单位）改为藤江坊（城市的行政单位），同时从安海县划归吴权郡。以前构成“藤江社”的奉法村、安陀村和南法村三个村社，按照常理应该改称为“奉法居民区”、“安陀居民区”和“南法居民区”，但是由于奉法村范围广、人口多，就被划分成五个居民区（实际上是原先构成奉法村的五个自然村），名称依然是当初自然村的名字，分别为东海、东正、南山、中村、寨村。这样一来，奉法村的名字就被隐没了，可是至今当地人仍然坚持称自己是奉法村的人，每个月农历的初一、十五，他们坚持去“他们村自己的”奉法寺和奉法亭烧香祈福，他们亲切地称其为“我们的佛寺和村亭”。越南乡村的佛

① “坊”是城市的行政单位，相当于城市中的居民区；“村”是农村的行政单位，随着都市化的发展，越南的一些郊县成为市区的一部分，所以村子的名字就要从某某村改为某某坊。

寺通常有两个名字，一个是刻在寺庙正门上的名字，这个名字通常比较有佛教色彩，可是却流传不远；另一个常常是写在地图上的名字，按照所在村社的名称来命名，比如说在奉法村的佛寺是“宝光寺”，大家习惯上称之为“奉法寺”。如此类推，安陀村的“灵光寺”也叫做“安陀寺”。南法村的情况有些特殊，南法村的村民大部分信奉天主教，所以没有佛寺，只有一个在海防远近闻名的“南法教堂”。根据我在河内市、海防市和永福省的观察，越南北部乡村社区的一个基本特征是每个社区都有一个能够象征这一村社共同体的宗教信仰场所，这实际上是这个村社的灵魂。这个宗教场所在大部分的村社是村寺和村亭，在信仰天主教的村社则是教堂和村亭。在越南北部，“亭”（ Đình）是每个村的村民供奉本村城隍（村落保护神）的神圣场所，通常在村亭当中还同时配祀本村各宗族的始祖。

奉法村（Làng Phụng pháp）可以简称为“奉村”（Làng Phụng），只有老人还能说出它的全称是“奉法村”（Làng Phụng pháp ）。在法国殖民时期，汉字的使用受到抑制①，取而代之的是拉丁化的表音文字——越南文，因为同音词较多，就出现很多地名、人名，人们只知道它们的发音，却无从辨别意义。年轻人说不出奉法村的全名令老人们非常失望，因为这个村名寄托了美好的情义，他们总是再三强调这个名称的意义是“奉公守法”，这个名字颇有来历。

① 现在的越南文字是西方传教士在越南传教期间以拉丁字母拼音为基础所创。19 世纪 60 年代，这种文字仅限于传教士内部使用，用于印刷传教书籍。法国殖民者认为这个以拉丁文为基础的文字系统有助于其殖民统治，因此要求在越南殖民地的小学开设专门课程。这种文字后来发展成为今天越南的越文（国语字）。1917 年法国殖民者颁布法令，废除汉文和科举制度，强令越南举国上下一律使用拼音文字。

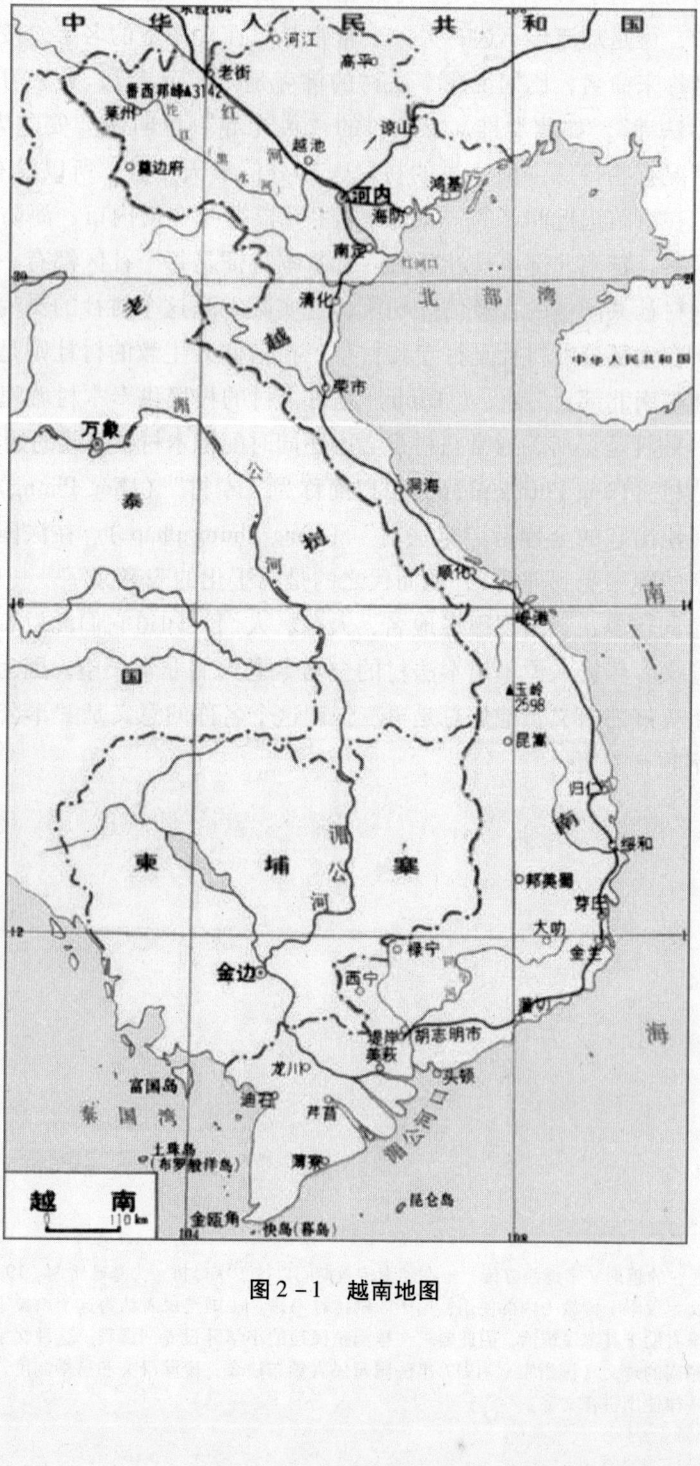
中
华
人
民
共
和
国
河江
高平
老街
番西邦峰▲3142
莱州
红
河
越池
谅山
奠边府
河内
鸿基
海防
南定
老
清化
北部湾
越
中华人民共和国
荣市
万象
湄
公
泰
洞海
挝
河
顺化
南
岘港
国
▲玉岭
2598
昆嵩
归仁
绥和
東
埔
寨
邦美蜀
芽庄
大叻
禄宁
金兰
金边
西宁
藩切
胡志明市
海
龙川
头顿
富国岛
迪石
芹苴
泰国湾
湄公河口
土珠岛
(布罗般洋岛)
薄寮
越南
昆仑岛
金瓯角
快岛(寡岛)

图 2－1 越南地图

图 2－2　田野调查地点示意图①

① 地图资料来源：2005 年海防博物馆出版的《海防遗迹名胜》图册。

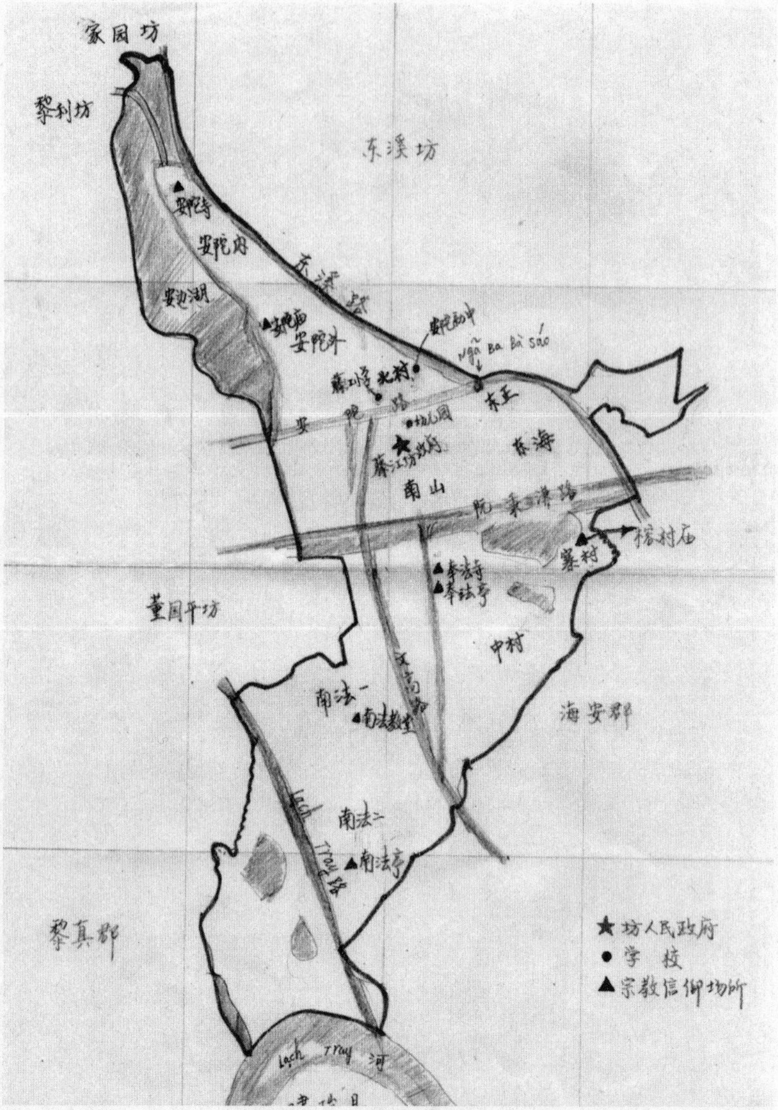

图 2－3　奉法村布局示意图①

2006 年 11 月 4 日，我在海防市博物馆遗迹科干部阮明月女士的家里采访，她的丈夫阮福江先生从小就住在奉法村附近的东溪村，童年时代的

① 地图资料来源：根据吴权郡藤江坊地图照片绘制而成。

风景在悄悄改变，这使得他异常关注乡村都市化这一课题，他的理想是通过小说创作来记录乡村的传统文化。为了拥有更多的创作素材，他曾经亲自走访调查过海防郊县的乡村，当我提到奉法村的名字时，他立刻兴奋起来，迫不及待地告诉我这个名字的含义。根据阮福江先生的讲述，“奉法村”的村名来自一个美丽动人的传说：

相传在很久以前，有一位皇帝在乡间微服私访。他在田间行走，刚好一对夫妇正在田里插秧苗。他俩正在专心致志地干农活，压根儿没注意到有人经过，在起身休息的一刹那，那位农夫将手一甩，无巧不成书，竟然把一手的泥水溅到了皇帝的裤脚上。他的妻子，立刻摘下头上的斗笠，用它去河里盛满了清水，帮这位行人洗裤脚。皇帝非常感动，觉得这里的村民品德高尚、奉公守法，于是就马上将“奉法”二字颁赐给这个村子作为村名。可是后来大家都习惯把它简称为奉村（Làng Phụng）。[①]

奉法村的这个故事流传甚广，从范氏祠堂的族长范德仁先生的口中我也听到过近似的叙述。越南乡村中能书写汉字的人毕竟是少数，许多事务的交接都是通过口耳相传的，传来传去“Làng Phụng”也有时候被叫作“Làng phòng”。这样一来，问现在年轻人“Làng phòng”这个名称的含义，他们肯定不明就里，好在奉法村有的人家还保存着族谱，还可以看到是“奉法社某族”的字样。

在奉法村世代居住的有三个大的家族，分别是范家、武家和阮家。如今保存比较完好的宗祠是范氏宗祠，是建于20世纪初的一座横向三间、纵深三层的传统“丁字形”结构的砖木建筑。范氏家族人丁兴旺，从1788年传抄的家谱来看，这个家族至少在400年前就住在这个村子了，随着家族人口规模的扩大，宗族后来分成五个支系，有的还住在本地，有的已经搬到别的村了，比如距离宗祠不到一公里的东溪村和安陀村。

武家虽然没有祠堂，可是主持宗族事务的武文票老先生的家有很宽敞的院子，栽种着柚子、杨桃树，园子里的四方小池子养着一些鱼，每年祭祀祖先的日子同宗的人就跑到他家来搞活动。武文票先生今年92岁，刚刚从“奉法亭”管理委员会负责人的位置上退下来。他儿时念过私塾，能够

---

① 根据2006年11月4日在奉法村附近的东溪坊阮福江先生家的访谈。

读写汉字，加上他常年参与祭祀本村城隍的活动，故而懂得祭拜的仪式，所以常常有一些家庭在宗族祭祀的时候请他去帮忙。

在调查中，奉法村的村民反复讲述祖先的英雄事迹，如1945年八月革命之前，奉法村的村民曾经秘密收留过抗法革命者。革命者当时潜伏在奉法村，筹备袭击吉比机场的战斗，后来此事件被载入海防革命史。此外，不少村民参加了抗美时期的战斗，奉法村范氏宗族妇女范氏兰就获得了抗美的战斗勋章。许多村民讲述奉法村的历史，反复强调“奉公守法”的淳朴民风以及保家卫国的英雄气概。奉法村的村民一致公认范氏宗族的祖先是首批来此地开发的先驱者，而且范氏先祖有着非同寻常的经历。

公元938年，越南的民族英雄吴权曾在海防附近的白藤江与中国南汉军队激战并取得胜利，当时吴权的军队就驻扎在奉法村。该村的大姓范族始祖就是早年跟随吴权来此地参加白藤江战役的部下，胜利之后他们就在附近居住下来，从而繁衍了众多后代。藤江坊的档案资料[①]记录了奉法亭祭祀城隍的时间，特别说明由于范族祖先是村庄的开创者，他们的功劳最大，所以范氏宗族每年腊月提前祭祖，甚至早于该村的城隍祭祀。范氏宗族是腊月初一祭祀祖先，奉法亭在腊月祭祀该村城隍（吴权）的时间是腊月初六，这个时间顺序表达了村民对范氏宗族的尊敬与感恩。

阮朝[②]时，奉法村属于海阳省荆门府安阳县东溪总，当时官方修订的地方志《海阳地舆》[③] 记载的情况如下：

荆门府

在省城东北三十里，东西距五十一里，南北距二十八里，东至广安安兴县界四十七里，西至建瑞府金城县界四里，南至金城县界一里，北至北宁陆岸县界二十七里，古海东路，属明新安府之地，黎光顺置今府名，隶海阳，伪西改隶广安。

安阳县

在府东南二十四里，东西距二十八里，南北距九里，东至广安安兴县

---

① 海防市吴权郡藤江坊文化历史遗迹档案，1993。

② 阮朝（1802—1907年），越南最后一个封建王朝。

③ 越南汉喃研究院资料，编号A.568：《海阳地舆》，阮朝海阳省总督潘三省奉阮朝国史馆要求编纂。

界，二十七里，西至安老县界，七里。黎光顺置，属荆门府。

本朝明命十四年，设为荆门分府兼理，嗣德五年省知县，由府并摄，领总九，社村六十四。

从上面的资料可以看出荆门府从黎朝就已经得名，这个名字到了法国殖民统治时期才改为广安。我在奉法村宝光寺看到的碑文说明寺庙就是坐落在荆门府，那个时候还没有“海防市”的名称，如果查找有关海防的史料，需要看的是海阳相关的地方志材料。

我们有必要继续查询阮朝的官修方志《海阳地舆》，其中对海阳地理环境以及民风民俗的介绍引起了我的注意。所谓观古而知今，对“海阳”地理形势的概括可以用于对“海防”的评价。

形势

地居北圻之东偏，负山带海，势壮形强，其名山则安子山，东潮山，其大川，则邯江，六头江，西南原湿平衍，江道如织，东北山高水阔，地多岩险，防缉为之要，视此为重轻，若夫南赵涂山负险之区，东引广安，互为控制，实海疆之要地也。

气候

气候与河内同，惟近海之地，夏秋之月，东南风常多。八月初十日，每有大风甚雨，是月宜阳县涂山总，祈神作斗牛会，常有大风雨，诗云：“何辰商贾还归，八月十日斗牛为期。”九月二十日，十月初五日，禾根虫出，河水盛涨，颶风常起，俗谓之火虫风。涨候月二次，如正七等月，初五、十九两日，新潮初生，辰升已降之类，每潮生之日，旧潮初落，新潮接至，势尚缓弱，三日而长，则旧潮尽，七日而盛，次日渐杀，又七日则新潮复生。惟二八等月三次，初三、十八、二十九，巳升午降，按潮候自义安以北，近海地皆同。

以上资料告诉我们，奉法村处在海阳省这个海疆要地，自古为兵家必争之地。同时在夏天常受到台风和暴雨的袭击，另外海潮的涨落也影响着当地人的生活起居。近海而居，海防地区的人有着“吃如海浪说话如风”的美名，这本来是京城人（河内人）拿来说笑，讽刺海防人豪放直率的性格，但是海防人自己却为此而骄傲。暴风雨和战争内乱的洗礼让这里的老百姓更加注重村落的团结、家庭的互助和人物的名节。所以《海阳地舆》中对当地民风有这样的记录：

俗与河内同，而士多名节。范贵适《海阳风俗记序略》云：上下二鸿与南策之青林至灵，其俗文雅近礼焉，七县则鸷悍勇武之俗，亦近于义焉，此其平日风俗之大概，若夫过扶拥而想范五老之遗风焉，过中津馆而想阮秉谦之遗风焉。山西政绩，则宁舍阮迈之风；樽俎折冲，则轻傜范廷重之风。厉声叱贼，如张孚说；丹心尊国，如黎景询；高尚其志，超然于兴废之间，如李子构，至其乡犹想见其遗风焉。《海阳风物志》（陈澹斋编纂，阮朝嘉隆十年，公元1811年），黎永佑庚申年间，岁欠，盗贼风蜂起，唐豪柴庄人阮仲平卒柴庄、端庄、唐庄、义庄四社民，坚守不肯从贼，黎皇赐金扁，昭统年间，黎帝东行，青河县监管兵训导，倡议勤王，士民相应。

本朝嘉隆年间，乌匪勒宜阳、永赖、水棠诸县，民有侦贼以报官，有出粟以助军，好义急公，临阵力战，多所擒获，钦蒙颁赏。

补载：嗣德壬戌年间，水匪滋事，府县相继失守，省城被围，官兵初进平江，唐安县士民，有卒军隶派，有输钱粟以助军，有卒手勇以杀贼，擒斩射刺，预有实状，多蒙赏格。

工亦精巧，如金工、锡工、铁工、版工、秤工、漆工、履工、染工之类。惟白杉、易使间，有刁风。荆门、建瑞，人多鸷悍，盖亦习尚使然也，涂山一总，斗牛以娱神，则蛋户之所为也。

从以上资料可以看出，海防地区的老百姓有“鸷悍勇武之俗”，每个村都有能够采取应急措施的武装力量，这种亦农亦兵的组织背后应当有家族力量的强大支持。每一个村落涌现的“名节义士”应是当地颇有影响力的乡绅，他们有组织才能和军事才能，同时还有较强的经济实力，在他们的领导下村落的自主武装可以击败滋事的盗匪与叛军。

为何如此？这与海防地区的气候和地理环境有关，与世世代代丰富的战斗经验有关。更为关键的是，越南乡村宗族至今保存着旺盛的生命力，每次宗祠祭祀祖先的时候都会敲锣打鼓，彩旗飘扬，各家各户从四面八方骑着摩托车奔赴而至，仿佛是一次迅速有效的军事集合。

第三节 “花乡”的生计模式

一直处在海防市区边缘的奉法村村民自古就有多种谋生方式，20 世纪 60 年代之前这里还有很多池塘和水稻田，耕地主要集中在如今的中村和寨村。按照越南风俗，乡村的墓地多建在耕地附近，现在奉法村的墓地就在中村。村民们介绍说，以前水稻田附近有很多墓地，小孩子夜晚不敢从那里走过。现在村民陆续将祖先的坟墓迁移到远一点的墓场，起因是乡村都市化的进程也到达这里，中村旁边的土地被台湾商人投资建造了高级公寓 Sun Flower，附近的道路繁华起来以后，越来越多的人在这里投资建设商业化大楼，推土机轰鸣着，原先在此安葬的村民必须搬迁。

如今寨村和中村的农民还有较多的耕地，水田仍旧用来种植水稻；东海村仍有一些村民在家中院子的大花园种植花草。海防市中心的朋友问我住在哪里，我说在奉法村，他们说不知道，可是当我告诉他们是奉法村里面的东海村，他们兴奋地告诉我：东海村在海防是出了名的“花乡”，自古就有以种花为业的花农。在奉法村，好几户人家世代以种花为业，越南人喜爱逢年过节在家里摆放插花，平日里鲜花也是每个月农历初一、十五拜佛拜祖先的必备用品。2006 年秋、冬两季，我在奉法村的东海村作调查，目睹了种花、卖花的过程。种花要预计开花的时间，因为只有鲜花在春节前上市才能够卖出好价钱。花农一旦种了花，年前就会有花店老板主动上门来拿货。

越南北方红河三角洲的农村“从 20 世纪 50 年代后半期开始，作为社会主义集体所有、集体生产的机构，成立了农业生产合作社”[①]，20 世纪 50 年代越南曾经发展农村合作社的经济模式，村民集体劳动、集体分配。20 世纪 80 年代越南政府进行农村经济改革，1988 年公布的《第 10 号越南共产党中央政治局决议》，完全承认了合作社的每个社员都是农业生产的主体。1992 年，政府开始发行有效期限至 2006 年的土地使用权证。1993 年颁布的《土地法》中，明确承认了可以对土地进行转让、继承、租赁和

① 白石昌也：《越南政治、经济制度研究》，昆明：云南大学出版社 2006 年版，第 215 页。

抵押的权利。从1998年开始，合作社逐步解散，奉法村的村民享受着土地给自己带来的巨大利益。

奉法村距离海防市中心只有六七公里，从奉法村到海防的吉比机场也只有八九公里，城市化的进程逐渐改变着古老乡村的宁静生活。奉法村的人们曾经守着自己的土地，但是随着人口的增加和市区的扩大，耕地已经基本没有了，原来的稻田被新来的居民用来修建房子，还有一部分稻田被国家征用建成了大马路，在大马路旁边还开设了海防最现代化的大超市Big C。

40年前，奉法村还种植水稻，养水牛和黄牛，但是稻田并不太多，这里的村民并非以种植水稻为主业。从事种植稻米的农作物生产只是奉法村生计的一小部分，经济作物（花卉种植）、手工业与商业在这里更为关键。1945年越南北部解放后，该村的范德溪先生被海防市园林管理局聘请为花卉栽培技术员。他今年已经96岁，一有空就帮女儿照顾花园，由于懂得花期与时令的调配，春节前他们种的花通常能卖到好价钱。此外，村里的传统产业还有织渔网、搓麻绳、建筑业（泥水匠）以及商业。在法属时期出现过一个传奇性的人物范德安，他在海防港工作，批量收购越南北方农村的玉米，统一包装之后通过海轮运往世界各地，获得了丰厚的财富。作为受人爱戴的乡绅，范德安的主要功绩是出钱重建了范氏祠堂（1915年），此外还捐巨资给奉法亭（村亭有相关的记录）。他购置了大量土地，雇用很多农民，娶了一妻两妾，生育了多位子女。目前他的长孙范德仁先生（今年72岁）作为范氏宗族的族长，掌管着家族祠堂的事务。范德安的后代，不论出自哪位女性祖先，都能和睦相处。巨大的土地资产使得他的子女都有能力受到良好的教育，但是在土地改革期间，他的后代遇到了很多意想不到的麻烦，土地、房子被土改队没收，有人被抓去劳改，孙辈因为家庭的地主成分，上不了大学。

因为奉法村离市中心只有几公里路程，同时有很多待开发的土地，所以附近的地价突飞猛涨，有一些村民切割、出售一份土地，用这笔钱建成自己家的小别墅。在土改时期，因为儿女众多而分配到很多土地的家庭通过租售土地获得很大的经济收益，但同时那些解放前的乡绅家庭曾经因为拥有土地而受到批斗，最后被迫把土地交给集体分配，待到平反的时候土地已经被其他村民占用而无法收回。那些曾经的乡绅家庭由于躲避战乱，或者由于受政治运动影响，大部分已经去越南南方或者国外发展了，可是他们在奉法村的土地情愿留着借给亲戚耕种或者荒着，也不愿意出售祖先留给自己的土地，他们对土地还有深深的依恋，觉得那是祖先的赐福。

奉法村的传统产业除了种花之外还有许多人从事的手工业，最普遍的是织渔网和当建筑泥瓦工。村里人大都有比较大的院子，妇女常在自家的院子里建个鸡舍，养几只鸡，用剩饭剩菜喂养。他们每天吃不完的饭菜都不会扔到垃圾箱，而是攒在一口缸里，村里养猪的人家过几天都会来收取。村里的小杂货店都是当地人自己开的，街坊邻里来买东西非常方便。一些妇女在家里开缝纫店或理发店、照片冲印店，既不耽误料理家务，手头也做着一份工作。

有一些妇女年轻时去外资企业打工，附近有台湾人开的皮鞋厂和塑料制品厂，但是在生了第一个孩子之后她们多半会放弃这种工作。在外资企业工作收入相对高一些，但是劳动强度大、劳动时间长，根本没时间照顾家里。就连在国家机关任公职在当地妇女眼中也不是最好的工作。有一位40岁的妇女阿兰，曾经是海防电视台一位忙碌的新闻记者，可是她现在的职业是在家里开缝纫店帮人裁剪、缝制衣服，她对现在的生活很满意，不仅可以就近照顾上小学的一儿一女，而且丈夫每天回家都有饭吃，她支持丈夫从事自己感兴趣的事业，在家里开设汉语口语培训班，收益也不错。总之，虽然没有务农，但是妇女在家里从事一份工作，或者自己做一些小买卖，这些情况在奉法村很普遍。

此外，奉法村也有一些人在国营公司、国营工厂工作，这样可以有一份固定的收入，在年终会得到分红和奖励，最大的好处是在退休的时候可以按月领取退休金。

第四节　生活起居及亲属称谓

据村“奉法亭”管理委员会的负责人武文票先生介绍，奉法村有至少700年的历史。住在这个村子的人绝大部分都是京族人，使用的是京族语言（越南语）。根据村亭的资料，在村子刚刚开发建立的时候就有华人在这里居住。乡民们都承认是越人与一部分华人共同开发了这片土地，越人的生活习惯也受到华人的影响，例如，越人从华人那里学习了包子和馒头的做法。

根据越南通行的做法，孩子的籍贯跟随父亲，如果母亲是华人，父亲是越南人，这个孩子在户籍资料上显示的身份是越南京族人；而如果父亲是华人，母亲是越南人，这个孩子的户籍就写成越南华人。由于1979年中越关系交恶，越南出现排华事件，凡是有华人血统的家庭一般都回避自己的身份，特别是父亲是华人的小孩常常受到村里人的欺负。例如，宝光寺的住持清林法师，他的母亲是华侨，父亲是越南人，越南排华的时候，他的舅舅们全部离开越南，现在有两个在广东，一个在加拿大，一个在美国。他说自己是越南人，因为他父亲是越南人，可是他也有华人的血统，这让他对中国文化感兴趣，但是他非常庆幸自己是越南人，缘由是他觉得越南语是非常奇妙而富有情感的语言，表达了越南人自古以来对自然万物的依恋与崇敬。

奉法村如今居住的绝大多数是京族人，每一户大多是三代同堂的大家庭，一个大院子里住着十几口人。但是他们不是每天在一起吃饭的，一旦子女结婚了，就要有自己独立的厨房，在同一个院子里其实有几个小家庭。有的院子甚至有几个院门，便于各个小家庭就近出入。通常孩子和狗会在同一个院子的各个家里跑来跑去，分不清是谁家的孩子、谁家的狗，但是到了晚上，都得回各自的小屋。不管你是多么年轻的夫妇，晚上你都得自己照顾孩子。

当地人日常的主食是米饭，也常常吃稻米做成的各种小吃，比如说米粉、卷筒粉等。每一餐在餐桌上还配有生吃的各类香菜，常见的有薄荷草和鱼腥草，妇女都说这些生菜不仅可以清新口气，而且可以预防疾病。鱼露和虾酱是海防特产，是将鱼虾发酵过滤的产物，闻起来味道比较重，是吃凉拌菜常用的调料。越南菜的口味清淡，柠檬和杨桃常常用来调味，做成偏酸辣的口味。传统的菜式有糯米饭（Xôi），绿豆与葛根粉做的糖水（chè），白煮鸡（常常放在糯米饭上面），瘦猪肉用香蕉叶包扎做成的肉团，猪肉绿豆糯米粽子，用排骨、竹笋和鸡丝炖的浓汤。家中宴请的时候除了米饭作为主食之外，还会格外增加煮熟干放的细米粉（bún），这种细米粉与炸春卷配上酸甜的汤汁一起食用。此外青木瓜也是非常好的食材，青木瓜的味道在越南人心中有着甜美的意境，如同朦胧甜美的爱情。法国越南裔导演陈英雄拍摄的越南语影片《青木瓜之味》讲述的是一个爱情故事，也展现了这道菜的美味。这是一道酸味的蔬菜沙拉，将青木瓜切成丝，加上些许胡萝卜丝以及豆芽，再用糖、鱼露、果醋、辣椒来调味，搅拌均匀就做成了。此外，有一些食物则用于特别的节令，例如春节的时候要用正方形的大粽子拜祭祖先和神灵，然后全家共同享用，据说粽子里有肉有蔬菜，代表万物（动物和植物）在大地生长。端午节的时候早上不吃五谷，要吃新鲜的酸味水果和糯米酒，其目的是为了驱虫。逢年过节以及祭祀祖先、拜祭神灵的时候要用特殊的红色糯米饭，糯米饭和整只的白煮鸡是最基本的祭祀饭食。这种红色糯米饭用当地特别的果浆和着糯米做成，本书在介绍奉法村妇女生活的相关章节将详细介绍。

奉法村的房子常常是两三层的小楼，也有的是平房。他们通常有两个厨房，一个在室外的院子里，使用煤炉烧蜂窝煤；另一个是在室内，使用煤气灶。这两个不同时代的厨房，在这里十分普遍地结合在一起。每天早上，在巷子里可以看到生煤炉升起的烟。当地人告诉我，用煤气灶干净、速度快，可是价格太贵；用煤炉更方便实惠，可是容易出事故，如果放在屋里用就害怕出危险，但是放在外边通风的地方就不怕了。房子里的布局是西式的，一般都有客厅、饭厅、卫生间、厨房和卧室。

客厅是房子的中心，最显眼的位置摆着一张供桌，供奉祖先和土公[①]神位，祖先和土公都有各自的香炉。通常在客厅的墙壁上挂着家人的照片，显示出温馨欢乐的家庭气氛。最近流行将儿童的照片制作成挂历，老人非常喜欢将孙儿孙女们的照片展示出来。客厅摆放着沙发和茶几，茶几上都有一套茶具，中老年人每天喝茶，越南出产的“太原绿茶”受到青睐。客厅有电视机，家人吃过晚饭有时在客厅看一会儿电视。卫生间都有抽水马桶，有的用燃气热水器，有的家庭喜欢自己煮水洗澡。

院子里有一个特别的小建筑物，用砖头砌成，下面是一根直直的柱子，上面是一个方形的台子，台子左右两侧和后面连接起来，前面留出空，后面继续往上砌成满月形。这个小台子上没有神像，可是每天早上主人都会来上香，摆水果和鲜花供拜。这个小建筑的名称是 Cây hương，字面意思是香（hương）枝（Cây），就是用来敬香的柱子。越南北部京族人家的里堂有拜祭祖先的供桌，院子中一般还有一个这样的神台，有趣的是

---

① 土公相当于越南民间信仰的土地神，他们相信土地神守护着家庭的平安，能够驱除魔鬼。土公信仰与中国的土地神有差别，土公其实是土地神和灶神的合一，代表了对土地和家庭的护佑。

这两处所供奉的神灵以及相应的供品也有很大的差异，在第三章第四节的“家庭祭祀与神灵分类”中将作更具体的分析。

图 2－4　院子里的神龛

图 2－5　小神龛上的祭品

越南的家庭几乎人手一辆摩托车，出门办事都是骑摩托车，老人更喜欢骑自行车，如果去远的地方就请专门送客的摩托车接送，费用不高。曾经流行的三轮车目前普遍用来运送货物，比如说建房用的黄沙、石子，小件的家具等。结婚办喜事都要租用轿车和小巴士。

当地的老人喜欢中国文化，对《三国演义》非常熟悉，对《毛主席语录》也有所了解，有一些老人还会唱《东方红》。年轻人比较喜欢《西游记》和《水浒传》。这里的人普遍都喜欢唱歌，每个人都能哼唱几首民歌，不仅仅是年轻妇女、年轻男子，甚至当了爷爷、外公的老人都会清唱哄孩子入睡的摇篮曲。

越南语彼此之间的称呼有一点儿复杂，场景不同称呼就不同。谈话的时候直接称呼"你"和"我"是非常失礼的。如果谈话对象是父亲，就要称自己为"孩子"，称对方为"父亲"，一句简单的"早上好"就要说成"孩子问候父亲啊"。如果跟长辈说话的时候提到另一个人，还要注意那个人跟自己的辈分关系，比如说爷爷问孙子："父亲在哪里？"孙子的回答就显得复杂："爷爷啊，孙子的爸爸去上班了。"其实意思就是我的爸爸去上班了。一旦进入越南社会，大家首先会问你的年龄，问你跟当地人的关系，这样对方可以迅速确定跟你的辈分关系，以便使用正确的称谓。

越南人婚后生育子女以后，要跟随子女称呼自己和他人，例如妇女会称自己为妈妈，称呼丈夫为爸爸，这可能是为了让孩子准确地学会亲属关系以及正确的称谓。年轻的男女向别人介绍自己的恋人时称呼爱人(Người yêu)，彼此之间称呼兄妹（anh em)，结婚以后对外称妻子（Vợ)、丈夫（Chồng)，两人之间还是称呼兄妹（anh em)；有了孩子之后，转换成孩子的称呼，丈夫称妻子为"妈妈（Mẹ)"，妻子称呼丈夫为"爸爸(Bố)"；有了孙辈后，丈夫称妻子为"奶奶（Bà)"，妻子称呼丈夫为"爷爷（Ông)"。

一般来说，两位家庭成员一起的时候，喜欢合起来称呼，比如说兄弟俩、姐妹俩、祖孙俩、叔侄俩，称谓语的排序一般是年长者或辈分高的在前，年幼者或辈分低的在后。但是在越南语当中有一些特殊的情况，夫妻俩的说法是 Hai vợchồng——两妻夫，而不是汉语中习惯说的"两夫妻"，妻子在丈夫的前面。从越南语的称谓系统可以看出夫妻关系在家庭中的重要性，例如在向外人说起自己的丈夫或者妻子时，可以说成"我的家(Nhà tôi)"。

越南的家庭普遍喜欢孩子，不论是男孩子还是女孩子，都得到整个家庭的关心和爱护。在我调查的地区没有发现有虐待女童以及虐杀女婴的情况。妇女在怀孕时通常会去做产前检查，医生都会提前告诉她们胎儿的性别。她们通常认为这是命运，不会因为迫切想生育男孩儿而将未出生的女孩流掉。几乎每个人在小时候都有绰号或小名。比如说一个男孩子名叫 Trí（智），大家叫他 Trí“Chuột”，意思是老鼠 Tri，为什么呢？因为 Trí 的发音好像是老鼠吱吱叫。他如今 20 多岁了，他母亲有时候还这样亲切地称呼他，但如果是小孩子也这样叫他，他会非常生气。还有一个 40 岁的男子，他的绰号叫 Toàn“Đen”，意思是黑 Toàn，他的名字是 Toàn（全），他的特征是皮肤很黑。同一个村子的男孩子姓氏相同的几率很高，重名的现象也很多见，所以名字加上绰号就一下子能辨别出是谁。一个年轻女孩叫明心，她害羞地告诉我她的绰号是“小粉蕉”，因为她的样子是胖胖的、矮矮的，像一根小粉蕉。当地人相互之间不称呼姓氏，只称呼名字。因为同一个村里，同姓的人很多，称呼姓的时候，没有办法分辨。称呼名字最后一个单字，听起来比较亲热，同辈之间或者长辈招呼晚辈的时候有时用小名或者绰号。

第五节　宗族组织与祖先祭祀

越南每个人的家里都非常整洁，常常有人来串门，可是地板一尘不染，家里的女人非常勤劳，一般在午饭后、晚饭后都会扫地、拖地。客厅是招待客人的场所，也是举行祭祖仪式的地方。家人的照片挂在墙壁上，或者镶嵌在小相架中，放在透明玻璃的橱柜里。客厅里高高的供桌正中摆着已经过世的直系亲人的照片，代表这是祖先的灵位。平时祖先的照片是用红色的布遮盖起来的，只有在祖先的祭日，或者逢年过节的时候，才掀开这块红布，请祖先的灵魂回来享用祭品。

村里的宗祠是祭祀家族共同祖先的场所，奉法村目前保存最久的宗祠建筑是范氏家族的祠堂（1916 年），因为遭遇过 20 世纪 40 年代土地改革，奉法村其他宗族的祠堂被拆除或者被占做他用了。近几年在乡村兴起了重修宗祠和重修家谱的热潮，一些富有的家族成员积极为宗祠的修建贡献力量。2010 年春节，在东海村突然出现一座崭新的“古典建筑”——一位姓阮的老先生将自己的旧宅拆除后建造了阮氏宗祠。他说若建成普通的住房，难保自己去世以后房子会被子女卖掉，现在建成宗祠捐给宗族使用，这个房子以后就可以流传下去。

在越南乡村，族谱是用来记录宗族成员名单的文字材料，由族长负责管理。按照传统，嫁出去的女儿是没有权利记入族谱的，但是也有一些例外，就是被称为“祖姑”的特殊女性，这个在第四章我会详细叙述。成家立业的男子及其妻子在族谱上有名，从这一点上来看，宗祠对于男性的意义是非常重大的，男性非常需要一种归属感，需要确立自己在宗族谱系当中的位置。相对来说，女性的归属感就有更多的落脚点，在情感方面，即使已出嫁的女性，仍然跟娘家有着深刻的关联；在族谱体系当中，她又与自己的丈夫一同进入了另一个家族。

在奉法村可以发现有很多家庭的女儿出嫁了可是并没有离开本村，她们仍然住在父母家里或者住在同村。通常越南的男人不喜欢住在妻子的娘家，他们觉得那样会没有权威感，在重要的场合也没有自己说话的资格，自己似乎总是一个“外人”。在妻子的宗族，男人找不到自己的位置，缺少归属感。

与之相对的一个情况值得分析，女人出嫁之后，经过一段时间的相处，为丈夫的家庭服务，参加了家庭的仪式和活动之后，就成为丈夫家庭的一个“自家人”了。可是男人的情况不同，男人住在妻子的老家，总是有格格不入的感觉。他们只有跟同宗族的人在一起才有回到自己家的感觉。春节前后，随妻居住的男人会躁动起来，他们通常在大年三十之前会独自一个人回一趟老家，主要是给祖先扫墓，去宗祠敬香，另外要送钱或者送礼物（主要是吃的和喝的）给老家负责祭祀的兄长。在大年三十的时候，长子的家庭要置办供品和饭菜，邀请祖先回来过春节。无论如何，住在外面的儿子要安排好，把钱或者礼物送到，这样在兄长家的供桌上会摆上自己送去的那份供品，拜祭祖先的饭菜有自己出的一份钱，尽到了责任，才能安心地回到自己的小家庭准备过年。

2010 年的春节，阮氏和的大女儿阿贤的丈夫杜如兄有一点儿闷闷不乐，他在海防市中心的加油站工作，但是他的老家却在建瑞县，结婚后他就一直住在奉法村，跟岳父岳母在同一个院子里生活。一到腊月二十，他就盘算何时回建瑞县的老家拜年这件大事。可是天公不作美，从初二到初六，一直是下雨天，为了安全起见他只能忍耐。好不容易，等到大年初七一大早，天放晴了！他立刻骑摩托车载着妻子和一双儿女回老家。当天晚上他们全家就回到海防，我问他觉得这次回去拜年情形如何，他的回答是："跟以前一样啊，就是很累！像走马灯一样，要跑很多家亲戚，还要按照辈分走亲戚，如果漏了重要的亲戚没去走一走，这一整年都要挨骂的！"虽然如此，他看起来仍然很轻松愉快。他们回乡的一个重要环节是要带妻儿去宗祠给祖先烧香。宗祠代表了宗族的向心力，体现了家族共同体的精神。

奉法村比较大的宗族范氏、阮氏和武氏都有自己的宗祠，但是在 1945 年解放之后不断地有反封建、反迷信异端的政治运动，有一些宗祠被破坏了，现存的是 1916 年建造的范氏宗祠和最近重建的阮氏宗祠。

与中国的宗族传统相同，越南北部乡村的宗族也是由族长统一安排全族事务的，族长一般由长房的长子担任，如果长子没有子嗣（儿子），只能请有子嗣的其他弟兄担任族长。范氏宗族的族长范德仁先生却是一个例外，由于早年恋爱不顺利他选择了独身，而且至今为止他并没有收养任何子嗣。范德仁弟弟的独子范德勇理应成为下一任族长，但是范德勇目前只有两个女儿，按照越南计划生育法规，一对夫妇最多可以生育两名子女，所以他也没有男性继承人。范氏宗族目前的情形颇能表现出越南宗族社会的危机：由于计划生育的实行，会有一些家族没有男性后代继承香火。现任族长的爷爷范德安并不是长子，能成为族长是因为范德安的长兄膝下无子，而且他又不愿意娶妾，所以不能继承香火，最后香火传给了有子的范德安。范德安年轻时代就在海防颇有名气，他拥有大片田产，而且对寺庙和村亭的捐赠非常慷慨，得到当地乡绅的支持和拥戴。同时他在繁衍后代方面也不遗余力，他娶了一妻二妾，子女众多，理所当然成为族长。这样范德安就和家人搬进宗祠的四合院居住，主持祭祀祖先的各项活动。

我查阅后黎朝颁布的《洪德律例》①，其中有立嗣和香火奉祀的具体规定。

洪德十四年令

父母量其年老遗立嘱书，为族长者，均其多寡，造立嘱书，其香火例，二十分之一，而父为长族，以父前项香火等处田土，仆人众子各分，

① 《洪德律例》，越南汉喃研究院资料，编号 A. 330。

每分得分千亩高，始量取香火二十分之一，孙为长族亦如之，然其间人多田少，其香火分本族从便相分，一皆顺意，无有相争者，亦许随宜。

光绍二年令　（1517 年）

监守香火用长男长孙，无长男则用次男季男之男子男孙，无者，则用长女，其田土听取二十分之一为香火。

从以上法律规定可以看出，古代越南家庭中的长子、长孙可以获得香火田，因为他们负有奉祀祖先的责任。范族《族谱》中的记录有三种字体：第一种是19世纪之前的，那是用工整秀丽的小楷字体书写的。其中也有对香火田的记录，并且有严格的规定，族人不能随意买卖香火田，因为该田地如同寺庙的香火田一样，其每年的收成主要是用来作祭祀之用。在阮朝末年，受到殖民政策的影响，传统文化受到一定的冲击，可能出现了一些族人试图用香火田换钱的现象，所以在族谱里才再三重申对香火田的保护。

另外在《洪德律例》中对于“立嫡之法”的争论很有意思：

洪德九年（1478 年）

御传立嫡之法，其妻妾之子以岁长为嫡，以正妻之子为嫡，何是，应寻出于何章，当奏闻为凭，颁布天下为据，朝廷未知所对，历至光顺五年正月二十日，天本县高乡社梁世荣具一本奏，臣奉编寻各卷，不见立嫡之法详，且见新刻御题新刻三台明律，招判正尊卷二，凡立嫡子者正妻也，以长子当承继，若舍此立次，罪亦同，违者杖八十，其嫡妻五十以上无子者，得立庶子，不立长子，罪亦同。

这里反映出富贵家庭因为妻妾子女众多发生了利益纠纷，需要一个立嫡的标准，这个标准是以正妻之子为嫡子，如果正妻50岁还没有生子，才可以立庶子。由此可见，母亲的地位直接关系到子女在家庭中的地位。越南是在1945年解放之后逐步推行一夫一妻制度的，理论上就不再有这样的家庭纠纷了。97岁的范德溪先生的母亲是范德安先生的第一位妾陈氏，在范德溪先生年轻的时候，家庭富有的他理所当然是可以娶妾的，至今孩子们常常开玩笑问他年轻时不娶妾是不是吃亏了，他的回答是他小时候非常渴望得到父亲的关注，他不希望自己的孩子缺少父爱，所以坚持只娶一妻。

宗祠主要的祭祀活动是在清明节、七月十五和腊月举行，其中以腊月的祭祀最为热闹。族中的男子若结婚了就可以参加宗祠的宴饮，可以占一个位置，现在嫁出去的女儿也可以回宗祠参加宴饮。不过在吃饭的时候，长辈坐得高高的，男子们坐在一起，女人们聚在一处，看起来仍然是井然有序的。每次祭祖之前，族长就派人到每家收费，参加宴饮的每人缴纳 30 000 越南盾。族长委托族中的中年男子承办祭品以及宴饮所需的乳猪、鸡、蔬菜、水果等用品。

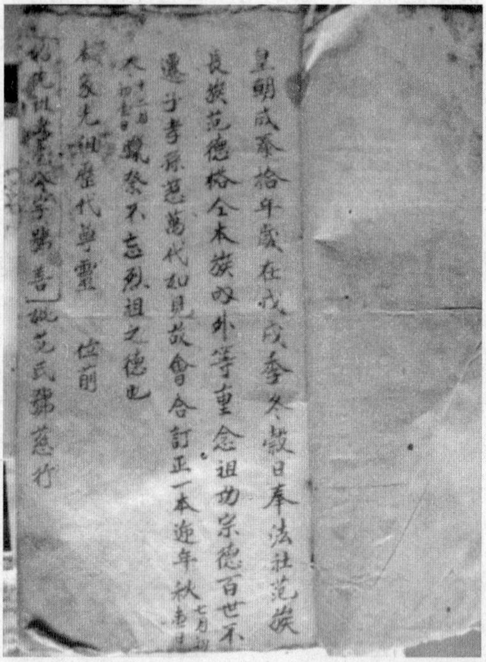

图 2 - 6　阮朝成泰十年（1898 年）重修家谱

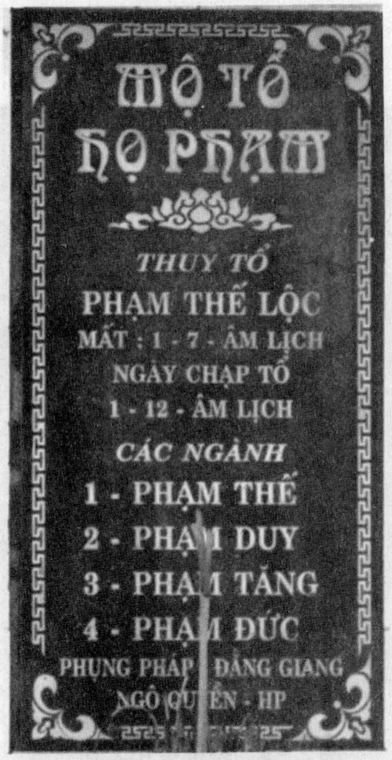

图 2－7　墓志铭

墓志铭中文翻译：

范族祖墓
始祖
范德禄
忌日：阴历七月初一
腊祖：阴历腊月初一
各支：
1—范世
2—范维
3—范增
4—范德
海防市吴权郡藤江坊奉法村

2007 年 1 月 18 日，农历腊月初一，是年前范氏宗族祭祖的日子，院子里的树上插起两面彩色的旌旗，好像古代军队的旗帜。铜锣和大鼓敲起来，各个家庭的代表已经在祠堂的院子里面汇合，好像军队的集合一般。武家的武文票老先生常常应邀来主持典礼，因为他是范家的女婿，负责填写、念诵“祭祀祈请文”。按照大家的观念，祖先和神灵都只会看汉字，汉字书写的祈请文最好。

首先是武文票先生诵念祈请文，请祖先的真灵回来享用祭品，提醒祖先要时时护佑子孙。接着族长范德仁跪在祖灵前点香，将点燃的香枝插入香炉后，跪拜三次。接着各位同宗按照长幼顺序进来拜祭祖先。

图 2 – 8　宗祠祭祀之前敲锣

图 2 – 9　宗祠祭祀之前打鼓

图 2 – 10　供奉宗族祖先灵位的拜台

图2-11　宗祠正堂的匾额“水有芑”表达的是“范”的字义

图2-12　祭祀必备的香、灯、花、果

图 2－13 出嫁的妇女也回来祭祀祖先

图 2－14 建于 1917 年的范氏宗祠

图 2－15　范族的女婿武文票先生读祭文

我曾经多次访问过武文票先生（94 岁），因为他是“奉法亭管理会”的前任会长，最近 20 年的主要精力都花在处理奉法亭的事务上。而最近 20 年也恰好是越南民间信仰和传统文化恢复的繁盛时期。他能读写汉字，同时懂得祭祀仪式，这一切都令他获得崇高的声望。他年轻时在建筑公司工作，50 多岁退休。退休后因常常参加村亭的活动，被选为“奉法亭管理会”会长。5 年前因为年纪大了、身体弱了，他才退出奉法亭管理会。

除了就城隍祭祀的事务我访问过他之外，我也询问过他对宗族观念的看法。每次讲起奉法亭他都会滔滔不绝，因为那是他的“专业”。但是讲到奉法村武姓祖先的历史，他却讲得很少切题。他花了很多时间给我看武氏在全国的分布图、宗族的来源、武氏宗族代表会面的照片，以及武氏家族编纂的一本专门收录本族名人的书。他自豪地指着一幅穿军装、佩勋章的军官的照片告诉我，那是指挥奠边府战役一举成名的武元甲将军。我觉得奇怪，武元甲是南方人，怎么会跟海防这边的武氏有关联呢？他说这是有考证的，武元甲将军的祖先是从越南北部移居到南部的。

关于宗族情况的访问，一些看似不合逻辑的问答更是耐人寻味。访谈的记录如下：

问：您的家族在奉法村多久了？

答：我们的家族来这里应该有400多年了。先祖是从中国来越南的，来越南一千多年了，家谱上是这样写的，后来到了海阳县，其中有一支来了这里。我们有一位祖先娶了公主，当了驸马爷，受到很多朝代敕封，成为一些村子的“城隍”！

问：现在宗族成员主要有什么活动？

答：春节的时候家族成员相互问候，腊月的时候我们会聚在一起举行“腊祖”（就是腊月的祭祀）的典礼。很多人来给我们这些高寿的老人祝寿，祝寿的时候我们穿着红色的礼服（红色的长袍），我还收到了祝寿的牌匾，上面有我们宗族的姓氏。我们还把家族里出类拔萃的人的成就记录下来印成书，有的人成为政府官员，有的人学业有成，家族的光荣要给家族成员看。

问：开始来奉法村的祖先是哪位？

答：他叫武永泰。

问：他是什么时候出生的？

答：他去世410年了。

在这段访谈中我发现了两个有趣的现象：第一，祖先的丰功伟绩会被一代代流传，进而成为宗族的集体回忆，这种回忆本身就是一个巨大的凝聚力量；第二，越南人对待时间的概念非常特别——“重死不重生”，我明确询问的是他祖先的出生时间，但是武先生回答的却是去世的时间。

可以拿这两点发现来概括宗祠的功能：第一，通过回顾祖先的业绩，感受宗族生命的来源是神圣光荣的；第二，通过饮水思源，通过“时间河流的溯回”，在怀念祖先的祭祀活动中汲取无形的力量，从而加强宗族群体的凝聚力。正因为如此，许多嫁出去的女儿也很喜欢回到宗祠参加祭祖活动。

本章小结

有人认为要研究越南风俗应该找寻更为古老的传统的乡村，这一点我铭记在心。我曾走访过南定省、永福省、河内市郊，试图确立一个更有“典型意义”的越南村落作为调查对象。然而随着我的阅历增多，视野逐渐开阔，发现离我的起点——海防市吴权郡的奉法村反而越来越近了。

几乎在每处，我都能找到越南乡村最基本的结构和内涵。乡村的水稻田、大榕树、村庙、佛寺、宗祠，相互连接扩展，连成一幅包含了乡民们生产、生活和想象的最核心的空间。这个空间系统是可以不断复制的，是相互连接的，因而构建成了一个越南社会的总体图景。

在本章第二节，我描绘了越南北部海港城市海防一个名叫奉法村的公共空间。受东亚社会儒家思想的影响，奉法村的名称来历以及村子的开拓史都体现了忠孝仁义的精神内涵。看起来，这是一个井然有序的社会，父系血缘关系是家族的纽带，族群的归属也以父亲的族群性质为依据，乡村内的大型聚会也是以祭祀祖先的宗族聚会为主。在这些聚会的场合，看到的主要行动者是作为一家之主的父亲的影像，在村落中的茶亭或者小卖部浅斟慢饮的也都是成年的男子。从整体格局来看，这个村落是一个以男性权威为主导的社会。

越南语言的称谓总是处在一组相对关系的系统中的，比如父子、父女、母子、母女、夫妻、兄弟、兄妹。对自己的称谓也是根据对方的身份来确认的，没有永恒而简单不变的“我”存在。在这里，长幼顺序与生理年龄不完全吻合，依据上一辈的长幼关系来确定这一辈的长幼顺序，如一个中年人见到自己伯伯家的儿子也要称呼为“兄长”，所以越南儿童的社会化过程就是对社会关系不断熟知的历程。在越南社会，每个人在与他们交往的过程中都必须时刻牢记自己的社会年龄。

从家谱与墓碑清晰描绘的家族谱系图中，我们看到了坚实的且生生不息的由男性血缘关系架构起来的庞大的社会系统。宗祠的建筑与祖先的牌位使子孙形成直观的强烈记忆。属于母亲的功绩与力量在常规的历史叙事中被淡化和隐没了。

“把现实生活片段熔铸为‘象征的生活’，女人以此而获得一种内在的经验，她没有必要要求一种有意识的经验，而只是通过强烈的、情绪激昂的活动，而且往往是包含着那些经验的秘密活动，来展示其隐秘的特征。”①

然而，流传于越南民间社会的不仅仅是历史，还有动人的传说。当看到南定省的柳杏圣母府、永福省的西天圣母祠、河内的二征夫人祠时，我一时不能辨别这些女神相貌的差异性，这让我确定在海防一定有地位相当的女神，在奉法村一定也有供奉本地女神的场所。

相比于红河三角洲的其他城镇，海防是个比较开放的会跟随潮流不断变化的地域，海防的风俗与其他地区的确略有不同。如果在一个逐步都市化的村落中依然能发现具有越南民俗共性的传统特色，实在是发现了文化的本质。

① 埃利希·诺伊曼：《大母神——原型分析》，北京：东方出版社1998年版，第292页。

第三章

妇女民俗的画卷

（男）什么高？什么低？
什么比天上的星星还美丽？
什么人坐在桃园里？什么东西比刀还锋利？
妹妹呀，是什么叫人心里不宁息？
（女）天为高，地为低，
万家灯火比天上星星还美丽，
是妹妹坐在桃园里，是哥哥的眼睛比刀还锋利，
哥哥呀，要知你为何心不宁，
问自己！
——北宁军鼓答对[①]

第一节　越南婚嫁习俗的渊源

越南与中国是一衣带水的邻邦。它在从秦汉至晚唐的一千多年里作为中国的郡县而存在，这段历史在越南历史上被称为“北属时期”。古代的越南位于东南亚的东北部，包括交趾、九真、日南三郡，后经历代王朝向西、向南扩张，形成目前的疆域。由于越南历代的政治中心都在其国土的北部，这一片地区长期受到中国传统文化的影响，因此日本人类学家末成道男教授把越南作为东亚文化圈的成员加以探讨，他将自己调查的乡村称为“东亚中的越南村落”[②]。

公元10世纪，越南成为独立王朝[③]后，中越两国之间开始建立“藩属关系”，其历代王朝请求中国封建王朝的“敕封”并行“朝贡之礼”。越南的历代王朝沿袭中国制度，设立学校，开科取士，以四书五经为考试范围，尤其是最后的黎朝和阮朝，奖励儒学不遗余力，所以儒家思想在越南政治、经济、社会、宗教等各方面都有着重要的影响。1884 年到 1945 年

① 这首民歌选自安波著，林荫编译：《越南民歌选》，北京：音乐出版社 1963 年版。
② 末成道男：《ベトナムの祖先祭祀 潮曲の社会生活》，东京：风响社 1998 年版。
③ 公元 939 年，吴权在白藤江战役打败南汉军队后自立称王，越南学者和百姓都认为这是越南独立国家的开始。郭振铎在《越南通史》（中国人民大学出版社 2001 年版）中指出，968 年丁氏王朝的建立标志着越南独立封建王朝和越南独立国家的正式开始。

间沦为法国殖民地的越南，其官方文字和典章制度逐步与西方文化接轨。然而，从越南北方解放之后进行的政治运动到 1986 年开始实行的革新政策，无不受到中国政策的启发和影响。

随着我在越南北部持续不断的民俗调查，进一步对越南民俗有了深入了解，在老百姓婚丧嫁娶的日常生活中，我直接领略到中越两国文化交通的印记，惊喜地发现一些中国传统的礼仪在越南的民俗事项中得到了较为完整的体现。有几次我赶上了当地人的婚礼，直接目睹了越南人的婚嫁仪式。

首次观看的河内的订婚典礼使我觉得越南人满怀热忱地保存着自己的传统文化。订婚仪式既是家庭的聚会，也是传统文化的盛宴。参加典礼的亲友都是盛装出席，男人穿着西服，女人穿着传统的长袍（被称作越南国服的 Áo dài），订婚的女子穿着粉色的长袍，陪同她的 9 个女孩子都穿着统一的淡蓝色长袍。院子里支起了粉红色的帐篷，用气球和鲜花点缀得喜气洋洋，帐篷下面有几张长条桌，上面摆放着点心和茶水，双方的亲友面对面坐着聊天。这个情景久久地印在我的脑海，让我情不自禁地对比起中越两国的嫁娶婚俗，与越南的订婚仪式相比，中国年轻人已经放弃了订婚礼。2006 年，我在奉法村也有幸参与了一户家庭举行的婚嫁仪式的全过程。

我观察记录了能够代表红河三角洲特色的河内与海防两地的嫁娶仪式过程，进一步查阅越南古代的典籍与笔记小说中有关婚俗的记载，在此基础上就婚礼过程访问当地人，从而基本掌握越南北方婚嫁习俗的变迁脉络。在描述奉法村婚礼场景之前，首先探讨一下中越两国婚嫁礼仪制度的渊源关系。

越南的主体民族为京族，是古代岭南百越的一支，由于气候条件与生产方式的差异，形成区别于中原地区的独特习俗。秦汉以来，随着儒家思想的浸润洗礼，越南社会的生活方式与核心思想也逐步向中原文化靠拢，形成以一夫一妻制以及父系继承权为基础的父系社会。然而这个过程确实是漫长的，在越南的民俗和民间传说中依然可以看到越南社会“母系”或者“双系”的蛛丝马迹。在这里，我将以越南的笔记小说和中越历史等文本材料为佐证，说明聘娶制度是怎样从中国传入越南的。

越南人谈到民族始祖就会说起“龙子仙孙”这个词，这个龙是指貉龙君，他是中原文化的代表炎帝神农氏的后代。成书于 15 世纪的《岭南摭怪列传》收录了越南文人收集整理的流传于古代岭南地区的民间故事，其首篇《鸿庞氏传》讲述的就是貉龙君与越人祖先开国的传说。貉龙君为神农氏四世孙泾阳王与洞庭君的女儿龙女所生，在五岭地区“龙君教民耕种衣食，始有君臣尊卑之序，父子夫妇之伦”[①]。貉龙君遇到妪姬，心生爱慕，于是“龙君迎归于龙装岩”。由此可见，在越南人的心目中，越南的农耕技术、婚嫁制度都是从中原地区的“貉龙君”传播推广而来，貉龙君迎娶妪姬这一举动体现了一种新的婚姻形式——聘娶制度，也就是说女性通过婚姻进入丈夫的家庭，成为丈夫家庭的一员。可惜，貉龙君与妪姬最后因为不是同类而分手，50 个儿子跟随貉龙君归于水府，另外 50 个儿子跟随妪姬居住在地上。跟随母亲居住在地上的 50 个儿子建立了“文郎国”，从此也规定了婚嫁仪式的程序是“男女嫁娶，先以盐封为问礼，然后杀牛羊以成礼。以糯米饭入房中相食毕，然后交通，以此时未有槟榔也”[②]。

以上这则越南开国的传说，形象地说明了古代越人开始不懂得婚嫁礼仪，后来逐步将婚嫁仪式制度化成一套程序的过程，在这个过程中我们依稀可以看到问礼、成礼与合卺三个步骤，这个与儒家伦理所提倡的“六礼”的主干事是基本一致的。“貉龙君”虽然只是一个传说人物，但是他的身世、他的功劳都体现了越南人民内心当中承认越南社会的发展得益于中原地区的文化和生产技术。

我在越南调查的过程中发现，越南女性在婚后常常回娘家，特别在养育第一个孩子的时候会住在娘家，完全依赖娘家的帮助，中国民间所说的“嫁出去的女儿泼出去的水”在越南就行不通了。此外，许多家庭在作重要决策的时候，通常会请已出嫁的女儿回来共同商议。这些现象提醒我们，在研究越南文化的时候，必须回顾越南社会发展的历史。目前学者的共识是：传统的越南社会是一个“双系社会”，女性一般具有与男性同等的地位。15 世纪越南的黎朝于洪德年间颁布的法令（史称《洪德律例》）保障了女性的财产所有权，例如自女方带进婚姻的财产，若无子女可以继

① 陈庆浩、郑阿财、陈义主编：《岭南摭怪列传》，《越南汉文小说丛刊》（第二辑第一册），台北：学生书局 1991 年版，第 28 页。

② 陈庆浩、郑阿财、陈义主编：《岭南摭怪列传》，《越南汉文小说丛刊》（第二辑第一册），台北：学生书局 1991 年版，第 31 页。

承，则必须交还给女方的父母（Makino，1994：687－724；Ta Van Tai，1981）。[①] 在越南习俗中，女性在父母家庭中的权利和地位受到保障，使得以男性为主导的“聘娶制”执行起来受到挑战。

同样是在这部《洪德律例》中，可以看到国家通过法律来强力推行“聘娶制”这样的婚姻形式，“男家已遵婚礼，由纳采至亲迎，即之子于归，不得犹狃前俗，抑使男居为婿，经三年始许归于夫家，乃是秦赘之俗，不得蹈行，违者抵罪”[②]。在这里提到一对夫妇成婚后应当住到丈夫的家中，从而使妻子正式成为男方家族的成员，女方的父母不得将女儿和女婿滞留在自己的家，三年之后才让这对夫妇回到丈夫的家。这段叙述隐含着一个当时存在的现象——有的夫妻婚后是随妻方居住的，也就是说，有的女性婚后不必离开自己成长的环境。从这则黎朝的法律可以看出，婚后随丈夫家庭居住这样的聘娶制度是从中原地区逐渐推广到越南的。

回顾越南作为中国王朝的郡县时代，西汉时期的一百多年，汉朝政府对交趾、九真、日南三郡推行的是“与民生息”的政策，“以其故俗治，毋赋税”的办法，也就是不干预当地的生产和生活；“诸雒将主民如故”，也就是依然维护当时的部落首领的权利和地位。然而，东汉时期对各郡县的政策变得严格起来，南越三郡的太守纷纷进行改革，一方面改变生产方式，推动社会经济发展，另一方面推行封建式的嫁娶制度。下面是光武帝时期任九真太守的任延在当地改革原始氏族社会风俗、推广中国文化的举措：

建武初……（任延）诏征为九真太守……九真俗以射猎为业，不知牛耕，民常告籴交址，每致困乏。延乃令铸作田器，教之垦辟。田畴岁岁开广，百姓充给。又骆越之民无嫁娶礼法，各因淫好，无适对匹，不识父子之性，夫妇之道。延乃移书属县，各使男年二十至五十，女年十五至四十，皆以年齿相配。其贫无礼聘，令长吏以下各省奉禄以赈助之。同时相娶者二千余人。是岁风雨顺节，谷稼丰衍。其产子者，始知种姓。咸曰：“使我有是子者，任君也。”多名子为“任”。[③]

---

① 转引自李美贤：《离乡·跨海·远嫁·作他妇：由越南性别文化看“越南新娘”》，《台湾与东南亚：南向政策与越南新娘》，台北：中央研究院亚太区域研究专题中心2003年版。

② 《洪德律例》，越南汉喃研究院资料，编号A. 330。

③ 参见《后汉书》卷七十六。

任延的历史功绩得到了越南人民的认可，14 世纪的越南人黎崱在中国撰写的史书《安南志略》中也提到类似的内容：

任延，子长孙……建武初，守九真。俗以渔猎为业，不事耕种。乃教垦辟，岁租开广，百姓充给。贫民无礼聘者，延令长吏以下，省俸禄以赈助之；同时娶者二千人。是岁风雨顺节，禾稼丰衍。其产子者名为“任”。①

以上材料反映出，在东汉时代交趾和九真地区尚处在母权制氏族社会，这种社会形态下的婚姻形式为对偶婚，男女之间自由匹配，不受婚姻形式的约束，子女属于母亲的氏族。东汉王朝派官吏在当地改革婚姻制度，使得男子成为家庭的主导，妻子随丈夫居住，子女得以跟从父亲。这样的家庭制度也体现了儒家思想推崇的“父子亲、夫妇顺”的长幼有序的家庭伦理道德。太守任延的改革使当地人民从母系社会的对偶制过渡到父系社会的单偶制（一夫一妻制）的婚姻形式，这时“氏族社会的习俗已经逐渐让位于父权家族与婚礼制度”②。

越南人的婚礼形式以北方红河三角洲地区为典型，在前面已提及越南国土的扩展过程，越南北部原为中国秦汉时代设立的郡县，其南部地区在古代原为受印度教文化影响的占城王国。17 世纪末 18 世纪初，大批华人赴越南开发其南部地区，近代历史上越南南方曾相继受到法国与美国的管辖，故而现在越南的南方、北方的风俗差异较大。

相对来说，越南北方人比较传统，注重个人与家庭和宗族之间的紧密关系，一个北方家庭的例子可以说明这种差异。这个家庭曾经在越南最大的城市——南方的胡志明市购置房产准备长期定居，在那里的一段时间妻子生病了，可是去看望她的人很少，其实那里也是有一些亲戚的，这让她觉得非常苦闷，觉得比起南方人，北方人更有人情味，所以不久他们家又搬回了北方。有一些出生在北方的年轻人去南方发展，但是他们一定会回故乡举行隆重的婚礼，他们觉得这个婚礼过程体现了传统的文化，仪式和服饰都安排得很精美，这是非常重要的事情，而且与亲朋好友分享自己的

---

① 黎崱：《安南志略》卷七，北京：中华书局 2000 年版。

② 陶维英：《越南历史》，河内：河内建设出版社 1955 年版，第 52 页。

变化与喜悦也是非常有意义的活动。

越南北方的年轻人一般都比较熟悉婚嫁仪式的过程，因为在订婚仪式当中有一些环节需要年轻的未婚男女参加，所以在越南当代社会，婚嫁仪式本身就起到了传承民族文化的功用。现在越南的年轻男女一般都是自由恋爱，然后双方的家长见面表示认可两个年轻人的交往，接着在逐步迈向婚姻的过程中我们就会看到以“六礼”为核心的中国传统婚嫁仪式的轨迹。

我们知道婚姻不是个人的事情，婚礼是家族与家族之间联姻的标志，体现着人力与财物的流动以及一个家庭，也就是一个互助合作且具有生产、繁衍功能的经济组织的形成。故而在众多人生礼仪当中，婚礼可谓礼仪的根本，是人生最为关键的一道程序。唯有经过婚礼，才能促进生命个体进一步的社会化成长——成为夫妻，成为父母，成为祖父母，最终成为家族的祖先。尤其是在中国，婚姻是家庭乃至家族的大事，亲族之间本来就有互帮互助的责任，安土重迁的农耕文化使得亲情与乡情相重叠，婚礼不仅仅是两个人的连接，而且是两个新人分别与对方的生长环境、社会背景、人际关系的连接。可以想象，在古代的中国乡村社会，一个新成员的加入势必带来许多新的关系，仅仅是称呼本身就颇费思量。故而婚姻的建立需要一个严密的过程，使得两个社会集团能够更顺畅地相互连接，也使得新成员（尤其是新婚的妻子）能充分融入到新的社群关系中去。

形成于周代的“六礼”是流传了两千多年的一套婚嫁礼仪规范，这套隆重庄严的仪式在漫长的婚姻家庭历史中表现了中国儒家礼教思想的传承。“六礼”当中有男方家庭送聘礼给女方家庭、婚后妻子跟随丈夫居住的内容，有人以此为根据指出其中有“买卖”的性质。有的学者认为“六礼”是包办买卖婚姻合礼合法的外在表现形式，为维护封建的宗法制度和封建的伦理纲常服务。①也有学者关注“六礼”的文化因素，认为“在‘六礼’的社会和经济因素的背后，隐含着人类社会永恒的种族的繁衍、文化的继承”②。

尽管传统婚礼因为过程繁复、花费颇多受到批评，可是婚礼仍然是重要的人生过渡礼仪，可以促进自身与公众对当事人新角色的认同，并且提

---

① 王歌雅：《中国古代聘娶婚姻形式略论》，《求是学刊》1993 年第 1 期。

② 刘昌安、温勤能：《婚姻“六礼”的文化内涵》，《汉中师院学报》（哲学社会科学版）1994 年第 2 期。

醒当事人身份转型后需要承担的相应社会责任。越南的婚嫁仪式为了适应现代生活，也有简化的趋势，此外在服饰与过程设置上也引入了西方文化的元素，但是其婚嫁仪式仍然体现了过程的完整性与对婚姻的神圣感。相比之下，在中国近几年流行的完全抛弃婚礼仪式的“裸婚”① 现象，就显得有些缺乏人情味了。

有必要在此介绍一下中国经典的婚嫁礼仪——“六礼”。“六礼”的程序产生于秦统一前，但在当时“六礼”并未被普遍采用。“直到汉代，儒学的兴起，‘六礼’才作为儒家等社会伦理规范设计的一部分加以推广。”② 而汉代正是岭南地区开始接受华夏文化的时期，东汉王朝对岭南郡县的改革成效显著，可以推断源自华夏大地的“六礼”婚嫁仪式就是在这个阶段引入越南的。

具体看一下“六礼”的程序。第一为“纳采”，据《仪礼·士昏礼》载“昏礼下达，纳采用雁”，是指由男方家用雁作为礼物送到女家，表示求婚之意。纳采是议婚的第一阶段。第二是“问名”，即求婚后托请媒人询问女方姓名及生辰，占卜男女双方生辰八字命相，从而决定成婚与否，确定了占卜为吉，则接着举行纳吉礼。第三是“纳吉”，男家卜算的结果为吉后，再备礼到女家决定婚约的仪式，纳吉也称“订盟”，现代称“订婚”。第四是“纳征”，又称纳币，是“订盟”之后男方将聘礼送往女家。第五为“请期”，是指男家送完聘礼后，选择好结婚日期，备礼到女家征得女方同意的仪式。第六为“亲迎”，是新郎亲往女家迎娶新娘的仪式。

从越南的史书对婚姻习俗的记载中，我们可以看到“六礼”对越南婚嫁仪式有直接影响。成书于14世纪的史书《安南志略》记载：“婚娶礼者，春月，媒氏奉槟榔匣，诣女家通问。或财物，一百至千，庶民以至百为数，好礼家不论多寡。”③ 在这里，我们可以看到“问名”的程序以及媒人的参与。根据越南黎朝在15世纪颁布的《洪德律例·婚姻》：“娶妻先问名，有芙蕾一封，谓之问名。纳采，次有财物，即谓纳采。先为小礼，有猪酒，曰小礼。就父母，其父母俱亡，就兄弟尊族，如无兄弟尊族，就

---

① “裸婚”是指不买房、不买车、不办婚礼甚至没有婚戒，直接领证结婚的人们，是2008年兴起的网络新词汇。参见百度百科：http://baike. baidu. com/view/1997060. htm? fr = ala0_1_ 1 2010年8月16日。

② 王歌雅：《中国古代聘娶婚姻形式略论》，《求是学刊》1993年第1期。

③ 黎崱：《安南志略》卷一，北京：中华书局2000年版。

乡长嫁纳婿。其夫亲迎回家，之子于归，宜其家人，已有嫁娶，若男已聘而不娶者，杖八十。"① 在这段法律条文中可以看到"问名"、"纳采"和"亲迎"三个步骤，而且这里非常重视"聘"的过程，如果男子"聘而不娶"就会受到"杖八十"的惩罚。越南一直是一个比较相信天命的民族，遇到人生大事必然去占卜，虽然在《洪德律例》中没有提到"纳吉"和"请期"，但是可以想见在当时的婚嫁过程中一定有"合八字"推算婚姻吉凶与占卜选择吉日的步骤，而这些正是"纳吉"与"请期"的基本内涵。

成书于1908年的《安南风俗册》详细记录了19世纪越南的婚嫁仪式，抄录如下：

嫁娶一

男子父母择门户相当，年纪相对者，求为子婚，以同岁或者男长于女一二岁者佳，先使人通往于女家，待许允，乃取男女生年月日，推占五行相合，并无冲克，然后备婚，行问名礼，用芙榔赀，富贵家加以茶酒牲糍，父母亲送女家纳之，分遗戚属，此后男家安辰馈遗之，或一或二三年，然后行聘。

嫁娶二

将行聘使请期，择吉成婚，前数日送芙茶酒肉银钱为聘礼，礼物多少，随女家指示，新妇服妆，女家富者自办，贫者索男家置办或送银钱。

至日男父母亲属率婿亲迎，拜女家祠，及父母，纳拦街例，或用酒肉，或银钱，宴饮毕，乃迎婚。女眷送女回门，祭先祖，谒家祠，拜父母。欵接女眷，饥以芙茶银钱，后一日或二三日，新夫妇往拜女家。礼用芙酒粢肉曰之四吉云。

……

纳妾

富贵之家多纳姬妾，中家亦多一妻一妾，贫贱者或因晚嗣，亦有纳妾，女家意允，但送银钱为财礼，纳拦街例，女家送女回门。无有问名亲迎之礼。②

---

① 《洪德善政》，越南汉喃研究院资料，编号 A. 330。

② 梅园段展：《安南风俗册》，河内：河内出版社 2008 年版。

以上的记载完全再现了“六礼”的婚嫁程序：请媒人提亲→问女方八字→推算两人八字（若八字相合）→确定婚约→送聘礼到女家→确定成婚吉日并征询女家→男子亲自迎娶。最为可贵的是，在这部著作中也记载了“纳妾”的程序，对比之下，纳妾的礼仪简单得多，只有提亲与送彩礼，不用“合八字卜算凶吉”，故而不用“问名”礼，男子也不必亲自迎娶。从婚嫁仪式的过程繁简差异可发现妻与妾之间地位悬殊，故而体现了“六礼”提倡的一夫一妻制度。

到19世纪末20世纪初，由于法国的殖民统治，越南社会面临着许多变革，婚嫁过程也逐渐简化成下面的步骤。

1．提亲（Lễ dạm ngõ）

男家带礼物去女家求婚，20世纪初还需要媒人陪同去女家提亲，后来由于战争以及社会主义改革提倡婚姻自由，大多是男女双方自由恋爱一段时间后，男家带礼物去女家见面，确定两家子女的恋爱关系。

提亲之后，双方的父母出于对子女的关心，也会就两人的生辰八字进行占算，但占算的结果却不一定能影响两人的进一步发展。

随着时代的变化，越南的年轻人大多不再相信命运，他们相信自己的感觉。有一些人在很多年后婚姻出现问题时，才想起来当初父母告诉他们与结婚对象是不合的。此外，越南人也想出一些办法在婚礼过程中避免或者缓和夫妻之间的冲克。

2．订婚（Lễ ăn hỏi）

男家送聘礼到女家，确定两个家庭即将联姻，双方家庭的亲戚朋友都会参加。

目前这个仪式是年轻人最为看重的，也是最能体现越南民俗特色的场面。订婚的日子和婚礼的日子一般都是男家选择并且征求过女家意见的吉日。根据女家的要求，男家准备相关数目的聘礼，一般是7盒、9盒或者11盒，用单数不用双数，并且回避13这个数字。聘礼主要是水果、烟酒、可乐、茶叶、糖果、糕饼、订婚蛋糕，必不可少的是槟榔与蒌叶，关于槟榔、蒌叶在婚礼中的特殊含义将在下文详述。

订婚的时候，新娘通常会穿红色或者粉色的越南长袍，由穿着传统长袍的年轻未嫁女孩相伴随，这些女孩子的数目与聘礼的数目相当。新郎穿着一套西服，带领着一队年轻未婚的青年男子，这些男孩每个人扛着一盒聘礼跟随着新郎来到女家门上，陪同新娘的女孩子依次排开，每个女孩负责接收一盒聘礼。举行订婚礼的女家会准备双份的红包，一份给接礼的年轻女孩，另一份由这些女孩递给送礼的年轻男孩。许多年轻人都曾有过帮助朋友接送聘礼的经历，所以对这个仪式非常熟悉，也非常期待。

男家的亲友会跟随送聘礼的队伍一同到达女家，女家会安排茶水、糕点接待来自双方家族的客人。男家和女家都会从直系亲戚中分别派一名代表发言，宣布订婚的消息并且向新人祝福。这天虽然没有宴席，但是负责接待客人的是那十几位接聘礼的女孩，年轻人在一起会聊得很热闹。另外，双方的亲友第一次正式见面也显得隆重而庄严。

3. 迎娶（Lễ rước dâu）

新郎亲自带领迎亲队伍到女家迎接新娘，然后大家一起到男家举行婚礼。以前大都在家中举行婚礼，所以迎娶新娘后中午宴请客人，晚上举行婚礼，婚礼由主婚人主持，男家父亲和女家父亲发表讲话，宣布婚事并且祝福新人、感谢客人。有时候，男家会邀请乐队来表演以增加喜庆气氛。

现在很多家庭在酒店举行婚礼，新郎乘着花车去迎接新娘，然后直接到达酒店，等候客人入席，婚礼就在宴席上举行。新娘穿着白色婚纱礼服，新郎穿一套西服，一般婚礼上没有伴娘和伴郎。

迎娶过程中有一个禁忌，就是新娘和未来的婆婆不能碰面，所以婆婆不能参加迎亲的队伍，而且新娘刚刚接回来的时候，婆婆要借故躲起来。这个禁忌的寓意是减少以后婆媳之间的口角是非。

4. 合卺（Lễ hợp cẩn）

请一位性格贤淑而且生育比较顺利的妇女给新娘新郎的新床铺上新的席子，预示着新婚夫妇今后多子多福。新婚夫妇要一起吃一顿饭，表示从此共同生活。

5. 回门（Lễ lại mặt）

婚礼后第二天或者第三天带礼物去看望新娘的父母，拜祭女家的祖先表示感谢。当天新婚夫妇要和女家的父母一同吃一顿饭，表示女婿也成为女家的一员。

第二节 婚礼中的祈祷与祝福

我在河内参加过一次订婚典礼，在海防参加过一次订婚典礼与婚礼，也看过一些家庭请照相馆制作的婚礼录像记录的全过程。此外，我尽一切可能去搜寻与婚礼相关的影像资料，但心中一直有一个疑团：为什么在越南北部的婚礼没有“闹洞房”的习俗，也没有人去跟新娘的父亲开玩笑，这两点在中国的婚俗仪式中可是“重头戏”呀。我询问了不同年龄的人群想求证一下，是否越南人的婚礼一直都是如此“庄严肃穆”，为何在婚礼中没有嬉笑欢闹的场面呢？

在婚礼的过程中，我看到的常常是新郎父亲在运筹帷幄，他计算着每一个程序的时间。接新娘的时候，他留意前面那辆花车的动向，神情严肃，仿佛一个作战指挥官一般。来参加婚礼的人也不敢轻易跟新郎的父母说些什么，唯恐说错了什么话破坏了好运，导致日后小两口有纠纷或者婆媳关系出现问题时招来全家人的责骂。杨成志先生曾经说过安南人是普遍相信神权的，在举行重大活动的时候必须小心谨慎，唯恐得罪鬼神从而招来不必要的麻烦。当然，老百姓也从心理上有一些依赖家庭的力量，他们尤其坚信祖先的神灵一定会护佑自己。正如法国学者 Emile Tavernier 在《安南人的家庭》中所说的：“安南人的婚礼完全是宗教仪式，这种仪式类似于祭祖仪式，他们要在供桌前拜祭祖先。”①

现在的年轻人大都是自由恋爱，或者经人介绍认识后交往相处。一对恋人相处久了，男孩的家庭会主动来跟女孩的家庭见面，讨论什么时候给两个孩子成婚。如果打算今年结婚，就要在年初请算命先生看看今年什么时候是好日子，双方坐下来谈谈何时订婚，何时结婚，订婚的时候女方家希望要多少礼盒；如果谈的结果是双方同意结婚，男方就送来红色木盒，里面摆放着槟榔和蒌叶。至于为什么要放这两件特别的礼物，本书会在第四章讲述与“槟榔”相关的传说故事时详细说明。由于民间故事的叙述和民间记忆的重叠，槟榔不仅成为夫妻的象征，而且成为连接情感的纽带。

---

① Emile Tavernier. *La Famille Annamite*. Saigon：Editions Nguyen Van Cua. 1927.

越南有一句俗语“嘴里有槟榔，然后才可以谈话”，任何的交往交流都要从谈话开始，任何的交流心愿的表达都要借助于特别礼物——槟榔。结婚是两性之间的连接，也是两个家庭、两个家族之间的连接，在订婚和结婚的仪式中会多次看到与“槟榔”相关的情节。有了双方家长送盒子的仪式（Lễ dạm ngõ）之后，才有后续的订婚典礼和婚礼。

根据法国学者 E. Diguet 在 1906 年出版的《安南人》①的记录，19 世纪越南人的婚礼大致情形是这样的：结婚的年龄为男子 14 岁，女子 12 岁，他们的婚姻和亚洲其他国家一样，妇女要向男方收取聘礼才能成婚。婚姻如同一场买卖，男方要出聘礼或者出钱给女方。订婚典礼（Lễ ăn hỏi）是选择黄道吉日双方家人供奉祖先的灵位，在祭台前宣布子孙中的某位要娶谁家的女子为妻。男子由家人陪同到女方家里，带的礼物是槟榔和一罐米，把礼物送到女方父母面前，跪拜两次。如果女方父母同意，当天就认可这门婚事。

订婚后，男方可以长期住到未婚妻的家中。但是这种习俗现在也不太流行了，这种“上门女婿”的习俗逐渐消失。做“上门女婿”是不得已而为之，比如男方家庭很贫困，不能出聘礼，让男子去女方家干活劳动，这样才能接近那个女孩。只有一个儿子的家庭接受不了这种习俗。而只有女儿的家庭需要找到愿意入赘的女婿，希望女婿能够在今后照顾、保护岳父岳母。但是这样的女婿在女方家庭中的地位不能等同于儿子，因为他们不能主持祭拜祖先的仪式。但是如果赶走入赘的女婿的话，女方家庭将会受到法律的惩罚，要挨一百大板。

双方家庭选一个吉日为订婚日，请男方的亲友和有身份的人一同将聘礼送到女方的家。聘礼中有一件是漆木盒，外面包着红纸，里面放着槟榔和石灰。此外还有送给女方的布料，用来做婚礼的嫁衣。

迎亲队伍穿着讲究，新郎由两位年轻的男宾陪同，另有一位地位高的老年男子以及一位子孙满堂的老年妇女。男方家庭在屋外搭起帐篷，来参加婚礼的客人可以住下。首先要拜祭祖先，宣布婚礼开始。新郎新娘跪拜祖先，主婚人说明家庭的规矩，强调今后要听从婆婆的安排。婚礼后马上去娘家表示感谢父母，同时要拜祭新娘的祖先。

从以上描述中我们可以看到，20 世纪初的越南社会从男女双方家庭安

---

① E. Diguet. *Les Annamites*：*Société*，*Coutumes*，*Religions*. Paris A. Challamel Editeur. 1906.

排订婚到逐步走向婚礼的整个过程中都有祭祀祖先的环节，当地人觉得嫁娶是家庭的大事，必须要禀告祖先。相应地，在整个婚礼仪式的过程中，祖先的神灵也都会看护着大家。

根据我在河内、永福省与海防的调查，目前越南北方地区的婚恋情形有了一些变化。大致说来，一对自由恋爱的年轻人走入婚姻的程序是：第一步，双方家庭见面，同意两人交往。第二步，双方家长见面，商谈婚事，现代称为订婚。那天男方家庭成员组团带着聘礼到女方家庭求婚，当场公布婚期。第三步，正式的婚礼。那天首先是男方家人陪伴新郎去女方家庭迎娶新娘，在新娘家就地举行迎娶的婚礼仪式，然后在男方家庭举行婚宴，如果是在城市，一般就改在附近的饭店举行婚宴。

图 3-1　新郎的父亲祭祀祖先

图 3-2　新郎面对祖先灵位祈祷

接着看一下 2001 年 1 月 30 日奉法村的一个婚礼场面。

男方家庭：

阳光明媚的早晨，男方家里早上就开始在供桌敬香了，平时覆盖在祖先照片上面的红布揭开来，经新郎父母一遍遍地祈祷，祖先的灵魂被唤醒，此时此刻要参加观看子孙操办喜事的情景。

院子里的长条桌上摆着一个个碟子，碟子里放着香烟、火柴、糖果、夹心饼干、红色西瓜子，每张桌子上还有一把茶壶、几盏茶杯和一个烟灰缸。一位亲友告诉我红色西瓜子带有幸福色彩。

迎亲的礼物已经准备好了，圆形的托盘上面铺满了红色的糯米饭，形成一座小山峦的形状，“山顶”上面“端坐”着一只煮熟的公鸡，鸡头朝上，曲项向天歌，嘴里叼着一支红色的玫瑰花，鸡身用红色的剪纸盖着，看起来非常喜庆。

族内与新郎年龄相仿的同辈在院子里帮忙招待客人，他们把粉红色、白色的心形的气球贴在院子和堂屋的门口。

新郎的父亲在供桌合掌祈祷，告诉祖先今天将要为儿子迎娶媳妇，同时向祖先祈求整个大家庭的幸福平安。唱片机里播放着欢快流畅的英文歌曲，灿烂的阳光照在院子里，也照进客厅。过了一会儿，新郎的父亲换上了白衬衫、打着宝蓝色领带，从二楼的阳台上指挥院子里摆放桌子的人。

此时，族长从外面走进院子来道喜，被同样年长的亲友们迎了进去，在长条桌旁坐下来。新郎母亲从外边做头发回来，把头发盘得高高的，两缕头发垂在耳畔，看起来非常典雅。她也进屋换衣服，9：30 她走出来的时候穿着蓝色的旗袍，外面罩着无袖的白色开襟的编织衫，笑盈盈地站在院子门口，迎接客人。陆陆续续有人进院子，母子二人将客人迎到客厅门口，来客中有很多是带着小孩子来的。

一切准备妥当之后，新郎带着礼物由迎亲队伍伴随着向新娘家出发，一共有 20 个新郎家的人去迎娶新娘。

图 3－3　准备迎娶新娘：新郎手持鲜花，礼物是红糯米饭

图 3－4　在长辈陪同下新郎去迎娶新娘

女方家庭：

穿着黑色礼服的新郎和穿着白色婚纱的新娘缓缓并肩而行，去新娘家的供桌前给女方的祖先上香，随从的人把从男家带来的托盘（上面有糯米

饭和公鸡）摆在供桌上。新郎、新娘敬香后，一起合掌祈祷，拜谢娘家的祖先。

图3－5　向新娘的祖先敬香行礼

接着开始婚礼的仪式。客人坐定之后，先由女方家庭的代表站起来发表讲话，接着是男方代表站起来讲话。他们都说出成婚人的姓名，表达整个家族对他们的美好祝愿。

一对新人站在双方亲人面前，新郎首先给新娘佩戴结婚戒指，然后新娘给新郎佩戴结婚戒指。接着新娘的外婆和姨妈分别给新娘带上一枚金戒指，她们激动地说出自己对新娘的疼爱，希望这些结婚礼物能够令新娘今后婚姻美满幸福。新娘的父母和妹妹也走过来，与外婆、姨妈一道与这对新人合影留念。新娘跟外婆和姨妈一一相拥，她们三人无言地紧紧拥抱在一起，持续一两分钟。

图3－6　新郎给新娘戴上结婚戒指

图3－7　新娘给新郎戴上结婚戒指

10：30 出发去宾馆。载着新娘新郎的花车在前面，男方亲属坐在小巴士内紧随其后，新郎的父亲一直关注着前方的花车。

举办婚宴的宾馆：

海防宾馆服务台的墙上挂着 5 个时钟，分别是纽约、伦敦、河内、北京和东京的时间。大厅摆放着大幅的结婚照，新娘新郎在宾馆门口迎候宾客。

这座宾馆距离奉法村大约 5 公里，双方的亲友陆续到来。在大厅中央的台子上放着一个红色的盒子，上面有一个口子，样子很像捐款箱，大家把装着钱的信封[①]投放进去，信封上写着客人的名字，另有一句祝福的话“敬贺新婚”。

客人上二楼大会客厅就座，那里摆放的都是长方形的餐桌，与中国宴席习惯的圆桌不同，在这里是将一张张长方形餐桌头尾拼接，形成四排大长条餐桌，在餐桌的两侧，客人们面对面相视而坐。这样的视角跟中国宴会的大圆桌可不同，客人不需要在吃饭的时候兼顾与那么多人的交流。除了与对面的人有更多的眼神或言语的交流，客人的主要任务就是品味美食。

中午 12：00 宴会开始了，宴会大厅已经坐满了客人。主婚人宣布婚礼开始，新郎、新娘手牵手从迎宾的大门口款款而至，双方父母站在他们两侧，他们手中都举着红酒（葡萄酒）杯。新郎的父亲发言，对亲友的到来表示欢迎和感谢，双方父母和一对新人同时向席间的亲友们举起酒杯，然后低头缓缓饮下。接下来是新郎倒香槟酒，一对新人喝交杯酒。最后是新娘切婚礼蛋糕，此时客人已经开始动筷子了。

大厅很安静，没有说笑劝酒的场景，显得庄严肃穆。双方家长以及一对新人总是走在一起，仿佛一个紧密的团队，他们陆续跟每个餐桌的客人敬酒。

13：30 酒菜将尽的时候，婚礼也接近尾声。客人陆续离席。

插曲：

在奉法村有一个跟新娘年纪相仿的女孩儿，她一直在大厅门口帮忙。有时候，新娘出来走一下，她就帮助新娘按摩按摩后背，拥抱一下新娘，

---

① 越南北部日常的交往过程中送礼金一般用普通的白色信封即可，只有在春节的时候才强调用红色的信封，称作“利是封”。

为她鼓劲儿。我看到新娘的神色有一丝倦怠，经询问才知道原来她有点儿饿了。从早上5点到下午2点，为了保持妆容，新娘不吃不喝。

我试着跟她的婆婆说："新娘太累，给她喝一点水吧。"她的回答是："不用!"婚礼中的新娘，此时此刻真的是"不食人间烟火"。

感受：

整个婚宴中客人只是自顾吃菜，跟对面的人轻轻地礼节性地聊一聊家常，没有什么热烈的场面。在中国婚礼上常见的客人跟新娘子开玩笑的场景在这里完全没有踪迹，我还记得小时候在江苏参加表兄的婚礼，主持人给我姑姑戴上颇为夸张的纸质有色眼镜，表示"睁只眼闭只眼"；我姑父肩扛着一个玩具式的钉耙，快乐地表示要当"爬灰公"；我表哥脖子上挂着两个大雪碧瓶子，表示悲伤感叹。看到当时的情形全场发出哄笑，在场的大人还吹起了口哨。而海防奉法村的婚宴，没有嬉笑吵闹的情景，一切秩序井然。

图3-8　婚姻的象征：新郎的母亲把槟榔送给新娘的母亲

图3-9　婚礼中的新娘和婆婆

此外，新婚夫妇的新房有一些讲究，要请一个比较聪明贤惠、生育顺利、有儿有女的妇女，把新席子摆在新床上，希望他们以后婚姻美满幸福。新娘进家门的时候，一个妇女把她送到新房，待一段时间再出来。此时新郎的母亲要避开，不能出现。在婚礼正式举行的时候，新郎的母亲才出现。这里是避免婆媳之间的冲撞，希望能够在今后拥有良好的婆媳关系。

刚才叙述的婚礼过程是普通的情况，也就是那年的年运对新娘来说是适合婚配的；但是如果碰到那年新娘不适合结婚，或者算命先生指出新婚夫妇的“八字”有冲克的话，婚礼的过程就要有所调整，其目的是为了消解厄运与冲克。下面这场2007年的婚礼就是如此安排的。

2007年3月27日订婚（Lễ đính hôn）

男方家庭：

槟榔和蒌叶编织在一起，做成了漂亮的心形。烟、酒、茶、糕点、水果花篮、糯米团子、烤乳猪、可口可乐在客厅中展示，这些都是要送往女家的聘礼。

父亲在供桌前给祖先上香，每个香炉插一支香，土公、共同祖先、祖姑等。母亲、父亲和儿子站成一排，合掌鞠躬，一同拜祖先，母亲、父亲和儿子象征性地检查一下聘礼，比如调整一下糕点的包装，将彩色的丝带扎紧一些。

新郎的母亲在一旁指点，第一盘礼物是槟榔，新郎听从母亲端起装槟榔的大盘子交付给一个小伙子，接着将一盘一盘的烟酒茶等礼物交给兄弟队的小伙子们。11盘礼物依次抬出来，队伍并没有立即出发，而是在巷口停留了约十分钟，一方面是在等待吉时出发，另一方面也是为了展示聘

图3－10　送聘礼的兄弟队

礼，通常此时邻居都会出来观看和欣赏礼物。

送礼物的小轿车用粉色气球点缀，依次行驶前往女方的家。随行的亲人骑着摩托车紧追其后。

女方家庭：

穿着粉红色长袍的一群女孩子已经在巷口迎候，她们每个人手里都拿着一个红色利是封。每一个礼物进入的过程是这样的：在大门口，按照礼物的先后顺序，每一次都是女方派出的女孩伸出手接过礼物，然后是一对对年轻的男孩女孩一同带着这份礼物走进女方的家。

女方的亲戚在院子里站着迎接，中老年妇女都穿着色彩典雅的传统旗袍。双方的客人在长条桌子两边坐下来喝茶、嗑瓜子，小孩子吃着糖果和水果，负责接礼物的十几位年轻女孩穿梭其间为亲友倒茶。

图 3－11　迎接聘礼的姊妹队

首先是男方代表发言，他向大家介绍新郎的外婆，然后介绍两位年轻人的恋爱过程。接着由女方发言代表宣布："现在，请两家的母亲举行订婚典礼的交接仪式。"男方母亲把象征着婚姻家庭的槟榔送交给女方母亲，接着又让这对新人接过这盘槟榔。

在女家的祖先祭台前，新郎点火，新娘拿香，一同点燃香后由新郎插入香炉。

新娘新郎手把手地切蛋糕，新娘倒茶，新郎上茶，首先给新娘的外公，然后给新郎的外婆。接着是新娘给男家长辈上茶，新郎给女家长辈上茶。女家代表宣布婚礼的日子，感谢大家的参加。

2007 年 4 月 6 日 **结婚典礼**（Lễ thành hôn）

17：30 在宾馆举行婚礼，门口搭起了半圆形的花柱，在花柱之间铺上了红地毯。人们踩着红地毯进入婚礼现场。在路旁有个桌子，摆放着一个红色的纸箱，写着“女家”，那是给参加婚礼的女方亲戚放红包用的。门口立着大幅婚纱照片。

新娘穿白色婚纱，新郎穿黑色礼服，两人在门口迎宾。宾客来了，新娘鞠躬行礼，新郎则与男宾握手。

在露天花园放着一排排长方形桌子，宾客入席坐下，每桌六个人面对面坐下，桌上有啤酒、饮料和生菜。一般相熟的人之间挨着坐。

婚礼开始，主婚人请男方代表和女方代表发言，这两位与订婚仪式中双方发言人是一样的。他们代表各自的家庭祝福这对新人幸福平安，并且感谢来宾。

接着新郎和新娘互赠结婚戒指，男方母亲为新娘佩戴礼物——白金项链，新娘的母亲为新娘佩戴金项圈、金手镯；新娘的母亲为新郎佩戴金戒指，新郎的母亲为新娘佩戴白金戒指。

新娘新郎各拿一瓶香槟酒，往叠放成四层的酒杯里倒酒。另外倒八杯酒，新郎端酒给新娘的父母，然后新娘端酒给新郎的父母。接着新娘端酒给男家代表，新郎端酒给女家代表。台上八位一起举杯，新娘新郎举杯时手背交叠喝交杯酒。

新娘、新郎和双方父母组成六人团，一起行动向宾客祝酒，表示感谢。并且请歌手在舞台上演唱爱情歌曲。在祝酒的时候，经过女家亲戚的桌子，新娘很轻松、很开心；走到男家的长辈桌前时，新娘有一些紧张，不知道为什么眼圈都红了。

宴席结束后，新娘新郎站立在门外送别宾客，宾客此时会把红包放进写着“男家”或者“女家”的纸盒里。

亲友在写着新娘新郎名字的舞台上跟他们合影，先与新郎的父母、长辈合影，然后再与新娘家的父母、家人合影。

需要说明的是，那天虽然举行了婚礼，但是新郎还没有迎娶新娘，也就是还没有举行“迎接”的仪式。所以他们的婚礼还有另外一个程序。

4月8日9：00　接新娘（Lễ rước dâu）

新郎的父亲点香插入香炉，新郎和父亲一起合掌在祖先的祭坛祈祷。

新郎手捧着鲜花，上了点缀着鲜花的轿车，向新娘家驶去。一辆贴着大红喜字的出租车紧随其后。新郎一行到达新娘的家，其门口装点着鲜花，门框上贴着花体字“Vu quy”，（汉越词，相对应的汉字是“于归”①，受中国文化影响，在古代越南女子出嫁也称作“归”）。在院子里紧挨着门口站成一排迎接的是新娘母亲的亲人，他们着装正式，男人穿西服打领带，女人穿着传统长袍。他们站立的顺序是大哥、二哥、三哥、大嫂、二嫂、三嫂。

新郎的外婆和父亲与之随行，另外还有其他亲戚同行。新郎的母亲这次没有露面。与上次订婚仪式一样，两家人坐下来聊一聊。

新郎去新娘的房间送花，带领她一道走到女家祖先的祭坛，在供桌上放着一大盘红色的糯米饭，在糯米饭上有一只嘴里叼着玫瑰花的白煮鸡。依然是新郎点火，新娘拿着香枝，由新郎把香插进香炉。两人合掌祈祷，向祖先三鞠躬。

在客厅，新娘倒茶，由新郎端给新娘的母亲。然后新郎倒茶，由新娘敬给新郎的亲人。新郎与父母合影，与兄弟合影。然后新郎迎着新娘上了花车，家人走出来送她。

花车一到新郎的家门口，在那里等着的亲人手拿着小礼炮立刻鸣放，彩纸飞舞，充满着喜悦的气氛，两位新人走进家中。新郎牵着新娘的手，新娘手捧着鲜花走上楼，到达祖先的祭坛。

新郎点火，新娘拿着香。新郎把香插进香炉。新郎和新娘合掌，向祖先三鞠躬。这一切都是无语的，他们已经有了默契。

新娘新郎下楼，与新郎的父母坐到一起。新娘紧挨着婆婆坐着，两边是新郎与公公。新娘拿杯子，新郎倒茶，新娘给婆婆敬茶，说道：“妈妈，请喝茶。”接着给公公敬茶，说道：“爸爸，请喝茶。”

通常的婚礼程序应该是在婚礼当天先去迎接新娘，然后在新郎的家里或者饭店举行婚礼仪式。但是以上记录的这场婚礼却分两天举行，4月6日在宾馆宴请双方宾客，正式宣布成婚。迎亲的仪式却推迟在两天后的4

① “于归”出自《诗经·国风·周南·桃夭》：“桃之夭夭，灼灼其华，之子于归，宜其室家。”根据《朱熹集传》：“妇人谓嫁曰归。”所以此处“于归”的意思就是女子出嫁。

图 3 - 12　身着传统服装的结婚照

月 8 日，并且双方的一些亲人仍然到场参加，这实在是令人费解。我就此事询问新娘的家人，得到了两种解释：第一种解释是算命先生看了他们两人的八字，认为他们俩同岁，不太适合婚配，所以仪式分两天举行；另一种解释是选好了结婚的好日子之后去订酒店可是没有订上，只能就一个最靠近这个日子的时间在宾馆设宴，然后又依照传统在选定的日子举行迎亲仪式和家宴。

2009 年 7 月，我在奉法村认识了 24 岁的阿姮，她在海防医科大学学

图 3 - 13　聘礼

习，学习的专业是产科。她打算毕业后先出来工作，边工作边学习。她觉得学医的女孩子在年龄方面有一点紧迫感。她18岁开始学医，本科要学六年，现在24岁了，如果接着读硕士的话26岁才能毕业。如果先工作几年再考硕士，考上了再读两年，还是要学很多年。她的男友是教师，在航海大专教书，男友的父母也都是教师，他们打算2010年结婚。他们的计划是，毕业后就筹办订婚礼，大约一个星期后举行婚礼。

范德端先生告诉我以前订婚和婚礼之间至少相隔一年，他觉得这也没什么好处，订婚后男人还要常常去未婚妻家帮忙劳动。他自己是订婚三年后才结婚的，他觉得那时候（20世纪60年代）比较传统。阿姮的男友认为以前的人那么早订婚是因为女方家庭缺少劳动力，并且需要媒人或者介绍人；现在是工作学习时认识以后自由恋爱，有时候是朋友介绍认识一下，他们自己恋爱相处，非常简单。现在女孩子长大了要出门学习、工作，认识男孩子的机会也比较多。

图3-14　送聘礼队伍中的男家长辈

阿姮非常期待自己的订婚典礼，她觉得这是很好的传统，相比之下婚礼仪式太简单了，就是到外面的饭店吃饭，只有订婚仪式保留了传统，还有温馨的气氛。她觉得在偏远一些的农村婚礼更加热闹，她有个朋友在农村举办婚礼，他家杀了一头猪，左邻右舍都来庆贺，别的肉没有，只有猪肉，用不同的方法来做各种菜式，这头猪整整吃了三天。在那里，如果孩子在当年结婚，父母年初就要开始养猪了，这头猪专门用于做喜宴。但是现在奉法村举行婚礼一般都是在附近的饭店吃顿饭而已。

第三节　生育女神

在法国电影《印度支那》中有这样的情节，生长在越南的法国女人莉莉已经受到越南文化的熏陶，她第一次见到自己外孙的时候，和女仆这样谈论怀抱里的孩子："他丑陋得像一堆泥，非常丑陋，他一点儿也不英俊!"她们的谈话带着玩笑的语气，却把一位法国军官听得目瞪口呆。原来，她入乡随俗，跟越南人一样，认为在孩子的身边有邪恶的灵魂，如果说他英俊，恶灵就会伤害他。

传统的生育习俗是这样的，有孩子出生的家庭会在门上做标志：生的是男孩挂竹箭，生的是女孩挂红色的丝巾。生男孩的话七日之内禁止外人进入；生女孩的话九日之内禁止外人进入。在门上挂上一枝水芋头叶子、一块木炭和一枚铜钱。叶子的数目会随着孩子的性别而有所不同，生男孩放七片叶子，生女孩放九片叶子。

普遍存在的灵魂观念，让越南民众将生活当中发生的事件与神灵世界联系在一起。如果生意兴隆、子孙发达，即表明神灵护佑、祖宗赐福；如果生活当中有不顺利的事情或异常情况发生，一定是有鬼魂来侵扰，使得人的灵魂受到损害。越南人认为男人有7个灵魂，女人有9个灵魂。孩子出生之后要给祖先上供，请求祖先保佑，这时候每一样供品的数量要依据孩子的性别而定。生男孩的话，样样都是七件；生女孩的话，样样都是九件。

小孩子如果无缘无故地哭闹不止，奶奶、外婆或者妈妈就会拿出纸，搓成细细的纸棒，如果是女孩要搓九条，如果是男孩就搓七条，然后将这些纸棒用火点燃，绕着孩子的头顶转几圈，请求孩子的灵魂平安。他们相信鬼魂怕火，用火就可以驱赶来捣乱的精灵或者鬼魂。我在2006年12月就见到一位奶奶用这个方法让孙女安静下来。当时这个孩子不到一岁，第一次回老家后哭个不停，父母觉得是还没有习惯环境，可是奶奶应用"烧魂"的办法，当即就奏效了。孩子的父亲也觉得惊讶，他现在还遵照老人的办法，每次打嗝不止的时候就准备一杯温开水，一口气喝七口，然后就不打嗝了。当然，如果是女人遇到这样的情况，就要一次连续喝九口。

满月是重要的宗教节庆，为了纪念“12位母神（12 Bà Mụ）”，家庭会安排丰盛的酒席，这是一生重要的时刻。这12位母神将保佑孩子平安，一直到13岁。每年的正月十五日父母都要去请巫师做法，请当年的母神保佑孩子。满月那天在孩子的床前放一个祭台，上面摆放肉、米酒、茶和饭，点上香和一盏油灯。这个油灯里面有12个灯芯，代表12位母神，还要给母神烧纸钱。富有的人家满月酒席很隆重，一般客人送银镯或者送钱。普通家庭摆一些食品完成这个仪式，主要是鸡肉、米饭，点香和点灯。此外，女孩子要在满月酒席上穿耳洞。

传统民俗中有“12位母神护佑孩子”的说法，就是说从怀孕开始一直到过了满月，在此期间孩子的生命是属于这12位母神的。孩子满月后其父母要好好照顾这个小婴儿，同时还要祈求这12位母神能时时刻刻保佑孩子的平安。

说起这12位母神还必须说一下她们的来源，据说跟南曹、北斗有关。

南曹和北斗是两位掌管命运的仙翁，相传很久很久以前有一户人家生了一个男孩，名字叫作彭祖，这孩子体弱多病，算命先生说他只有十年的寿命，家里人很难过，觉得这样太可惜了。孩子的父母就在家里摆酒设宴，香灯花果，一应俱全，迎请供奉南曹、北斗二位仙翁。

菜好酒香，这两位仙翁很开心，差一点喝醉了。这时候彭祖的父母请求他们开开恩，在这个可怜的孩子的生死簿上多加几年的寿命。几经请求，仙翁终于同意了，他们打开生死簿看到了一个“十”字，于是坐在席子上用脚夹住笔，打算在十的后面加上一个数字，没想到写歪了，写到“十”的头上，变成了“千”字。这下可好，彭祖可以活到千岁了！

可是实际的情况不是这样，很多年过去了，有一天有个白发苍苍的老人坐在河边的石头上钓鱼，旁边坐了一个人，给他讲了一件奇闻。老人说：“这绝对不可能，我活了八百零五岁第一次听到这样的事！”这下可糟了，天庭发现了彭祖还活在人间，玉皇大帝就派天兵把他带走了，所以呢，他就没能活到一千岁。①

南曹、北斗后来变化出12位嬷婆（Bà Mụ），她们就是12位母神，由

① 2009年夏天我在藤江坊奉法村搜集到的关于南曹北斗的传说，由范德端先生讲述。

其掌管生育，所有的孩子都是嬷婆造出来的，然后放到女人的身体，使女人怀孕。她们的名字与十二地支相应，分别是子、丑、寅、卯、辰、巳、午、未、申、酉、戌、亥，从而造就不同属相的小孩。按照越南民间信仰的观念，孩子的生命本来不是来自父母，而是由嬷婆（Bà Mụ）生成造就的，满月之前孩子的灵魂属于嬷婆女神。下面的摘录选自《通用科供》①的《满月供嬷文》，形象地叙述了胎儿成形的过程，强调了这12位母神的作用。

天生有女有男，
阴阳嫁娶起自伏羲。
流传记载直到现世，
因为信主结成夫妻。
结义生活在一处，
生下小童长久相伴。
但愿成人发达，
这个小童名叫……
诚心置办宴席，
有斋有荤菜肴丰富。

以上祈祷文说明，家庭举办仪式，准备丰盛的宴席，是为了请求12位母神能够保佑孩子平安成长。生育女神的数目为何是12位，从下面的祈祷文可以看出这与越南纪年方式有关。受中国文化的影响，越南历代王朝一直使用干支纪年与年号纪年相配合使用的方法来记录时间。在民间，老百姓算命打卦的时候用农历的生日，每一年祖先的忌日也是依据农历日期。干支纪年当中的地支不仅仅用来纪年，还可以用来记录时辰，为越南老百姓所熟悉。你若问一个人属什么，她会告诉你她“属亥”，再解释一下，她会补充说“就是属猪”。12位母神的名字根据十二地支的顺序，依次就是：子宫圣母、丑宫圣母、寅宫圣母、卯宫圣母、辰宫圣母、巳宫圣母、午宫圣母、未宫圣母、申宫圣母、酉宫圣母、戌宫圣母、亥宫圣母。

---

① 越南的一些与民间信仰仪式相关的科供文本通常由佛教协会的相关部门出版，这本《通用》是佛历2548年（2005年）出版的，注明是供内部使用。

接着，在祈祷文中具体说明了12位母神的功能，在胎儿形成的过程中，她们的分工是：

子宫圣母，化成气血始得怀胎；
丑宫住的是第二嬷，桃花结子，心怀几冬；
寅宫之嬷，好似土壤为胎儿提供营养。
卯宫，嬷母为胎儿造出手脚之形。
辰宫，嬷婆化解发展胎儿。
巳宫，为胎儿安装四肢八脉。
午宫，为胎儿打通眼耳鼻口，发动毛发生长。
未宫，塑造肝肺心肠、五脏膀胱和精神。
申宫，守护胞胎，修持在山顶高台，化成血液给小孩。
酉宫乃化生之嬷，给胎儿开了阴户。
戌宫在天庭保护小儿。
亥宫，发育小儿，使其心情愉快结伴欢笑。①

孩子满月的时候举行供奉这12位母神的仪式，有的家庭会请佛寺的法师或者民间道师来诵念祈祷文。我在奉法村看到的几个家庭都是由家中的持家妇女来举办，比如说孩子的祖母或者外祖母。《满月供嬷文》最后说道："这12嬷婆在天上，听到了召请即可降临。奉上茶果美味恭请12嬷婆。请求立刻除灾减难，现在法师念咒把晦气送到海外。如此金银礼物，敬请收齐，祈求信主平安。嬷婆的恩德要代代相传！"

20世纪初的《安南风俗册》也提及妇女生育之后要拜祭"12位母神"：

妇人怀胎，愿生男不愿生女。乡党宗族中有产妇，问之曰男，莫不喜悦；曰女者默然，似不悦者。临产召稳婆保护之，贫者乳哺其子，富贵者雇乳母哺养，或使生子多养乳家，四五月哺以细饭，三岁绝乳。周月周岁，行礼拜祷十二位媒婆②，邀戚属宴饮，来者以银钱或衣服为告。生晚

① 《满月供嬷文》。
② 此处的媒婆，应该指的是给予生命并且护佑婴儿成长的12位嬷婆。

嗣者备礼祷于灵祠，写券文卖为神子，改从神姓。如卖于兴道王祠，改姓为陈云云，以保寿□□。十二岁办礼赎回曰赎券。①

文中提到除了要时常向12位母神祷告之外，还有将孩子卖给兴道大王的习俗，现在佛寺和神祠也有这种将小孩卖给神佛的仪式。我在永福省看到一户陈姓家庭，他们祖先的灵位上写的是“张姓家先”，询问原因，说是因为该家庭人丁稀少，算命先生指点请神灵庇护，其先祖从小就卖给了神，跟随陈兴道，改姓陈，按规矩，12岁后可以赎回，并且改回原先的姓氏。这户人家却不再改回张姓了。这位“陈兴道”本来是一位历史人物，因为抗击元朝军队而成名，后来成为母神信仰中的重要神灵。因为陈兴道常常被供奉在“母神”的神祠，作为“四府信仰”的女神被尊奉为“母神”，故而与此对应，陈兴道便成了“父神”。越南民间神祠的庙会，最有名的就是“三月祭母，八月祭父”，说的就是在南定省有两个重要的庙会：三月祭祀柳杏圣母，八月祭祀陈兴道王。

延续12位母神护佑儿童的职能，借鉴卖小童给神祠的传统，现在越南民间出现卖孩子出家的仪式，主要在佛寺举行。2006年12月11日下午，一对年轻的父母抱着9个月大的小孩子，和孩子的奶奶、姑姑一起来到奉法村的宝光寺，请求清林法师为小男孩做法事。在寺院帮忙的阿兴告诉我，他们是要把小孩子卖给寺庙，也就是把孩子的魂魄交给佛看管。因为法师出去了，所以父母先抱孩子回家，奶奶留下来在寺庙里拜佛，这时候阿兴拿来纸和笔，写下孩子的名字，他告诉孩子的奶奶，星期天上午可以给孩子举行这个法事。

我问阿兴：“为什么要把小孩子卖进寺庙?”他说：“这是为了能让孩子的魂魄健康平安。”法师为孩子诵经，并且给孩子起一个法号，就算孩子与佛结缘了，从此获得佛门的保佑。以下是寿庙使用的寄卖小童于佛门的文书，说明缘由以及孩子的新名字。待孩子13岁时可以举办仪式赎回这个孩子。

这个风俗表达了家人渴望幼儿平安健康，从而祈求神佛的护佑。对子女生命最为关切的母亲凭借着对母神与佛的信念，建构起神圣的想象空间，将新生儿置于祥和安宁的祝福中，故而减少年轻母亲的焦虑与压力，

① 梅园段展：《安南风俗册》，河内：河内出版社2008年版，第159页。

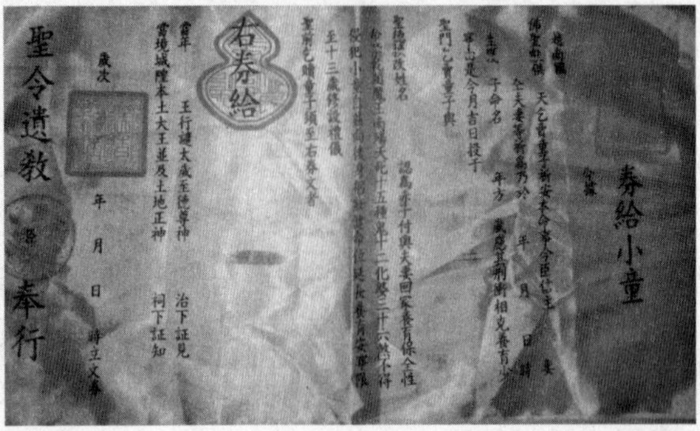

图 3-15　乞卖小童的文书

从而形成更为轻松愉悦的亲子关系。故我未曾见越南妇女责罚、打骂子女的情景，她们自知没有这样的权利。孩子是母神造就的，之后又通过“乞卖仪式”成为神佛的弟子，故而母子之间的关系平添了一种彼此尊重的意味，突破了“我执”的束缚，母亲的教导更加深入人心，留下的多为爱的记忆。如此这般的母亲容易教养出乐观开朗、心智健全的勇毅之士。

券给小童
今据
越南国
佛圣献供　天乞卖童子祈安本命事今臣信主（姓名）妻子（姓名）
　　仝夫妻等祈为乃于　　年　　月　　日　　时
生获　子　命名　　年方　岁虑其刑冲相克养育少宁
由是今月吉日投于
圣门乞卖童子与
圣德换改姓名　　　认为赤子付与夫妻回家养育保全性
命禁乾罔魔王南殇夭死十五种鬼十二化婆三十六煞不得
侵犯小童自兹向后身躬壮健命位延长养育安宁限
至十三岁修设礼仪
圣前乞赎童子须至右券文者
右券给
当年　　　王行谴太岁至德尊神　　　治下证见

当境城隍本土大王并及土地正神　　　祠下证知
岁次　年　　　月　　日　　时立文券
圣令遗教　　　　　　臣　　奉行

第四节　女性的禁忌

在奉法村调查期间，我感觉妇女的生活空间比较广阔，在家庭内外都能大显身手，若没有长时间的观察，几乎没有发现与女性直接相关的禁忌。基于调查时间所限，我所观察到的禁忌主要有两类：一类是处在生理期或者孕产期的妇女被看作是有晦气的，需要远离；另一类是女性在特定的年岁按照传统不能婚娶，否则将招致不幸。

刚刚在奉法村生活时我不理解当地的风俗，有时候碰到一些奇怪的现象觉得费解。最常见的一件事是午休后我会骑自行车出门，去宝光寺找清林法师学习越南语。差不多每天在这个时间都会遇到邻居宏叔也刚好出门，因为宏叔是范德端先生的三弟，所以一见面我立刻向他打招呼。他每次笑笑，然后告诉我他忘了拿东西，得回去一趟。这样我就先走了。可是有时候他已经走出来十几米了，我跟他打招呼，他又说要回家一趟。现在我才明白他当时是十分尴尬的，因为当地有一种说法"出门就遇上女人"是倒霉透顶的意思！所以他要借故回去，然后再一次出门。从中我们可以想见，当地民众十分相信运气的力量，他们觉得一件事情的开始非常重要，如果一出门遇上了女人就一定有问题。

我不太明白为何女人代表不吉利，在后来的交流中发现老百姓认为女人的确代表着麻烦事。比如说有人家腌制的酸菜发霉发臭了，他们就会骂：一定是有个当时行月经的女人动了他们的酸菜或者经过这坛子酸菜。发生不吉利事情的时候，人们总要去寻找理由，有些事情的源头会怪罪到女人头上。所以为免生出事端，妇女在月经期间一般也自觉不去宗祠参加祭祀。

除了月经期间的妇女，对产妇也有很多禁忌。每年的年头，也就是春节期间，以及每个月农历的月初都是不能去看望产妇的，大家觉得产妇是比较晦气的，会令去看望的人整个月甚至整年都倒霉。尤其是年轻的男子不可以去看望产妇，否则他会很受挫。春节时我去医院看了产妇，阮氏和婆婆就会烧纸点火，让我的脚在火上过一下，驱除晦气。难怪传统的产房都长时间点着炭火，不仅仅有取暖作用，还有驱除晦气的作用。

越南文化对妇女的态度带有矛盾色彩，一方面尊重敬爱妇女，另一方面又认为女人代表了晦气。综合看待在越南民间流传深远的阴阳思想，老百姓觉得阳间的所有事情都是与阴间世界有着密切关联的，发生了不好的事情，他们首先想到的是是否得罪了神灵世界。而妇女代表的是阴阳之“阴”气，阴代表的是神秘的变化力量。女性在月经期和生产期正是女性的“变化”时刻，所以会招致恐怖的联想。因为人们希望生活一切如常，不要中途生变，所以出门的时候不想碰到女人，怕节外生枝。

范德端的母亲黎氏雪在世的时候是以卖花为生的，她挑着担子走街串巷去卖花，早出晚归。但是她每天早上都会跟她的长孙约好，每次长孙为她打开院门，看着她担着花出门，她觉得这样才吉利。

我曾经听说越南女孩子到了二十多岁就比较恐慌，因为她们在一定的年岁中不宜结婚，这些年岁称为“金楼”岁，因为结婚的吉凶主要看女人的年龄，所以该年结婚的会婚姻不幸。为什么会名为“金楼”，在访谈中得到如下解释。

阮福江先生的说法是：

首先，“金楼”是古代皇帝的后宫，有才有貌的女孩子被选进皇宫，那里是金楼玉宇、锦绣楼台。可是她们好像笼中鸟一样没有自由，而且要跟很多女人一起侍奉皇帝，没有正常的家庭生活。

此外，“金楼”代表不好的命运，因为古代的宫妃虽住在豪华的皇宫里，却孤独苦闷，而且很多没有孩子。没有孩子对于一个女人来说，是很大的罪过，也是很大的痛苦。

因为有“金楼”岁的禁忌，所以女孩子的压力很大，到了二十多岁就得考虑婚姻大事了。虽然现在的社会承认学历高对工作有帮助，可传统的想法是女孩子不要学那么多，首先找一个合适的丈夫，在适当的年龄生一个孩子，生了孩子以后再考虑学习的事情比较好。

邻居阿霞姐一直到40多岁才结婚，因为她读完了硕士才考虑婚事，而且她自身条件比较高，很难找到合适的对象，后来与别人介绍给她的一个从俄罗斯回来的中年男人成了家。现在她生了一男一女，而且房子建在父母给的土地，邻居就是自己的亲弟弟，生活得很开心，但她在40岁之前承受了沉重的压力。

阿草23岁，目前在广州留学，攻读汉语言硕士学位。她在越南和广西进修过汉语。当时我在协助她申请攻读硕士学位的机会，因为普通的越南女孩子一般都是先结婚，然后才考虑进一步深造。我就问她是否担心婚姻大事，因为等读完硕士回国的时候她已经25岁了。她觉得没问题，因为她的父亲非常开明，希望女儿能够在结婚前自己积累知识与财富。她在学习之余常常去打工，也做一些小小的生意，她的学习很好，工作能力也很强。2008年的春节，我们在海防的一个小咖啡店碰头，我想听听她对婚姻和婚礼的看法。

她告诉我她也知道“金楼”岁的禁忌，此外她还告诉我如果男女双方家中有丧事的话，婚期就必须推延。但是现在的女孩都比较关心自己的终身大事，她们对这些禁忌以及处理方式都十分清晰明了。

问：你觉得女孩子多少岁结婚比较好？

草：25—27岁很好，因为读完了书以后工作一两年刚好合适，25岁太早，29岁太晚，26岁和28岁又不能结婚。21岁、23岁、26岁、28岁结婚的话会注定结两次婚，那样不好。不过现在有变通的方法，就是新郎迎娶新娘的仪式办两次，代表结了两次婚。

问：你觉得什么代表结婚？是结婚证还是婚礼？

草：我觉得婚礼最重要，有很多人是先举办了婚礼然后才领结婚证的。当然，法律上承认的是婚姻登记，可是我自己觉得只有举办了婚礼才是真正结婚了。以前大家不太注重法律，觉得举行了婚礼就是告诉大家自己结婚了，很久之后才去登记。

问：根据以前的风俗，若男女一方的家中有丧事的话三年后才能办喜事，是吗？

草：现在不同了，一般是祭日一百天后就可以办喜事了，也有的家庭是满四十九天之后就办婚礼了。

问：婚后你打算住在夫家吗？

草：结婚后应该住在丈夫家，男人不喜欢住在老婆家，那样会觉得自己不像个男人，担心自己没有权威。不过，结婚后我可以随时回娘家。

问：过几年你有了孩子，你打算住在婆家还是娘家？

草：传统的习惯是回娘家生小孩，父母都疼爱女儿。要有男有女才好。如果只生女儿，没有男孩也不行，那叫不会生。不过现在越来越多的男人喜欢妻子生女儿，因为大家觉得女儿比较有感恩心。

问：结婚后你会打算马上要孩子吗？

草：会呀，结婚后就打算要了，如果自己还年轻的话就可以再等几年。

问：现在一般觉得女孩子多大的时候一定得有男朋友了？

草：如果25岁还没有男朋友的话，父母就会责备了。如果到了28岁，即使有了男朋友，可是拖着尚未结婚，父母也会很担心。所以25岁应该有男朋友，这样才有时间去相处。

问：与未婚夫的家庭建立情感重要吗？

草：结婚后夫妻俩要去走访双方的亲戚，我觉得这是非常重要的事。到时候我一定很关心自己与丈夫家人之间的关系，因为我们之间已经很熟悉了，他非常了解我，我还要让大家了解我、接纳我。

问：你选男朋友有什么标准呢？

答：我的爱人一定要比我"高一个头"，也就是说在各方面都要超过我。而且年龄要比我大，最少是同岁吧。

从以上的访谈可以看出，越南的年轻女性即使受过高等教育并且有海外留学经历，她们在婚姻中仍然相信传统的禁忌，也就是在特定的年龄结婚一定会导致不幸，所以要尽量避开这些不吉利的岁数。同时我们可以发现风俗的转变，那是人们在尊重传统习俗的基础上顺应现代社会而做的变通之法。例如，如果在"金楼"岁结婚，可以用分两天举行婚礼的方式，如在第三章所描述的特殊的婚礼，就是先在饭店举行婚礼，几天后再去真正迎娶新娘。但是对年轻女孩来说，寻找配偶的压力相对还是比较大的，如果在所谓的"金楼"岁——21岁、23岁、26岁、28岁这4年不能结婚，那么在20岁到30岁之间只剩下6年可供选择，而现代女性接受高等教育毕业的时候已经23岁左右了。观察"金楼"岁禁忌的消解方法，以及之前讨论过的现代订婚与婚礼的间隔越来越短，这些都体现了妇女生活的变迁，现代女性接受教育已经成为社会普遍的现象，所以结婚年龄比传统婚龄推迟，而习俗当中又设置了一些年龄的障碍，这样的话，女性的适婚年龄就显得更为紧迫。

第五节　家庭祭祀与神灵分类

我第一次来到奉法村时，发现每个家庭的院子里都有一个特别的小建筑物，下面是一个方形的柱子，上面是一个大约50厘米见方的神龛，是用混凝土砌成的。这个小建筑越南语叫“Cây hương”（烧香的柱子），是用来拜祭天神和当地保护神的神龛。后来我坐车经过芒街的时候沿路看过去，发现农村的院落里都有这样的设置。我与家住越南中部的陈英桃讨论过这个问题，她说在她的老家也有祭天的习俗，所以在院子里也有相应功能的神龛，但是当地人称之为“天台”。我自己觉得如果叫“天台”更为形象，而且容易与祭祀的用途联系起来，可是询问海防人的时候，他们只知道“Cây hương”。每个月初一、十五的早上都要在Cây hương上香、供水、供花，我住的家庭女主人阿和婆婆告诉我这是与天神沟通的地方，主要是祭拜上天圣母的。我问家里的老先生时他说不知道，他说祭祀的活动是妇女管的事情，要问阿和婆婆。

如果只是放置一杯水、一碟鲜花（花朵）和一碟槟榔、蒌叶的话，Cây hương是够用的，但是逢年过节供品多的时候就不够了。每个家庭最隆重的祭天仪式是在除夕之夜。每一个除夕之夜，年轻人都要出去走一走，转一转运气，午夜12点的时候陆续走回来。而除夕之夜掌管家事的妇女是不能出去的，她们要做充分的准备，要在新年的第一时刻祭天。进入凌晨12点的时刻，新年的爆竹声已经此起彼伏，此时此刻年轻人推开院门回来，会看见母亲已经在院子里合掌祈祷了，向上天、土地和母神祈求全家在新的一年平安吉祥。

除夕晚上首先要拜祭祖先，主人会把祖先相框上的红布揭开，从这天开始邀请祖先回来，家人一同分享新年的喜悦。供桌上除了摆放着水果、鲜花、糕点，还有一个临时的桌子在供桌前打开，上面整齐地摆放着刚煮好的米饭、鱼、肉、鸡肉、蔬菜，另外还有酒和香烟。在香炉点香之外，还要点一些香插在饭菜的旁边，表示祖先在享用这些祭品。等香燃尽了，就可以撤下这些祭品，让家人一同品尝。

需要说明的是，每一次在拜祖先和拜外面的神的时候，用的祭品是不一样的。给祖先的祭品必须是经过加工的、煮熟的，比如说虾、鸡、青菜、米饭、竹笋汤等。但是，在屋外给外面的神灵拜祭的食品却不一样，除了水果、香烟和酒之外，还有一些特别的物品，常常是在生米上放上生鸡蛋，另外再加上一块用热水烫过的半熟的猪肉。

图 3-16　屋外的祭品

每次祭祀，给祖先的祭品和给外神的都不一样，这似乎告诉我们：祖先与家人关系亲密，所以饮食的需求也是一样的，需要吃熟的食品；外面的神灵跟家人关系疏远，他们需要用生的、未加工的食品。祭品的差异也反映出在老百姓的心中，神灵是有一定距离的，离得最近的是祖先神灵，离得相对较远的是佛、天帝、圣母、五行神、土地龙脉神等祖先之外的神灵。

图 3－17　屋内的祭品：煮熟的饭菜

图 3－18　拜祭祖先之后，分享祭拜食品

图 3－19　法师在院子中供奉外神

中天祈祷文
——奏请九方天十方地十方佛
——奏请（德）玉皇大帝
——奏请（德）圣母
——奏请东方木德神官
——奏请南方火德神官
——奏请西方金德神官
——奏请北方水德神官
——奏请当境十方十八龙神
——奏请五位家神，前后地主财神
今天是　　日　　月　　年
诚心奉上
请求诸位执礼灵应扶持家庭

上面是每年除夕之夜祭天的祈祷文，届时会在院子里摆一张桌子，桌子上有一个圆托盘，盘子里有水果、鲜花、烟酒、纸钱，还有这种红色的写给神灵的信——“疏”。在除夕晚上的12点，女主人面对供品，双手合十，向天祷告，接着拿出托盘上面的祈祷文，宣读完祈祷文之后就把

“疏”与纸钱一起火化掉。从以上的祈祷文可以看出，越南人的心目中除了对天地、五方神的崇拜之外，非常重要的就是对圣母的崇拜。

图3－20　左：给神佛的信封

图3－21　铜钱是与神灵沟通的占卜工具

此外，做生意的人家通常还要在家里供奉财神，财神神位摆放在地上，不能说财神的地位不尊贵，这也许跟越南的观念认为财富与土地相关联的缘故。下面是我在一间理发店和一间照相冲洗店所观察到的财神神位，上面所写的神灵名字与在一些生意人家庭摆放的财神神龛是一样的。在广州中山大学怡乐路的一间饭店里，我也发现他们供奉着这样的财神神龛，只不过神龛上面摆放的是关公的塑像。从这些文字我们可以看出，在越南人的观念中，财富的获得需要得到土地神和祖姑等祖先神灵的护佑。

聚宝堂

大招财
金枝初发叶
五方五土龙神
前后地主财神
吉进宝
银树正开花
先姑先友之神位

腊月的祭祀比较隆重，越南人在腊月二十三供灶神，一大早就杀鸡，准备祭祀的饭菜。腊月三十恭迎祖先，揭开祭坛红布，看到祖先的照片。点上两盏红色油灯，还要在供桌上摆放鲜花、水果、糕饼、酒、香烟、粽子和几个斟满酒的玻璃杯。

祭祀的主要菜肴有糯米饭、竹笋汤、青木瓜丝和花生碎粒做成的沙拉，以及烧鸡、生菜、炸肉饼、炒牛肉。一碟调味用的盐和柠檬，一小碗鱼露。盛好两碗米饭，另外放上六套碗筷，叠放在一起。饭桌上点一盏红色香油灯，点燃三支香，然后把香压在盛菜的盘子下面。

阮氏和婆婆点香迎请祖先回来饮酒吃饭，享受后代的祭祀。她为全家人祷告，小外孙因为站在一旁学着外婆的样子祷告，让一旁的外公看了很欢喜。祷告完了，大家坐下来等待。必须等香烧完了，表示祖先已经享用了祭祀的饭菜，这时候才能把饭菜取下来，全家开始吃饭。

在等待的时候，阿和婆婆拿出两枚铜钱，向祖先小声说出自己的心愿，祈求祖先帮忙，接着左手向上拿着碟子，右手抛出铜钱，越南人普遍认为，落在碟子上的铜钱能代表神灵回答问题。如果两枚铜钱是一正一反，就是祖先告诉她这件事情非常顺利，鼓励她去办理；如果都是正或者都是反，就表示这件事情祖先建议她放弃。

从正月初一开始，每天有一顿饭是需要供奉祖先的，供奉完毕才能吃饭。到正月初三中午陆续有家庭开始“化钱”——过完年了送祖先回去。焚化纸钱、纸马和文书，烧给祖先很多纸，请他们骑马回去。

村民最主要的信仰活动是祭祀祖先，他们相信人死了以后灵魂会永生，永远都在护佑他（她）的后代。在祖先去世的日子，在逢年过节的时候，祖先照片上盖着的红布就被取下来，含义是祖先被邀请回来吃饭喝酒，享受子孙的供奉。供奉的不仅仅是满桌的饭菜，每次还有一些精致的小礼物，比如纸做的手机、耳环、项链、运动帽、斗笠、拖鞋等。

奉法村人的家庭一般都藏有几枚铜钱，在每次祭祀过程中，铜钱发挥很大的作用。一般情况是，女主人向祖先请教一件事情，听听祖先的意见，女性主持家庭的祭祀活动，同时要为家里重要的决策用铜钱占卦的方式询问祖先。2010 年春节，阮氏和虔诚地祈祷，请祖先的灵魂回家享用祭品，用铜钱占卦以获得祖灵的建议，她的请求是希望在新年里子女能够赚到更多的钱，全家人凑钱将住宅翻新，住上像邻居们新近建造的别墅。那天占卜完之后，她下午立刻与小女儿一道去找算命先生接着卜算全家新年的运气，回来的时候她满脸笑容，告诉我祖先同意帮忙，而且算命先生说今年她们家运好极了，很快就能够达成心愿。

本章小结

越南民俗与华夏文化有着千丝万缕的联系，然而其独特的地理环境与气候特点形成了独特的原始生产模式与思维方式。尽管在频繁的文化交流中，越南地区吸取了华夏的农耕技术与政治、经济、文化制度，但在越南的民间习俗当中，仍然保存着本民族的特色。

越南婚嫁习俗的最大特色可以从两个方面来概括：第一，槟榔在婚嫁仪式中有特殊含义；第二，保持婚嫁礼仪的神圣色彩。

在中国“六礼”的规定中多次提及的婚姻信物是“雁”，“昏礼下达，纳采用雁……摈者出请，宾执雁，请问名”[①]。此外，在《昏礼通考》中有“六礼纳采、问名、纳吉、请期、亲迎皆用雁”。之所以求婚用雁，有的认为雁这种候鸟寒来暑往，用雁为礼，象征顺乎阴阳之意；也有说雁若失配

---

① 郑玄注，贾公彦疏，彭林整理：《仪礼注疏·卷四·士昏礼第二》，北京：北京大学出版社 2000 年版，第 68 页。

偶，终生不再成双，以取其忠贞之义。

在越南的婚嫁仪式中，每一个步骤都离不开“蒌叶与槟榔”，在《安南风俗册》中将此两物合称为“芙榔”（越南语合称为trâu cau）——芙蕾与槟榔。蒌叶与槟榔分别象征着妻子与丈夫，也象征着忠贞的情义。越南流传着槟榔与蒌叶的动人传说，根据《岭南摭怪列传》的《槟榔传》[①]记载，一对孪生兄弟因为兄长婚后产生误会，弟弟离家出走，在野外化成槟榔树；哥哥去寻找弟弟，在树旁化作石头；哥哥的妻子去寻找丈夫，化成蒌叶缠绕在石头上。有人咀嚼了槟榔果和蒌叶，吐在石头上呈现血红色。后人为夫妻二人以及兄弟的情义所感动，就在婚嫁中把槟榔、蒌叶当作信物。槟榔、蒌叶象征的不只是夫妻之情，还包含着兄弟之情，体现了家庭和睦的精神，故而受到颂扬。

槟榔与雁原本是不同的事物，却都具备了忠贞与阴阳的含义，故而作为婚姻的信物是符合逻辑的。而且地处热带的越南多产槟榔，自古有食用槟榔的习俗，所以使用槟榔作为婚姻信物更加符合其生活场景，既有象征意义又有实用性。

越南婚俗的另一特色是婚嫁仪式的神圣色彩。从提亲到成亲的全过程，无论是长辈还是年轻人，大家都穿着正式、打扮得体，显得庄重严肃。在婚宴上没有嬉闹的场面，宴席散去后也没有闹洞房的花絮。

这可以从婚姻家庭发展史和宗教信仰两个角度去解释。

首先，越南的传统社会其实带有母系色彩，也就是说女性一般不愿意离开自己生长的环境搬去丈夫家。所以对女家来说，母女分别并不是一件“快乐的事”。此外，男家也颇为慎重，新娘到达的时候婆婆是要避开的，他们要避免婆媳的猜忌与冲突。这仿佛是一个历史的沉淀，从历史来看，越南的婚姻制度改革是一个“突变”，所以留下了这样的后遗症——婚礼的庄严中隐含着一丝无奈。

其次，越南人的祖先崇拜在婚嫁仪式中得到深刻的显现。在订婚仪式中有一个重要环节：新郎送聘礼到女家后，首先要把槟榔、蒌叶放到女家祖先的灵位前，新郎新娘点香，合掌低头向祖先祷告，请求祖先同意这门婚事。在婚礼当天，迎亲队伍出发前，男家的父亲在祖先的排位前点香祷告，新郎

① 陈庆浩、郑阿财、陈义主编：《岭南摭怪列传》，《越南汉文小说丛刊》（第二辑第一册），台北：学生书局1991年版，第39页。

也要作揖告知祖先。在迎接新娘时，新娘新郎要点香拜祭女家的祖先灵位，表示新娘即将离开娘家去丈夫家，到时候丈夫家的祖先会接管保佑她的责任。因此，在整个婚礼的过程中，参加者始终感受到祖先灵魂的在场，从而营造出神圣的宗教气氛，所以世俗的玩笑与嬉闹就不能穿插其中了。

可见，越南北方的婚嫁习俗源自中国的“六礼”仪式，在历史的发展中有所简化，同时也融合了越南本土文化的特色。

越南女性的禁忌主要跟结婚和生育有关，婚姻需当时得令，生育子女要祈求12位母神的护佑，这一切又进一步强调了“有序”的观念。生命必须遵循相应的法则，由于在20岁到30岁之间有一些是不吉利的“金楼”岁，这样未嫁的女子和家人必然非常关注婚嫁之事，反而促成大部分女性在30岁之前成家。

家庭祭祀与神灵分类体现了分门别类、区分对待的“礼”的思想。越南家庭的祭祀分成屋内屋外，并且多由女性来操办，妇女必然熟悉神灵的神格，加以合适的祭祀。关于“屋外”祭祀，我有以下两点思考。

首先，关于越南北部的屋外祭祀的主要对象。根据渡边欣雄先生的归纳：“屋外祭祀并不局限于对玉皇上帝的祭祀，通常对于鬼魂的祭祀也是在屋外进行的。不过一般性的鬼魂祭祀，多是在建筑物的墙角举行，与此相对的是，玉皇上帝的祭祀是在正厅之前或者正门等处，就此而言，两者的祭祀场所还是有所不同。”① 在海防奉法村看到的用于屋外祭祀的神台如上所述，一般设在院子里的正厅之前，或者在正门处，显然是供奉比较尊贵的神灵。我理解的“屋外祭祀”首先是拜天神，在台湾的“屋外祭祀”主要是祭拜玉皇上帝，越南的“屋外祭祀”主要是拜祭“上天圣母”（四府信仰中的天母）或者象征“天”的女神——“九天玄女”。

其次，越南的屋外祭祀体现了女神信仰优先的序列。平时在屋外的祭台上主要摆放鲜花、水果、清茶，是拜祭母神的方式，当地人认为圣母最喜欢的是鲜花、水果与清茶。在祖先的忌日，同时也进行屋外祭祀，在比较重大的日子里，屋外祭祀的供品除了平常的鲜花、水果外，还会特别增加一些生食，之所以要准备生鸡蛋、白米、生猪肉这些供品，主要是为了祭祀众生（野鬼）。

---

① 渡边欣雄著，周星译：《汉族的民俗宗教》，天津：天津人民出版社1998年版，第72页。

第四章

女神的建构体系

浮萍移白云飘不知归，翘待伊人回。鸟鱼尽散，夜更鼓击声声报辰，心切如焚。何不相见，皓月独挂彻夜，明月已斜，白露落念谁，夜幕退月似谢。

弄堂竹影婆娑，汝待为何仍不现。日日出望依辽遥，吾依旧待汝，次次回望，何远无期，远方人儿是否记得，坐看飞鸟跃天边，何迟不相见？

——越南北部民歌《浮萍漂移白云飞》

第一节　妪姬与始祖神传说

越南的民间信仰神灵众多，在每个地区都有本地特色的神灵。但是无论走到哪里，都能发现当地一定有一两位有名的女神在护佑着一方水土。在女神的忌日，在每个月的初一、十五，老百姓会去女神的神祠上香祈祷，虽然没有像佛教和道教那样丰富的庆典，但是女神的崇拜者众多，香火兴旺。一个民族如果非常相信女性的灵力，如果在各个地区都相信女神的灵力，这是非常有意义的话题，这关系到这个民族对女性价值观的看法。

不是所有崇拜女神的形式都是直接起源于母系制，然而，跟母系制时代给后代开创了突出妇女作用的传统一样，母系制下对女神的崇拜为后代种种崇拜女神形式的普遍存在创造了条件。① 我们可以追溯最早的女神，越南的始祖神——貉龙君与妪姬。

从下面的《鸿庞氏传》可以看出，貉龙君是炎帝的后代，也是龙女的后代，而妪姬是仙女的后代，两人结合诞生了一个胞，胞中有一百枚蛋，每一个蛋中出来一个男孩，这就是越南流传已久的“龙子仙孙”的始祖传说。其中有很重要的情节，比如这两个主角，貉龙君与妪姬都与华夏部落有着或远或近的血缘关联。但是故事强调了貉龙君与妪姬有各自不同的特性，而且这些特性都是来自他们母亲的部落。具体说来，貉龙君的母亲是龙女，所以他带有龙种的特色，常常潜伏在水中，不知去向；而妪姬的母亲是仙女，她是属于山林的，所以不擅水性。貉龙君与妪姬的结合造就了

① 黎氏壬雪：《越南妇女》，河内：越南外文出版社1972年版，第31页。

越南人的文明，貉龙君教给当地人农耕等生产方式，而妪姬则教给百姓礼仪制度。

图 4-1　妪姬生百蛋：越人始祖的传说

炎帝神农氏三世孙帝明生帝宜，既而南巡至五岭，接得婺仙女悦之，纳而归；生禄续，容貌端正，聪明夙成。帝明奇之，使嗣帝位。禄续固让其兄帝宜，不敢奉命。于是帝明立帝宜为嗣以治北地，封禄续为泾阳王以治南方，号其国为赤鬼国。泾阳王能入水府，娶洞庭君女曰龙女，生崇揽，是为貉龙君，代父以治国。泾阳王不知所终。

龙君教民耕种衣食，始有君臣尊卑之序，父子夫妇之伦，或时归水国而民晏然。民或有事，则呼貉龙君曰："逋乎，不来以救我辈。"龙君即来，其威灵感应，人莫能测。

……龙君倏然而归，见妪姬独居，容貌绝美，乃化作一好儿郎，风姿秀丽，左右前后侍从众多，歌吹之声达于行在。妪姬见之，心亦悦从……

龙君与妪姬相处，其年而生得一胞，以为不祥，弃诸原野。过七日，胞中开出百卵、一卵一男，归而养之，不劳乳哺，各自长大，智勇俱全，人皆畏服，谓为非常之兄弟。龙君久居水府，母子独居，思归北国。行至境上，黄帝闻之惧，分兵御塞外，妪姬泣曰："妾本北人，与君相处，生得百男，无由鞠育，请与君从，忽相遐弃，使为无妇无父之人，徒自伤耳。"龙君曰："我是龙种，水族之长，你是仙属，地上之人，本不相属。虽阴阳之气，合而有子，然方类不同，水火相克，难以久居。今为分别，吾将五十男归水府分治各处，五十男从汝居地上，分国而治，登山入水，有事相关无得相废。"百男各自声受，然后辞去。

妪姬与五十男居于峰胁（今日白鹤县是也），自推尊其雄长者为王，号曰雄王，国号文郎国……世世以父传子曰父道，世主相传皆号雄王儿不易。

《鸿庞氏传》①

这则神话包括了丰富的内涵，许多人依据故事中貉龙君不知所踪，而妪姬独立养育50名儿子，并且创立文郎国，建立雄王政权这些情节，证明越南社会在史前带有浓厚的母系制度的色彩。妪姬至今被称为伟大的母亲，而且她能够体现历代越南民族母亲的特色。她们含辛茹苦，独立照顾、教育儿女，支撑着家庭的发展。貉龙君与妪姬，这对越南民族的始祖神竟然是一对离异夫妻，他们树立的不是夫妻恩爱的榜样，而是父亲出外、母亲独撑家业的模式。从某种程度上来看，这个故事带有一定的真实性。在越南文化不断受到汉文化影响的过程中，正是来自母亲的家庭教育和这样的民间传承，越南的本土文化才得以延续。代表父亲的知识精英，大都带有来自中国的“龙”的特征，逐步学习汉文化，从而成为社会的主流文化。

在访问四府信仰的女巫师时，她们也时常会谈起“貉龙君与妪姬”的故事，虽然在跳神时，妪姬女神不会来降神，但是她被认为是一个非常伟大的母亲，也是一位伟大的女神，是她养育了越南民族，也是她的独立（至少在象征的意义上看）坚持了本民族的特色。

在我看来，越南民间信仰中丰富的女神崇拜现象主要起源于古代妇女的具体实际作用——生育儿女、管火、盖房、种桑种豆、做家族和氏族的首领等。例如灶神，她应该是越人神话中管火的女神，她的原型应该是管火并给整个原始家族和氏族担任炊事的妇女。在原始社会里，受到尊重和供奉的，是有经验的老婆婆，而不是只有姿色的姑娘。这也是越人神话中许多女神（管火女神、木工女神等）都是老婆婆形象的原因。

如同越南的始祖神话，母亲料理家事、父亲游离于家庭之外的现象在当前的越南社会仍然有概括性。奉法村的妇女认为丈夫年老体弱才会安心在家里抱抱孙子，以前他们工作的时候连自己的孩子也没时间抱一抱。在

---

① 陈庆浩、郑阿财、陈义主编：《岭南摭怪列传》，《越南汉文小说丛刊》（第二辑第一册），台北：学生书局1991年版，第28页。《岭南摭怪列传》是越南古代汉文典籍，全书记录的是古代岭南百越民族的传说，由越南黎朝的武琼于1492年（洪德十三年）校订且整理成书。

照顾家庭方面，男人怎么也比不上女人。女人太能干了，操持家务，什么都给安排好了，男人就觉得很轻松，就该出去玩儿。工作累了就看看电视、读读报纸，或者跟朋友一起在茶馆喝茶。女人还要持家，如果家庭收入不够用的话，女人会白天出去工作，晚上回家后还要照顾丈夫和孩子，另外还要接着搞一些副业。有时候小孩夜里生病了也要带他们出去看医生，喝奶和换尿裤都是女人的事。有些妇女抱怨说："男人如果能够懂得做一些家务也好，可是男人不会呀，只会喝酒、打牌。有空的时候也不喜欢待在家里，他们喜欢出去跟朋友交流，出去玩一玩。"

奉法村妇女会的前会长阿清婆婆觉得现在这种观念已经在改变：传统的观念是男人生来是做大事的，妇女做家务和养育孩子；现在改变了，女人也要出去学习、工作，跟男人差不多了，这跟封建时代不同了。那时候男人为了做大事就得学会抽烟、喝酒、打牌，那是为了交际需要，大家觉得理所当然。可是后来改革了，想法就不同了，1945 年解放后，越南共产党要改变传统的思想，经常教育人民群众要怎样健康地去生活。

Anne－Marie Fortier 曾经在英国伦敦的意大利人社区（以圣保罗天主教大教堂为中心）作调查①，她关注的是文化认同与民族归属感的问题，她在研究中发现这里的意大利移民表现出强烈的性别差异，男性是社会的权威，女性担当着照顾者的角色，然而在意大利家庭中母亲却拥有无比神圣的地位。之所以母亲获得社会的尊重和崇拜，是因为她是传统文化的传承者。最为夸张的做法是，早期的意大利移民为了保持传统文化，对女性进行隔离，妻子被隔绝在家中，不会讲英文，不懂当地文化。从某种意义上讲，在一种社会文化中，正是由于女性的顺从、忍耐与隔绝不断地促成进取、离散、开拓的男性气质。这一点可以从阿拉伯文化看出端倪，古罗马帝国的战斗力也是出于对这种男性气质的培养和激发。

返回我们对越南始祖女神的思考，妪姬女神在丈夫远行的时候无怨无悔地照顾家庭，接着在丈夫离弃家庭的时候从容不迫地带领其子开创文郎国。正是这种母性的承担精神，不断孕育出越南社会对男性气质的英雄主义的追求。

---

① Anne－Marie Fortier. Re－Membering Places and the Performance of Belonging（s）. *Theory, Culture & Society*. 1999，16（2）：41－46.

第二节　祖姑崇拜现象

发现“祖姑”这一信仰现象令我十分惊喜，因为这与中国华南地区“何仙姑”信仰有比照关系。中国学者杨彦杰认为中国闽西地区存在“祖神崇拜”，他认为“闽西客家地区，姑婆的地位很高，有一些神明也称作姑婆，受到殷切崇拜”①。与何仙姑一样被尊称为“姑”的神灵，在越南最普遍的就是家庭中的“祖姑”，一般是指从未出嫁或者常年生活在本族的女性，她们的灵魂成为本族的看护神灵，得到全族的供奉。

第一次看到祖姑的灵位是在范德端先生家的祖先祭坛，祭坛上有三个大香炉，中间写着“土公”，左边是“家先共同”，右边是“祖姑”。我当时特别好奇，就问范先生祖姑是谁，他告诉我那是一位范族女性祖先，她的名字可以在族谱中查到的。后来他带我去宗祠查家谱，果然看到了这位祖姑的名字。

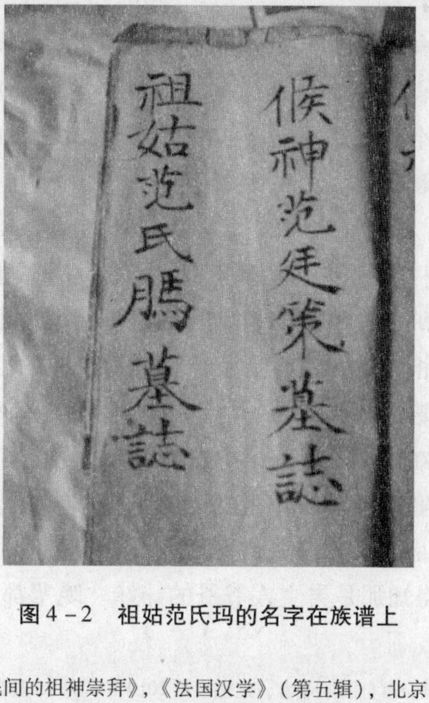

图 4－2　祖姑范氏玛的名字在族谱上

① 杨彦杰：《华南民间的祖神崇拜》，《法国汉学》（第五辑），北京：中华书局 2000 年版。

图 4－3　祭祀祖姑的香炉

但是一个家族中有那么多女性，怎么才能推断出祖姑是谁？我觉得这是一个比较难解决的问题。刚好 2010 年春节期间，来拜年的一个朋友阿雪[①]向我讲述了她丈夫家族开始供奉祖姑的过程。

前几年我去算命，连续有五个算命先生告诉我，我丈夫的家族有一个祖姑，特别灵验，我应该祭祀她。我不了解那边的情况，就问我的公公，他告诉我家里有一个祖姑。知道这个情况之后，我立刻在家里的供桌上多摆个香炉，专门祭祀祖姑。

后来我在奉法村陆续发现很多家庭在堂屋的重要位置都摆放着供桌，上面通常有三个香炉，其中有“祖姑”的香炉，据说祖姑是家庭当中终身未婚无子嗣的女性祖先，被认为是家神中最为灵验的祖先神灵。类似的情况在河内应该也是普遍的，我的一个越南学生每次从河内出发回广州的时候，他的母亲都要在供桌上点香，特别是请求一路上有“祖姑”的保佑。

要探寻一个家庭所拜祭的“祖姑”的身份，需要经历一些波折。曾经最让我感到困惑的是范家的祖姑，我第一次发现在范家的供桌上摆着一个“祖姑”的香炉，得知那是男主人爷爷的妹妹。晚辈都说祖姑没有结过婚，

① 阿雪，34 岁，海防市自由职业者，这里根据 2010 年 2 月 15 日访谈笔记整理而成。

一直在家里住，老了没有后代，去世以后怕她成为孤魂，所以族里的晚辈祭祀她。

大家都说，她是一个有灵气的祖先，她去世以后还常常关心家族的后代，现在家里有什么大的事情要解决，大家还会通过一定的方法与她商量。用当地的语言来说，她是一个很硬的女性祖先，也可以说是个说话算话的人。

我去查范氏族谱，惊喜地发现了她的名字——范氏玛，根据族谱上的记录，她曾经有过一段婚姻，男方是本村姓武的一户人家。可是她为什么后来住回娘家呢？为什么现在能在家族的供台上占有一席之地呢？田野调查之后发现，离婚后重返娘家生活的女性在这个村人数很多。父母通常会分给她一块地，给她建自己的房子，而她们的兄弟不会反对。

我住在范德端老伯的家里，他 70 多岁，退休前在中学教物理，一直不信神，他说祭祀祖先是可以的，因为那是精神上对祖先养育之恩的怀念。但以前他是无神论者，他觉得人去世之后就一了百了，祖先的灵魂也不可能会常常回来的。但是，2003 年经历的一件事情让他开始反思自己的宇宙观，同时让他开始回溯自己的人生经历，他一直在寻找记忆，证明的确存在着一个他曾经忽视的却时时刻刻伴随他左右的力量，那就是“祖姑”范氏玛。

就“祖姑”的问题，我曾经询问过阿和婆婆和其他范家的人。在 2010 年 2 月我又对范德端先生进行了访谈，因为范家人一直用他的亲身经历来说明“祖姑”范氏玛对家族的关怀和护佑。

问：听说您家一直供奉着祖姑的灵位，并且您的爱人也告诉我您曾经得到过祖姑的帮助，您能说说祖姑的情况吗？

答：以前我不知道祖姑帮了我那么多，是 2003 年有人到我家来玩儿，突然被祖姑入了魂魄，我仿佛眼睁睁地看着祖姑，听她讲话。

具体情况是这样的，2003 年我病后出院没多久，我家老太婆的一个朋友来看我，她就住在附近的东溪坊。我们坐着喝茶，突然发生了不正常的情况，她坐在那儿，身体自行动起来，眼睛也东张西望的，还莫名其妙地问我：“你知道我是谁吗？”我说：“不知道。”看她的身体动得更厉害，表情也跟平时不同，我的老太婆有一点经验，就问她：“你是不是神或者圣？”她回答道：“都不是。”却又问我：“你知不知道我在家庭里的辈份？”我实在想不出来，因为我的家族很大，我不知道是哪个时代的祖先出现。她又说话：“我也不是很远的，是很近的。”我的老太婆问：“你是不是爷爷？”我不知为何说道：“很远的我不知道，我猜我应该叫你大伯，对不对？”她回答：“对对对，正是，正是。”

是我大伯的灵魂借着这个朋友的身体在说话，他说他现在被封官了，是圣人吴权的部下，出行办事都要骑马。我大伯是我爸爸的哥哥，他6岁就死了，那时候小孩子死了就算了，没有特别去记他的忌日，宗祠拜祭祖先的时候也会说到他的名字。他跟着圣人，家庭有困难的时候他都帮助，我中风的时候做手术，如果没有他的帮助就死了。他说：“没有祖姑的护佑，你早就没了！”

我们知道了这个情况去问道士，现在每年阴历八月拜祭他，根据他的要求给他大红马，还有相配的衣服。我们觉得他很灵，从此家里就多了一个祭祀的对象。

我的这个大伯名叫Nap，他跟祖姑范氏玛一起帮助我们这个大家庭，我们三兄弟都得到帮助，我们觉得他们很灵！战争的时候（1945年）我们一家逃难到太平省，祖姑（的灵魂）也跟着我们一起去了。那次，我们一大家逃出去，大概有五六十人，在那里没有熟人，就住在一个寺庙，那个寺庙现在属于海防市永保县，那是一个空的寺庙，已经没有香火了。我们把行李用一个大网罩住，就分头住在寺庙的佛殿、圣母殿和祖师殿。别人都说那儿有很多小偷，天天想进来拿走我们的东西，但总是拿不到，夜里不是有人醒了，就是有人起身去解手。小偷怕了就算了。后来家里人去算命，算命先生说，我们家有一个祖姑，很灵验，而且喜欢照顾我们这些后人，所以那些小偷总是偷不了我们的东西。①

范德端先生觉得祖姑特别灵验，他父亲土改时被定为大地主，在解放后遭遇很多打击，他的二弟成叔克服种种困难取得了学术和事业的成功，就一直相信祖姑在冥冥之中护佑着他。成叔在河内的家有祖姑的香炉，每次回海防，他都会去祖姑的坟前祭拜，因为他觉得他自己和儿子的成功发展少不了祖姑的帮忙。现在范德端先生的妻子阿和婆婆有什么大的困难，

---

① 以上材料根据2010年2月11日采访笔记整理而成，采访地点是海防市吴权郡藤江坊奉法村东海35号。

也都会向祖姑祈祷。

范先生承认以前他不信这些灵魂的事，他觉得拜祭他们只是一种仪式，拜完了就可以吃那些祭品。所以拜祭祖先他不反对，但他真的不相信灵魂，可这次是他的亲身经历，因为他真的看到那个客人坐着喝茶突然就动了起来！那个妇女用半男半女的声音说出家里的很多情况。后来她清醒的时候告诉大家她觉得累死了。

自从范先生家里开始拜祭祖姑后，后来很多人也开始这么做。另外，由于这次经历，他也开始拜祭他的大伯 Nap。范先生原来是个无神论者，只相信能够看得见、摸得着的东西，但是现在细细想来，他觉得从小到大真的很多次得到祖灵的护佑，否则他早就死了。他觉得自己能确定的、受到祖姑护佑而消灾免难的情况至少有三次。

第一次是八九岁的时候，他跟着姐姐一起爬上一棵非常高大的酸豆角树，突然就掉下来了，可是没多久他抓住了一根树枝，他用双手紧紧抓住它，挂在了树上。大人看见了很害怕，用梯子爬上去把他抱了下来。

第二次的情况是这样的，大概十二三岁的时候，有一天他在家里走着，突然头晕眼花，掉进了一个大的洗碗盆里。他被家里人打了一顿，随后马上发烧了，那是伤寒病，小孩子得了这个病如果发烧，一不小心就没命了。这儿是农村，他父亲去城里找法国医生，遇到了非常棒的医生。

第三次是 2003 年他骑摩托车去参加一个订婚典礼，在路上不知为什么撞车，差一点儿就酿成了车祸。他摸摸自己的手脚也不疼，只是觉得头有一点疼，额头渐渐肿出来一个大包。晚上的时候血冒出来，眼睛开始发青，但是渐渐就恢复了。两个月后，那时是 5 月份，他在门口站在椅子上修剪篱笆墙的时候摔了下来，躺着休息一下，可是第二天还没醒来。他完全不知道自己怎么被送到了河内的医院做了手术，等醒来的时候觉得奇怪，为什么有那么多人来看他。那是 8 年前的事了，没过多久，有人来家里看望他，突然就有灵魂附体告诉他是祖先在帮助他渡过难关。从那开始，他真心真意地去祭祀这些祖先神灵。

我希望知道祖姑是什么样的神灵，就问他祖姑是否护佑每一个子孙，得到的答案竟然是："我们的祖姑有一个特点，她喜欢帮助男孩儿，不喜欢帮助女孩儿，这个可能跟她自己的经历有关。"

我看到住在范氏祠堂的阿银姑姑，都 61 岁了，还是住在娘家，她结婚了，可是她还是喜欢就这样一个人住在娘家。据说范氏家族每一代都有这样的情况，结婚后离开夫家，回到娘家跟兄弟一起住，直到终老。范德端的小女儿也离婚了，在大家看来，这就是踩着祖姑的脚印，走了共同的命运。

此外，有很多范家的女儿结婚后也没有去丈夫家那边住，在我们看来这只是一个社会现象，在范家看来这跟看不见的世界、心灵世界也有关系。至于为何范家总有女儿婚姻不幸，那就要探寻祖姑的故事。据说她年轻时候在爱情方面不顺利，心中有很多怨恨，因此就发了一个誓。所以范家女儿的命运跟这个誓言有很大的关联，长辈们认为这种家族的命运枷锁只能希望通过请高明的法师解开。

通过对一些家族的祖姑崇拜现象作调查，我发现许多家族把一些共同的命运归结为一位家族女性神灵的护佑，或者是这位女性神灵自身的命运影响了这个家族女性的共同命运。

第三节　灶神与家庭模式

在越南的家庭中，土地神和灶君是两位神，从名字就可以看出他们的不同特点。土公掌管着人们的住宅，其实就是居所范围内的保护神，他保护住宅不受恶灵侵害，这些恶灵若想进入家中，除非得到土公的允许。

我们可以笼统地认为灶君只是厨房的神，他保护厨房，以免发生火灾，当然他也参与照顾家庭。他会记录下每个家庭成员所做的好事坏事，在每年的腊月二十三去天庭向玉帝汇报。所以根据汇报的结果，灶君会为家庭带来相应的运气。但是在腊月祭祀灶神的仪式中，人们会发现灶君所指的并不是一个神，而是由一位女神和两位男神组合而成的一组神。

图4－4　祭祀灶君供品：帽子、靴子、鲤鱼

图4－5　传统年画：灶君（两男一女）

在论述越南灶神之前还需要讨论一下在宗教信仰仪式以及婚丧嫁娶仪式中必不可少的供品——槟榔，关于槟榔也有着动人的、与家庭伦理有关的传说。

在《安南志略》里记录了在越南古代婚俗中槟榔的特殊用途。“婚娶礼者，春月，媒氏奉槟榔匣，诣女家通问。或财物，以百至千，庶民以至百为数，好礼家不论多寡。”① 周去非曾在《岭外代答》中描述古时岭南人吃槟榔的情形：

“自福建下四川与广东、西路，皆食槟榔者。客至不设茶，惟以槟榔为礼。其法，析而瓜分之，水调蚬灰一铢许于蒌叶上，裹槟榔咀嚼，先吐赤水一口，而后啖其余汁。少焉，面脸潮红，故诗人有‘醉槟榔’之句。无蚬灰处，只用石灰；无蒌叶处，只用蒌藤。”② 从这些历史笔记中可以得知，食用槟榔的方式非常特别，须与石灰、蒌叶同食，而且三者同食咀嚼

① 黎崱：《安南志略》，北京：中华书局2000年版，第42页。

② 周去非著，杨武泉校注：《岭外代答校注》，北京：中华书局1999年版，第235页。

之后吐出的汁水是血红色的。正因为三者需要一起食用，而且它们综合而成的色彩是血红色，故而越南人将槟榔的寓意加以升华——成为家庭情义的象征。关于槟榔的传说，最初的故事可以从《岭南摭怪列传》中找到源头。

图4－6　祭祀用品：槟榔和蒌叶

图4－7　槟榔、蒌叶、石灰同食

图4－8　1995年越南邮政发行的《槟榔传》主题邮票

在越南李朝（1010—1225年）和陈朝（1225—1400年）时期，已有文学家和史学家从民间搜寻故事、将其编撰成书，这就是《岭南摭怪列传》。15世纪中叶以后，文人武琼和乔富不仅在“旧传”的基础上重新编撰了《岭南摭怪列传》，而且还运用动人的文笔对该书进行了较大的润色和加工，使之成为越南闻名的神话传说故事集。

槟榔传[1]

上古时有一官郎状貌高大，国王赐名高，因此为姓。生二男，长曰槟，次曰榔，二人相似不辨之，兄弟年方十七八，父母俱亡，相与寻师学道，师事道士刘。刘家有一女，年亦十七八，欲为夫妇，不识其为兄为弟，乃以粥一碗，箸一双与二人食，以观其兄弟。见弟让其兄而辨之，乃以实告父母嫁其兄，夫妇情爱日密。

至后，待弟或不如初，弟自生不满，谓兄爱妻而忘弟，乃不告兄而去。行至野村间，忽遇深泉，无船可渡，独坐恸哭而死，化为一榔出于其口（槟榔是也）。及兄觉失其弟，辞妻追寻，见弟已死，遂投身于树边，成一石块，蟠结树根。妻怪其夫久不见还，乃追而寻之。及到处见夫已死，遂投身抱石，化作一藤旋绕石上，叶味芳辛（芙蒥是也）。刘氏父母追思哀恸，乃立祠其地祀之。时人经此皆焚香致拜，称其兄弟友顺，夫妇节义。

七八月暑气未退，雄王巡行，常驻跸避暑于此，见祠前树叶繁密，藤叶弥漫，王登石审视，问之而知其事，嗟叹良久，即令侍臣摘采藤叶，王亲咬之，唾于石上，见其色鲜红，觉为佳味，乃取而归，始命以火烧石为灰与树果藤叶合一而食，甘脆芳辛，唇颊生红，乃传颁天下随处栽植。凡嫁娶会同大小礼，皆以此物为先，即今槟榔树、芙蒥叶、石灰是也。此南国槟榔之时由始焉。

故事当中的夫妇兄弟为了表达忠贞的情义而不惜生命，他们最后又死在一处，并且化作三种食物——槟榔、蒌叶、石灰，这三种食物是越南人日常生活必备的饮食，所以就被神圣化为一种恩义、情义的象征。同时这也表达出兄弟之情与夫妇之情都要最终凝聚为家族之情，这正是越南家庭所体现出来的理想。

关于灶神为何是一女两男的一组神灵，其中也有一种恩义故事的表达。有一个版本是这样的：

古时候，有一对十分贫穷的夫妻，男叫阿公，女叫阿婆。他们成亲很

---

① 陈庆浩、郑阿财、陈义主编：《岭南摭怪列传》，《越南汉文小说丛刊》（第二辑第一册），台北：学生书局1991年版，第39页。

久了还没有孩子。有一天，夫妻俩吵架，丈夫发怒打了妻子。妻子出走后跟一个山区猎人结了婚。不久，阿公后悔了，到处寻找妻子，可是找不到，钱用完了，又生了病，只好讨饭。

有一天，阿公来到妻子家讨饭。妻子可怜他贫病交迫，趁新夫不在家，买酒肉款待他。阿公喝足吃饱后躺下睡着了，阿婆怎么叫也叫不醒他。为了避免误会，阿婆把阿公藏在院子后面的稻草堆里。

猎人新夫回来了，高高兴兴地叫阿婆去买菜做饭请邻居来吃。新夫在家宰狗，用稻草烧狗皮除毛，忽然那堆稻草燃起大火，烧死了阿公。妻子回来看见阿公被烧死了，非常伤心，跳进火里死了。新夫很爱妻子，也跳进了火里。那天是农历腊月二十三日。天帝知道了三个人之间的深厚情谊，便把他们变成三位“灶神”，让他们永远能在一起，同时封他们为“灶君”。每年灶君要上天向天帝汇报世间每个家庭的生活情况。

另一个版本①：

很久以前，有一对夫妇，丈夫名重高，妻子唤氏儿。有一天重高动手打了妻子。妻子很气愤，于是离家出走。遇到一人名范郎，范郎将氏儿带回家，两人遂成为夫妻。重高气消之后才发现妻子离家出走，后悔莫及，于是出去寻找，但一直没有妻子的下落。他走了很多地方，钱花光了，只好靠乞讨度日。

一天重高来到一户人家乞讨，他发现给他端饭出来的女主人不是别人，正是氏儿，氏儿也认出了自己的前夫。氏儿想到如果范郎突然回来看到这一切，她不知道如何交代，于是氏儿让自己的前夫先暂时藏到外面园子的稻草堆里，等范郎回来，她将事情的原委告诉他再作处理。

范郎回到家中，想到第二天下地没有草灰，于是点了一把火烧掉园内稻草堆以取草灰。不巧这时满身疲惫的重高已在稻草堆里昏沉睡去，氏儿此时也在屋中熟睡。熊熊大火烧死了重高，妻子惊醒后看到大火，知道重高已被烧死，悲痛欲绝，于是也跳进了熊熊大火中。范郎见状，也追随妻子跳进了火堆中。这样三人全都被火烧死了。上天看到这三人都有情有义，于是封他们为灶君，但每人各司其职：范郎为“土公”，掌管一切厨

① 徐方宇：《汉族、越族民间灶神信仰之比较研究》，《东南亚研究》2006年第3期。

房之事；重高为“土地”，掌管一切家庭之事；氏儿是“土祇”，掌管集市和菜园之事。每年腊月二十三，灶神上天朝拜，陈述人世间的好事和坏事。

通过品味这两则民间传说的叙事结构及其生动的人物形象，我们可以大致分析出民间叙事对于性别的特点早有不言而喻的评价。男性是粗暴的、急躁的，槟榔故事中弟弟埋怨哥哥婚后冷落了自己，而灶神传说中前夫曾经殴打妻子。此外，男性显示出固执己见、鲁莽行事的特点，槟榔故事中的弟弟离家出走，灶神传说中的后夫点燃草堆都显示了人性的弱点，正是这些人性的弱点最终导致了悲剧的发生。故事中的女性是无辜的、善良的，而且是忠贞的，表现到极致就是她愿意跟随自己的丈夫走向死亡。槟榔传说中三人化作槟榔、蒌叶与石灰三种食物，在灶神故事的第二个版本中天帝也将灶神的三位神灵进行分工，目的是要营造一个团结合作的典范，告诫世人血浓于水、家庭情深的意义。

槟榔传说与灶神传说都传达出一种恩义观念的影响，传统观念期望女性注重家庭和睦，学会宽容，放弃个人需要来维系整个家庭的团结。既然男性都是有缺点的、鲁莽的、冲动的、不安的，女性只好选择让自己成为一个宽容的、稳定的、冷静的家庭角色，在重大事件发生后，能够力挽狂澜、妥善处理。在田野调查当中，我接触到当地各个年龄阶段的女性，对她们的生存状态有所了解。许多女性为了家庭的整体发展与和睦共处而默默努力，默默奉献。女性的传统空间是厨房，而男性的传统空间是客厅，女性要学会与男性分工合作，在自己的位置享受别样的幸福人生。若男性在高谈阔论时陷入观念的世界，若女性在柴米油盐中陷入现象的世界，就让他们自乐其乐，自苦其苦。人生之大幸福莫过于承认自己的本色，坦然地走自己的道路。若女性能够自在地生活在自己的领地里，那么男性也可以潇洒地行走在自己的理想中。

第四节　四府信仰与母神

法国著名的汉学家石泰安在《二至七世纪的道教和民间宗教》一文中

指出："败军死将称官上号；男称将军，女称夫人，责人庙舍，求人飨祠，这正是中国、越南和朝鲜俗祷的特点，甚至最近仍然如此。为了得到安抚，那些暴死之人的灵魂要求祭祀和崇拜，并在神系中谋求一个受到承认的地位。"① 并且他在注释中进一步说明，越南的灵媒崇拜（Đồng bóng），神之名号多有夸饰：将军、王公、夫人、女王。他认为越南的灵媒崇拜属于民间宗教，不能属于道教，因为它带有淫祀的特征，但是这一民间宗教则采纳了道教的形式。

石泰安所说的灵媒崇拜就是现代越南民间所说的"四府信仰"，越南学者吴德盛先生则称之为"母神教"。母神教（四府圣母信仰）是越南北部的民间信仰，在越南民族独立与文化复兴过程中，统合成以圣母柳杏与陈兴道为中心的相对比较完善的本土神灵系统。中国广西京族地区有三婆庙（其中一位是柳杏公主）② 和灵官庙（陈兴道为灵官之一）③，足以证明母神教在16世纪已经深入越南民间社会。母神教的跳神仪式Lên đồng，被称作"越族的心灵歌舞"④，沟通人与神的巫师把神请入自己的身体之后伴随音乐跳舞，供人祭拜。母神教带有灵魂信仰和明显的附体色彩，应当归入巫术研究的范畴。

为了更好地描述越南母神信仰的特色，这里将中国通古斯语族的萨满教与之作一个简略比较。中国境内的通古斯语民族包括满族、鄂伦春族、鄂温克族、锡伯族、赫哲族，主要居住在黑龙江、松花江流域，萨满教是这些民族的文化基础。中国通古斯语民族的萨满教与越南的母神教在神灵系统、宗教仪式、社会地位三个方面有着明显的差异。

首先，从神灵体系来看，两者都以女神为主，但越南母神教有相对完整的神灵体系。中国北方通古斯语族民族的萨满教与越南母神教有惊人的相似之处，两者都拥有丰富的女性神，而且女性萨满也很多。例如，"满族萨满教的主神天母神、东海神、盗火女神、布星女神、柳树神、雪神都

---

① 石泰安：《二至七世纪的道教和民间宗教》，《法国汉学》（第七辑），北京：中华书局2002年版，第42页。

② 周作秋、覃德清：《京族》，收录于《壮、布依、傣、仡佬族、京族文化志》，上海：上海人民出版社1998年版。

③ 国家民委民族问题五种丛书编辑委员会办公室：《广西京族社会历史调查》，《中国民族问题资料·档案集成》（第5辑），北京：中央民族大学出版社2005年版。

④ 吴德盛：《Lên đồng——越南越族的一种心灵歌舞形式》，《越南的社会与文化》第1号，东京：风响社1999年版。

是女性神”[1]，由此可以看到母系社会的遗迹。“越南的女神也非常丰富，各地各民族流传的女神有362位”[2]，其中有一些女神是在历史上有过功劳的伟大女性，比如说二征夫人。

除了女性神，在中国北方的萨满教和越南母神教还拥有自然神、动物神、男性英雄神。自然神中的天地信仰，在两国都有相应的祭祀活动。因为地理环境的差异，两者所崇拜的动植物神有一些差异。中国北方天气寒冷，森林茂密，那里最典型的动物神是熊和鹰；越南气候温暖潮湿，母神教的动物神包括虎神和蛇神。

中国北方萨满教的男性神主要是祖先神，包括家祖神、族祖神和巫祖神（某个教派的萨满始祖），在北方传统的游牧、渔猎社会当中，共同的祖先神在一个家庭、一个部落形成强大的凝聚力。越南母神教中的一些男神来自中国的道教神灵体系，例如天界的玉皇大帝、地府的元天大帝，这些神灵仍然可以看作是自然神灵（天、地、水、林）的化身。真正的母神教的男神典型是陈兴道，他是越南人心中的民族英雄，可以理解为英雄神，也可以看作是一个集体的人间父亲的形象。在母神教的神灵体系中，男神的地位处在女性主神的下面，可以看作是女性神的助手。

中国北方通古斯语各民族在古代常常是流动的，所以同一个传说在同一个民族的不同部落也会产生变异；另外每个部落都有自己的萨满，地区不同萨满也会继承不同的传统，形成不同的教派。所以从资料上来看，这些民族的萨满教还没有形成一个完整的神灵体系，例如，“鄂伦春族萨满教敬奉的神有祖先神、狩猎神、雷神、治病之神、生育神”[3]。满族萨满教则祭祀火神、海神、天神和祖先神。越南母神教有比较完整的神灵体系和较成熟的宗教仪式，这些体现在《四府科》、《圣母科》等科仪文本中。这些科仪文本的形式与佛经类似，其神灵体系又带有中国道教的成分，说明有专门的神职人员为母神教的发展作出了贡献。

其次，中国北方萨满教的神坛是流动的，而越南母神教拥有固定的神殿。中国北方萨满的神坛常常是简易的、临时的、流动的。祭祀仪式比较简单，通常的情形是“在帐篷门口立一对桦木神杆，上面再放一横木，把

---

① 富育光、王宏刚：《萨满教女神》，沈阳：辽宁人民出版社1995年版。

② 武玉庆：《越南女神与圣母》，河内：青年出版社2002年版。

③ 大间知笃三：《北方民族与萨满文化——中国东北民族的人类学调查》，北京：中央民族大学出版社1995年版。

当天猎获的滴着血的獐肉及其内脏挂在上面”。萨满穿上神装，左手持神鼓，在帐篷门口附近面对着神杆跳舞、敲鼓、唱歌。如果部落随着季节迁移到别的地方，祭祀的神坛当然也随之改变。萨满跳神包括请神、降神、送神三个阶段。萨满穿上神衣，边敲鼓边舞蹈，唱着神歌呼唤神的名字，请神降临。神降临的时候萨满跳得更加激烈，这时神附入萨满体内，以象征的方式与魔鬼进行打斗，帮助病人除去病魔。有时，萨满要通过“脱魂”的方式去追回病人的灵魂。“脱魂”时萨满倒地昏迷，其灵魂出去从恶魔手中夺回病人的灵魂。送神就是唱诵神歌送神灵回去。跳神往往由一个主要萨满和几位副手一起进行，跳神的主题都是与恶灵作斗争。

越南母神教有固定的祭祀场所，通常在供奉母神的神殿内进行跳神活动。母神殿的神职人员有弹唱神歌的攻文手（乐师），准备神服、道具的助手，以及能够用汉字给神灵书写书信的供师（Thầy cúng）。萨满要请供师念诵“圣母科”或“四府科”的供文、写给神灵的文书［Sớ（文疏）］，然后拿出两枚铜钱，在一个小碟子里抛掷占卜，如果得到的结果是一阴一阳，就是得到圣母的同意，能进行祭祀仪式。祭祀时准备的供品包括糕点、饮料、水果、鲜花，萨满喝酒、抽烟、咀嚼槟榔，用红色的布盖住头等待神灵附体。神灵附体之后就开始换上该神灵的衣服进行舞蹈，攻文手唱出相应的赞美神的歌。这时萨满一边跳舞，一边把供品和纸币分赠给在场的人。此时此刻，这些都是神灵的礼物。神灵离开时候，萨满安静祈祷，再喝酒、抽烟、咀嚼槟榔，迎候另一个神灵的附体。母神殿是传授萨满技艺、整理萨满文化的固定场所，在这里形成了比较完整统一的仪式、音乐和经典传统。

母神教的跳神都是神灵附体型的，是神灵的舞蹈，表现神灵的恩赐。中国北方的萨满跳神有时候出现“脱魂”现象，而且跳神多表现为驱除恶魔的战斗，非常激烈，表现神灵的拯救。

再次，从神职人员的社会地位来看，中国北方萨满的地位较高，越南的萨满地位普通。

“中国北方各少数民族的萨满往往都是氏族集体利益的代表。在过去，鄂温克、鄂伦春、达斡尔等民族一般每个氏族必有一个萨满。”[①]在氏族社

① 色音：《萨满教与北方少数民族氏族生活》，《内蒙古民族师院学报》（哲学社会科学版）2000 年第 1 期。

会中，萨满可以把政治、经济、技能方面的优越条件集于一身，从而提高其社会地位。在中国北方民族，人们把他们家族的命运、疾病、死亡、牲畜的多寡、狩猎的成果等重大的事情都寄托于萨满教的信仰。因此，祭神驱鬼的萨满同时也是野营集团的指导者和财产的富有者。

在氏族社会，萨满往往是世袭的，每一个萨满都被看作是本部族祖灵的附体，从而受到族人的尊敬。“成为新萨满的人，大多在青年时期陷入一种叫做巫病的精神错乱状态，患有巫病的人，命中注定要成为一名光荣的巫。在达斡尔族中，巫享有高贵的地位。”①

越南母神教的萨满大多也是因为巫病而成为萨满，他们希望通过侍奉母神使自己平安，成为萨满并不能提升社会地位，甚至会遭到家庭的反对，因为跳神需要花费金钱去购置神服、道具，置办丰盛的供品，而且在此期间不能照顾家庭。在越南，女性萨满居多，受儒家文化影响，社会强调女性照顾家庭的责任。2007 年我采访的一个居民区选出的“文化家庭”的女主人是萨满，社区的男性认为她因为跳神常常“乱跑”，不能被评为“文化家庭”，但是社区的女性非常赞赏她，她们认为跳神本身就是弘扬传统的民族文化。

中国北方通古斯语民族在 20 世纪 40 年代时还处于狩猎游牧的氏族社会，而越南以水稻种植为主的农耕文明在秦汉时代就已经确立，所以两国的萨满教在自然神体系当中会受到地域差异和不同经济模式的影响。

中国北方通古斯语族地区主要是渔猎文化区、游牧文化区，萨满教曾经在氏族共同体中起着团结力量与精神支柱的作用。萨满教中最重要的成分是对于祖神（包括部落英雄神）的祭祀和崇拜，从而带有强烈的战斗性与悲壮色彩（从仪式中兽血可以看出），体现了游牧的氏族社会的集体意识以及对氏族故居地本源文化的追溯与记忆。萨满教潜移默化的影响，形成了中国北方民族热情好客、团结善战的品质。

越南母神教产生于稻作文明的农业社会，固定的宗教场所便于集合经济、人才等社会资源，从而使母神教发展得较为完善，形成明确的分工：供师掌握科仪文本，攻文手弹唱神歌，萨满跳神通灵。母神教来源于人们发展农业耕作技术以获取丰收的希望，同时要让人们记住神灵的恩惠。母

---

① 大间知笃三：《北方民族与萨满文化——中国东北民族的人类学调查》，北京：中央民族大学出版社 1995 年版。

神教用神歌、舞蹈、诗歌、建筑表达对神灵的赞美，塑造出越南北方细腻典雅、深情感恩的性格。

母神信仰目前在越南社会非常盛行，伴随着20世纪80年代越南社会的革新开放，一些曾经被禁止或者限制的信仰与民俗逐步复兴，甚至发展成为热潮。本章主要论述该信仰在奉法村的活动情况。

宝光寺的清林法师曾经向我介绍母神信仰，他说在越南人的心中，“圣母”拥有令人称赞的美德，能给人们带来奇迹，能给人们带来好运或者厄运。圣母指的不是一位女神，而是一个女神的群体，她们是天母（Mẫu Thiên）、地母（Mẫu Địa）、水母（Mẫu Thoải）和林母（Mẫu Thượng Ngàn）。除此之外还有柳杏圣母，比如说南定省是一个崇拜柳杏圣母的地方。有些圣母是历史上的真实人物，有些是传说中的人物。

正如清林法师所言，四府信仰（母神信仰）供奉的最主要的神灵是四府圣母（天母、地母、水母、林母），此外还有协助圣母的女神、姑、舅、蛇虎二神等。其实在越南北部的不同地区，四府信仰会结合当地的女神崇拜，形成蔚为壮观的、丰富的、包含了诸多女神的“四府神灵”系统。母神信仰在南定表现为对柳杏圣母的信仰，在海防表现为对五方公主的信仰，所以四府信仰也带有浓厚的地方色彩。在各地供奉圣母的场所称作府、殿、祠。

根据我的调查，在海防历史上真实存在过的黎真女将也已成为一些村落的城隍，但是她的声名在民间社会中却远远比不上一位来历不明的“五方公主”。五方公主与柳杏圣母一样，都带有浓厚的传说色彩。尽管南定省务本社陈氏宗族的后人表明其族谱可以证明他们是柳杏圣母的后代，而海防市各历史研究会也纷纷证明五方公主就是吴权时代的一位姓“武”的女官，但是其真实性待考，其来自仙界的传说反而令老百姓更加神往。在越南文化中研究柳杏圣母的人颇多，欲知其神仙故事可以参照附录五《柳杏圣母传记》。

母神信仰中跳神的萨满（灵媒）大多为女性。她们跳神时不用面具，而是用不同颜色的服饰代表不同的神，根据不同神灵的性格身份手持不同的道具，如旗、剑、扇、香烛等。跳神时，在两侧坐着2～4位助手，为跳神者换衣服、扎腰带、插簪子、传递供品，并且适时用张开的彩色羽扇，在跳神者抽烟、喝酒、咀嚼槟榔时遮挡面部。在萨满的一侧有一支小乐队为其伴奏、伴唱。伴奏乐器一般为锣、鼓、板、笛、月琴，主唱的人边演奏边演唱，所唱皆为母神教的神歌，描写每一位神灵的神情、姿态，赞美其事迹。

我最为关注的是母神信仰的神祠与佛殿的差别，只要崇拜母神的地方，一定会在神像的祭台下摆放镜子，这正是女性宗教的特色！这面镜子可以看作是女性日常生活——对镜妆扮的象征，同时也是一件实用的工具，在母神教的萨满（灵媒）跳神的时候跟其他的舞台有一点不同：这是一个没有后台的表演。每一次神灵降临时，萨满用手势告知乐手与她/他的助手，红盖头掀起之时，便是按照神灵特色换装打扮的时刻。与演员的表演不同，母神教的萨满在助手为她换装的时刻，静默地坐着或者跪着，她/他可以透过镜子清晰地看到自己的千变万化——看着自己被装扮成神灵。定妆之后，其实就是按照一定的程式换上某位神灵的行头，萨满这才开始起舞。

2005 年 2 月，我首次在奉法村宝光寺观看了一场母神信仰的跳神仪式，当时以为那是宝光寺请人来做一次喜气洋洋的新年祈福仪式。但是宝光寺的清林师父强调那不是佛教的仪式，而是另外一种信仰，如果有人希望在佛寺跳神的话，必须得到寺庙住持的允许。

那时候我特别想知道作为一个佛教修行者是怎样看待这些灵媒的。没想到清林师父对圣母信仰赋予了比我想象中更多的赞誉。他说："圣母信仰在越南已经深入人心，那也不能说是一种迷信，那是一种充满了情感的、与神的交流，其实是非常美好的一件事情。"他认为这种感觉外国人是很难体会到的。在悠扬的音乐中翩翩起舞，人们沉醉在一种感觉当中，就好像人们在寺庙看到一片宁静的风景，或者听到鸟的鸣唱，或者是悠闲地跟人喝茶、聊天，那是一种可以意会而不可言传的境界，那就是越南文化的奥妙，这种信仰没有什么经典的理论，但是它有丰富的情感和深远的意境，最能表达越南文化的奥妙。而这个奥妙正是越南人心灵的特质所在。

清林师父有很多机会出国，他去过英国和美国，跑了很多地方，却仍然觉得越南是个好地方，他说如果把心安顿下来，就能发现这里的人和草木都充满了深情。

2006 年年底，正逢农历初一，我在宝光寺的圣母殿意外地与阿露婆婆相逢，我们聊了很久，她给我写了她家的地址和电话。当时我觉得她很熟悉供拜和祈祷的仪式，也热心帮助年轻的女孩子做祈祷，看她年纪很大又是本村人，就想以后多多请教她。其实我跟她聊天的时候没有认出她就是我见过的那位跳神的灵媒！她告诉我她已经77岁了，初一、十五喜欢在宝光寺的圣母殿帮忙，因为春节期间很多人来拜圣母，供桌摆满了供品，需要人清理。

图4－9　蓝色官服代表第五官

图4－10　灵媒盖着红色头巾，等待神灵附体

我看她在圣母殿帮忙收拾供品，把已经供过的小碟子收出来，把花、香和槟榔分类倒入相应的塑料袋中，再把塑胶碟子擦干叠起，以备信众使用。来拜圣母的时候人们会带着香、花、槟榔、冥钱等，用塑料袋提着进来，在圣母殿外面有一张方桌，上面有一摞摞整齐的塑胶小碟，这是用来盛放供品的。在小碟子里摆好了槟榔、蒌叶、几朵鲜花，再放几张冥币，然后小心翼翼地呈到圣母神像的供桌，接下来就跪下祈祷，诚心诚意地说出自己的愿望，祈求圣母的保佑，促成愿望早日实现。

她似乎很享受这份工作，看她的嘴似乎总在咀嚼着什么，过一会儿就拿开水漱口，吐出一口红色的水。原来，她在吃槟榔！她的上衣口袋里有两枚铜钱，常常拿出来借给拜圣母的人使用。前面的章节已经介绍过妇女在家庭祭祀时会在祖先享用祭品的时候占卜，就是用铜钱占卦。一般主持家庭祭祀的中老年妇女都懂得这个与神灵沟通的方式。

有时候年轻的姑娘来了不知道怎样做，就会请她帮忙代为祈求。她就会带这个姑娘跪在圣母像前，边敲打铜磬，边念几句“南无阿弥陀佛”，把这个姑娘带来的供品呈放在供桌上。她也跪下来，跟姑娘说：“你想问一点儿什么?”来人说出自己的愿望，然后闭目祈祷。她就从口袋里取出那两枚铜钱，抛落在碟中，给当事人看看铜钱是怎样的排列，是正面还是反面①——阴面还是阳面。如果是一阴一阳，就是祈求的事项被神灵同意了。

有一对母女，母亲四十多岁，女儿十八九岁，她们要问这次申请去加拿大留学能否成功，祈祷之后站起身的时候，母亲笑得很灿烂，因为阿露婆婆说圣母同意了！这位母亲立刻拿出一张10 000越南盾的票子递给她作为酬劳，可是被她生气地扔了回去，并说：“我来这儿是为了做功德，不是为了钱!”

---

① 正面为阳，反面为阴，抛铜钱看阴阳是越南人最通用的占卜方法，妇女特别喜欢用此方法来占卜。

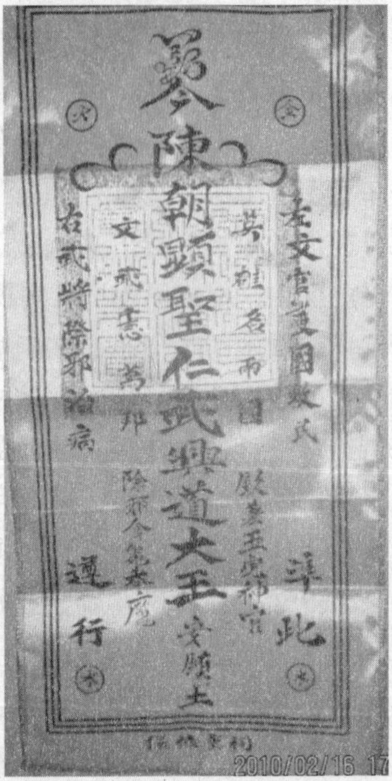

图 4－11　陈兴道神祠的安宅符

图 4－12　三位圣母与其他神像（圣母在最高一层）

在圣母的神殿里供奉着四府诸神，位置最高的是“三位圣母”，中间穿红色衣服的是天母，她左手边穿白色衣服的是水母，上天圣母另一侧穿绿色衣服的是林母，她们分别掌管天、水、林三界。另一位必不可少的神是“陈朝兴道大王”，陈兴道是越南陈朝名将，是越南的民族英雄，也是越南男巫奉祀的神。他本名陈国峻，自幼博览群书，精于兵法，于1257年、1284年、1287年三次击退元朝的军队，因此被封为兴道王。在越南民众的心中，陈兴道是驱除恶灵的威武象征，还能救治妇女的不孕和难产。奉法村的村庙宝光寺内的母神殿摆放的神像如下图：

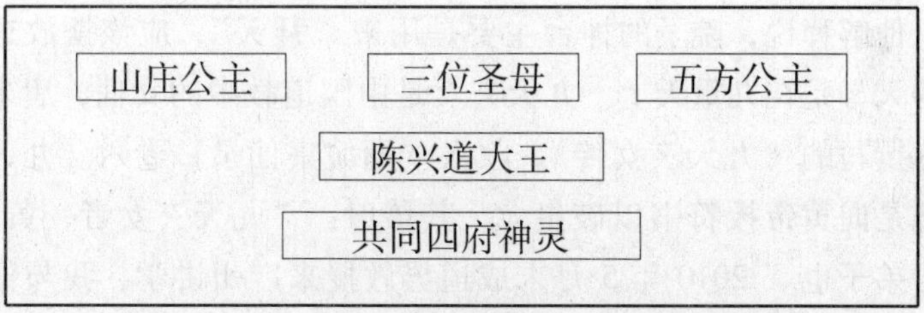

图4-13　奉法村宝光寺母神殿神像摆放示意图

三位圣母左手位置是“五方公主”，这是在海防影响力巨大的一位女神，当地人称之为“Bà Chúa Năm Phương”，传说她是出生于海防并且对故土有功的一位女性。在下一节会专门讲述海防的“五方公主”信仰。

2010年春节，我访问了奉法村一位母神教男性灵媒的母亲，她就是常常带我去参加宝光寺诵经活动的阿乐婆婆。她认为圣母就是母亲，她觉得拜四府、拜圣母对人肯定是有帮助的，至少会少一点儿感冒，给人带来健康，而且教人为善。但是她指出，普通人去礼拜圣母是为了健康和平安，可是有的人是为了让生活正常而不混乱，他们是出于无奈。

圣母信仰在越南北方非常普遍，从中国广西地区的京族民间信仰中也可以发现母神信仰中的神灵。京族先民大约是在16世纪初陆续从越南的涂山（今越南海防市附近）等地迁来中国的，最早到达的京族先民距今已有近500年的历史了。根据万尾的《乡约》记载：“承先祖父洪顺三年，贯在涂山，漂流出到……”[1] 洪顺三年就是公元1511年，从广西京族的民间

---

① 国家民委民族问题五种丛书编辑委员会办公室：《广西京族社会历史调查》，《中国民族问题资料·档案集成》（第5辑），北京：中央民族大学出版社2005年版，第481页。

信仰中仍然可以看到痕迹。在万尾乡有一座灵官庙供奉着六位灵官，其中一位是越南民间信仰的重要神灵陈兴道，此外在山心岛的哈亭（其实就是该村的城隍庙）供奉的也是陈兴道，农历八月要举行拜祭他的活动，这与越南的“三月祭母，八月祭父”[①] 的习俗是相吻合的。山心岛有一座庙宇是“三婆庙”，而在巫头的灵光禅寺则设有“三婆”神的殿堂，三婆是指“柳杏公主、观音老母和德昭婆”三位女神。[②]

依据母神教神歌的唱词，母神是从“九重天降入凡尘”。2006 年 12 月在范德端先生家，一位民间道士为他家院子里的小神台换新香炉的时候，这位法师（老百姓称为民间道士）在香炉里面放上写有“九天玄女”的黄色字条。他解释说，院子的神台主要是用来“拜天”，应该摆放这样的香炉，因为天母是在九重天上。九天玄女是中国道教中的女仙，唐末五代道士杜光庭撰写的《九天玄女传》，收入《墉城集仙录》卷六。九天玄女的主要事迹是向黄帝授符书以破蚩尤，其传曰：“九天玄女者，黄帝之师，圣母元君弟子也。”2010 年 5 月末成道男教授来广州讲学，我与他探讨九天玄女在越南民间信仰中的功能，他说在越南九天玄女具有“战神”的功能。这一说法就与中国道藏记录的“九天玄女助黄帝战蚩尤”的情节相呼应。在这里探讨九天玄女仅是说明九天玄女与越南拜祭天神、天母的信仰习俗有关联，同时也可以看出“女性的战神”，或者说带有“战斗性的女神”比较容易纳入越南民间信仰的神灵体系，其背景是母神信仰的诸位女神中有多位是拥有战功的女将。下一节提到的奉法村供奉的“眷花公主”，也称为五方公主，就是一位与战争有关的女神。

第五节　村亭的城隍与女神

我问起为何在越南有许多女性可以成为女神和圣人，阿和婆婆认为主

① 在越南民间信仰的神灵体系中，将柳杏公主尊奉为圣母，将陈兴道当做最重要的保护神，陈兴道逐渐被当作精神信仰上的“父亲”。柳杏圣母的忌日在 3 月，陈兴道的忌日在 8 月，这两个重要的日子都会举行盛大的庙会。

② 李远龙：《沿海沿边小康人：京族》，昆明：云南人民出版社、云南大学出版社 2003 年版，第 72 页。

要原因是越南是一个小国家，经常有外敌入侵，男人大多参加战争去了，妇女必须照顾家庭，同时也要担当保卫祖国的责任。一方面她们的角色是母亲，另一方面她们又是战士，所以会被尊称为圣母。有时候大将战死，他的夫人就会立刻接替他的位置继续指挥军队进行战斗。她说："看看其他国家的妇女现在也能够担任重要职务，这是现代社会的潮流，但这在我们越南早就有了，这是越南妇女的特色。"

在海防流传最广被称为最灵验的女神是五方公主，在奉法村的村亭有一处专门供奉她的神像。我去过很多次奉法亭，但是没有留意到那里有一尊女神像，也没有想到奉法村的佛寺与村亭同时都供奉着这位女神——五方公主，显然这位女神与奉法村颇有渊源。因此我再次回到奉法亭，探寻五方公主的痕迹与故事。

奉法亭主要供奉的是吴权，吴权的主要事迹是938年在白藤江上打败了南汉的军队。公元939年吴权自立为王，建立了一个制度完备的政权，设立了文武官职，规定了朝廷的各项礼仪。在战斗中有功劳的将士都得到了封赏。吴权只当了六年的王就去世了，为了怀念这位让民族得以独立的英雄，很多地方修建了供奉吴权的亭和庙，奉法亭是其中保存比较完好的一座。

图4－14　东湖民间画表现的白藤江战役①

奉法村的人觉得吴权与他们的村庄有非常紧密的关系。他们相信，吴权的军队曾经驻扎在这里，中村就是军队的大营，奉法村现在的墓地，以

① 这幅图见于当地人家中的年历，最近越南人流行把民俗画印在年历上。

前就是军队养马的地方。另外，有三个在白藤江战役中牺牲的将军被埋葬在中村的宝光寺旁，现在这里是烈士义庄（海防市吴权郡烈士陵园）。

越南的乡村有极强的群体凝聚力和高度的自治性，俨然是一个小的独立王国。而村亭是乡村的行政中心、文化中心和宗教中心，是乡村所有方面最集中、最有概括性的象征。越南的亭与宗祠的建筑结构非常相似，是越南传统的“丁字结构”。外层拥有五间相连的正殿，里层是三间后宫，从外向内，空间逐渐收拢。

在奉法亭的正殿中央，上方挂着一块匾额，写着“饮河思源”。正殿的正中央放着龙辇，龙辇上有红色的座位，还有两个红色的华盖。两侧是放置兵器的架子。正殿的两侧，分别放着两张边长约170厘米、高约50厘米的正方形平板木床，它的功能类似于榻。在祭祀活动结束后，村里德高望重的长者坐在这样的榻上，年轻的男子、女人、孩子坐在大殿席子上吃饭。这样就显示了身份与地位的高低。

奉法亭院落的右侧有一个小的神祠，那里供奉着一位女神——眷花公主，可是她的事迹并不像城隍吴权那样在历史上有着明确的记载，听起来好像是历史，又好像是传说。根据民间传说，这位女神归天之后被天庭封为“五方公主”，可以护佑东南西北中五方的安宁，所以她被尊称为“五方公主”。

2009年农历六月十五日适逢眷花公主的忌日，我去了她的神祠——仙娥祠参加纪念活动。在门外看到仙娥祠的对联：

上联：云葛仙乡留圣迹
下联：柳园武郡显神权
横批：母仪天下

云葛仙乡是指柳杏圣母的故乡，从对联可以看出，人们将五方公主看成是与柳杏圣母一样重要的神灵。那天仙娥祠张灯结彩，所在居民区May To坊的群众全部出动前来助威，上午九点就有舞狮表演，十点举行开幕式，May To居民区人民委员会主席发言：

仙娥祠供奉的是一位吴王（吴权）军队的粮草官，她安排粮草得当，照顾将士有功。白藤江战役大捷，击退南汉军队，越南得以结束一千年的北属时代，民族实现独立。这位粮草官的功劳也被大家记住，被尊称为眷花公主，人民建立仙娥祠祭拜她，体现了饮水思源的道理。今天是她的忌日，本祠非常荣幸地邀请到各位参加这次活动……仙娥祠现在有名了，一定要修好，我们希望大家继续关心这些建设。这样仙娥祠会越来越好，大家可以来参拜祈求福禄，祈求家庭安康快乐，再次感谢你们。①

图 4－15 仙娥祠的祭祀典礼，祭祀队长正在读祭文

从这段录音可以得知，五方公主曾经是一位军队的粮草官，她的功劳是帮助吴权的军队管理粮草，让部队有足够的给养，从而取得白藤江的胜利。但是她却获得了如此大的声名，应该还有更多关于她的灵验故事。后来我又走访奉法亭的前任负责人武文票先生，他告诉我，眷花公主就是武郡。她有很多名字，有人称她郡主仙女，有人称她五方公主。奉法村的十三根榕树庙也是供奉五方公主的，在海防有很多人信奉这位女神。

位于奉法亭一侧的庆灵祠虽然小，可是每逢六月十五，奉法亭的管委会带上香、灯、花、果等供品给女神上香，村民们都来礼拜她，祈求保佑。

武文票先生提供了眷花公主的其他故事：

武郡是吴权的部下，她非常聪慧，懂得海水的习性，白藤江战役的时

① 根据现场录音整理而成。

候她帮助吴权察看潮汐，预测到潮水涨落的时间，促成了那场反侵略战役的胜利。不仅老百姓爱戴她，而且越南王朝在历朝历代都给她很多封号。

故事的主题都是说武郡协助吴权取得白藤江战役的胜利，尽管一个版本说的是管理粮草，另一个版本是说将潮水涨落的时间告诉吴权，总之她是有功之人，战事因她才获得了成功，体现了女性的智慧。这些事迹令人更加赞佩这位女神的智慧与灵力。

海防市历史学会的会长吴登利先生指出，民间传说的“五方公主（Bà Chúa Năm Phương）”就是在奉法亭旁边的庆灵祠供奉的“武郡眷花公主”，他也认为她曾经是吴权的粮草官，为白藤江战役的胜利作出了贡献。

此外，在民间母神信仰的神歌中也流传着五方公主的故事。五方公主以前是天庭的仙女，后来降入凡尘生在武姓家庭，住在家园村禁江口（Cửa Cấm Giàng，Gia Viên），就是现在的海防。她天生健康聪慧，后来归天了就被派来管理五方天地，成为五方本境本使，所以被尊封为“五方郡公主”或者“武郡白花公主”。大家都说五方公主显灵，常去五方天地各处游览。每天她准时在三更子时化成一位美女，坐在车上游览，最后回到十三根榕树庙，付钱给车夫，等车夫缓过神来才发现拿到手的是纸钱。

她还常常惩治蛮横无理的人，让他们手脚瘫痪，整夜梦见鬼怪。另外，在法属时期，一位法国妇女被五方公主惩治生了很多虱子，全身奇痒难忍，只能去找五方公主请求、忏悔才真的好起来。为了表达对五方公主的感恩之情，这位法国妇女建起一座庄严的神祠供奉五方公主。整年都有熙熙攘攘的人来这里拜她。

奉法村村民将她作为主管后勤的大将，在奉法亭给予副祭的待遇，也就是说每次祭祀城隍吴权的时候也要去祭祀五方公主。这些日子分别是吴王的忌日（正月十六日）、吴王的生日（三月十二日）以及尝新礼（八月十五日）和腊月祭神（腊月初六）。庆灵祠很小，只是雄伟的奉法亭建筑右侧靠近边门的一间小房子，但是在古代，这个小小的神祠却非常重要。因为在封建时代，男人可以去拜女神，但是女人不能去拜男神，那时候只有男人能够进入奉法亭祭祀城隍吴权，女人就在奉法亭大门旁边的小庙（庆灵祠）礼拜女神眷花公主。妇女们很喜欢她，大家都叫她仙女（Tiên nữ）。

历史故事与民间传说有一些出入，民间传说越来越强调这位女神神秘灵验的特点。因为她的灵验，至今人们还要在她显灵的地方祭拜她。据说

图4-16　人们送给五方公主的白色鞋帽

图4-17　纸扎的人偶表现五方公主的巡游

在海防有五个神祠与她有关，现在最有名的是仙娥祠、十三根榕树庙和法国妇女建的神祠。可惜，那位法国妇女建的神祠在海防市扩建马路的时候（最少在40年前）被拆毁了，负责拆迁的人纷纷死去，这让老百姓更加坚信五方公主的神力是不可违背的。至今在其旧址的附近，每月初一、十五的时候人们常常在路边的树下点香、跪下祈祷。

十三根榕树庙坐落在奉法村的寨村，它在海防远近闻名，被称为“十三根大榕树”，古老的榕树在生长的过程中伸展出更多的根，现在已经增加到16根了，树冠向四周展开，好像一顶巨大的伞一样。榕树的一侧是一个半月形的池塘，榕树下面盖了一个3平方米左右的小庙，小庙的门关得严严实实的，外面常年支起来的帐篷下并排放着两张供桌，上面有个大香炉。这里每天香火不断，寨村的农民在附近开了出售鲜花、纸钱等祭祀用品的店。

图4-18　奉法村的十三根榕树庙

图4-19　十三根榕树庙的匾额

很久以来这里供奉的是一位树神，2006年我在奉法村作调查时，仔细研究了小庙门口的牌匾，上面写着“德土旺”，就以为这是拜土地神的地方。2007年春节的时候，我跟着当地人去十三根榕树庙拜神，同行的人告诉我，这次来了一些有名的“母神教”的灵媒，才明白这里其实是拜祭“五方公主”的神祠。

就奉法村来说，五方公主是一位非常重要的女神，奉法村的佛寺、村亭和寨村的榕树庙都供奉着她，俨然是一位当地的守护女神。在每年的腊月初六，奉法亭都要举行隆重的“腊神”仪式。因为那时要邀请城隍及其眷属，还有开发奉法村的始祖回来享用祭品。仪式的主要过程如下：

鸣鼓三次
乐师开始奏乐
上供：检查供品
　　　主祭入位
　　　随从进入，站好
　　　叩拜
上香
倒酒
斟酒（首次）
朗读祝祷文
请吴王以及文武官员
斟酒（第二次）
请吴王以及文武官员（第二次）
斟酒（第三次）
请吴王以及文武官员（第三次）
请喝茶，吃槟榔
答谢
化文（焚烧祝祷文）
仪式结束——女性祭祀者去小庙祭拜眷花公主

图 4 - 20　奉法亭祭祀队（中间为主祭）

图 4 - 21　祭拜城隍吴权

祭祀城隍以及文武百官的过程如同皇宫的酒宴，热闹喧哗，鼓乐齐鸣。仪式最后拜祭五方公主的环节对于女性来说比较重要，尽管没有鼓乐，但是庄严肃穆。

奉法亭的礼仪完毕后，主祭（穿皇后服）在前，宫女以及乐队在后，走入大殿右手边的庆灵祠，主祭领头，众宫女随侍，一同跪下，主祭跪着合掌。亭的负责人武文票点一把香递给“皇后”，“皇后”双手把香举过头顶，跪拜，祈求奉法村的所有男女老少健康平安、家庭幸福，希望圣母赐福，然后把香插入香炉。

仪式结束，各家族代表分享了祭祀用品之后，会主动去拿一两件水果回去与家人分享，他们称这些被供拜过的食物为“禄”，吃了会给人带来好运气。

图 4－22　奉法村简陋的庆灵祠

在越南北方各省，因帮助过军事将领而受封为民间信仰中的女神的现象非常普遍。例如海兴省供奉陈兴道的劫北庙近旁，有一座小庙，供奉着一个以捉蟹摸螺为生的贫苦女人。一天，她正在河里捉蟹，发现一支元朝军队要来偷袭陈兴道驻扎在劫泊的营寨。她便立即扔下虾篓，飞跑去向陈兴道及时通报，陈兴道调兵布阵击溃了敌人。此外在河西省章美县安阅乡供奉黎朝名将李篆的庙旁边，还有一座供奉妇女的小庙，供奉的是在李篆受伤时尽心照顾他的一位卖茶水的老大娘。在河西省青威县仁惠村也有一座庙供奉一个妇女，她是个贫穷的渔妇，1426 年她和女儿给黎朝军队摆渡，打败了明朝军队。

越南的众多地区都存在女神庙，这些女神庙与奉法村的庆灵祠性质相同，女神的神庙常常建在一位男性将领的祠庙旁边，这些男性将领通常在历史上确有其人，并且有着赫赫战功。这样的建筑格局彰显着这样一个现实：男性取得的伟大功绩来自妇女的及时帮助，来自妇女的出谋划策，女

图 4－23　巍峨的仙娥灵祠

神的祠庙这样的信仰空间表达出主流文化与民间文化对妇女的智慧以及妇女创造的功绩的一致推崇。

本章小结

不用避讳，越南的女神信仰大多与巫术有着密不可分的关系，以四府信仰为主的神灵体系构成了一个类似官僚与家庭相统合的看似矛盾的体系。三位圣母是各界权力的掌管者，也是生命的掌管者，所以在神灵体系中包含着“舅神”与“姑神”，这两类其实是夭折的灵魂，一般来说会因为缺少后代祭祀香火而孤苦无依成为孤魂野鬼，但是圣母对他们的掌管让人们不必担心此类灵魂的骚扰，心灵得到了平安和希望。该体系中的许多王官是历史中战死的英烈，为保卫国土和人民而牺牲，所以成为圣贤。在四府神灵体系中，王官非常人性化，带有各自的喜好与缺点，而且他们喜欢人们供奉烟酒，允诺赐予财富、官职等俗世幸福。归根结底，越南的女神信仰体现了自然巫术信仰的基本特质。

“众多女性主义者指出，要让大多数现代文化中的妇女按照她们在自己生活任何阶段的形象来接受自己是非常困难的。年纪较大的妇女们应该被建议努力保持年轻来保持丈夫对自己的兴趣。巫师们运用女神的概念在妇女生活的所有阶段给她们提供积极的自我形象。巫师们教导说，女性生活的力量——女神，是以三种形式出现的：少女、母亲和干瘪老太婆。”①

在越南最为普遍的女神形象是圣母，母神是一个更具抚育性的人物。作为一个成年妇女，她是一切生命形式的母亲，抚养孩子是母亲带有创造性的价值。

如同北美的现代巫术，越南的女神信仰不仅仅提高了女性在宗教象征体系中的形象，还改善了女性在世俗文化中的理念。因为每一个母神信仰的巫师都被教导着在祭祀活动中将自己视为女神，所以她们也正在设法把自己的宗教理想和世俗行为关联起来。

在“祖姑”崇拜中，从确认某个家族有祖姑灵魂需要祭祀开始，巫术都介入其中，通常情况是以向家人报梦的形式，或者是魂灵附体，让这个家庭感受到祖姑的灵力。与夭折的男性灵魂“猛翁”相比，越南人更加相信“祖姑”的力量。由此可见，在神灵的世界里，女人说话办事更加奏效，这是对世俗世界性别意识的反映。

总之，越南的女神体现了这个民族人类与大自然的美好联系，以及对生命流转变化过程中的美好憧憬。

---

① 奈奥米·R. 高登伯格著，李静、高翔编译：《神之变——女性主义和传统宗教》，北京：民族出版社2007年版，第97～98页。

第五章

妇女的现实生活

何以侍候我夫君
何以供神、拜佛祭祖先
何以奉养我双亲
何以养象喂马来征战
何以献礼表亲情
——越南古代歌谣①

第一节　手握仓库钥匙

我曾经与清林法师讨论过越南妇女在家庭中的地位，他的观点和理解基本反映了越南学者的普遍看法。他们认为原先越南的家庭生活属于母系制度，那个时候女人在家庭中处于主导地位，可以通过传说故事“妪姬与貉龙君”看出女人在家庭中掌管着主要的事务。时至今日，越南的家庭主导权已经移向男人，但是现在母系制度仍然在越南西部的山区保存。在那里，女人选择自己钟爱的男子结合，而男子则没有权利去挑选自己喜爱的女孩。婚后，男人要住到女方的家里。当然，家庭经济大权掌握在女人手里，男人只是去劳作。

我住在海防的时候，范德端先生常常感叹儿时跟兄弟姐妹之间的感情深厚，可是现在有时候竟然因为一些小事情有了隔膜。他从不责怪自己的兄弟，他觉得男人在家里没有办法做主，是妇女掌控着经济大权。过年前他的妻子阮氏和通常会忙到大年三十，除了祭祀祖先之外，她每天还要去送节礼——就是买很多糖果、糕点、烟酒，送到亲朋好友的家，送的时候不能说“这是送给你们吃的”，而一定要说“这是送给您的祖先享用的”，好的礼品一定会摆放在祖先的祭台上。阮氏和婆婆去送节礼的时候通常还要问候那家的老人，坐下来喝喝茶聊聊天，有时候回家晚了来不及煮饭，就会被范德端先生责骂：“忙东忙西地送礼，我觉得就是瞎忙！你刚刚送礼出去，过不了多久那个人又来送礼给你，真麻烦！”可是一到过年，如果阮氏和婆婆不在家，范德端老先生就会非常惊慌，因为送礼送给哪些

① 黎氏壬雪：《越南妇女》，河内：越南外文出版社1972年版。

人，按照亲疏远近的关系安排先后顺序以及厚薄程度都有学问。最近几年范德端先生的二弟成叔不太愿意从河内回海防过年，只是在年前送一些礼物，摆放在祖先的祭坛就匆匆走了。他送来的礼物不够丰厚，阮氏和婆婆感到不满，因为兄弟姐妹们送来的节礼都摆放在供桌上，谁都看得见的。范德端先生的二弟成叔有苦难言，他已经从国家机关退休，收入仍然很高，可是他在经济上依然是做不了主的。所以最近65岁的成叔回奉法村的次数越来越少，就连他的老父亲对他也有一些不满。因为他可谓功成名就了，在一个国家级的研究所退休，也有代表性的研究著作。他的子女学有所成，女儿在国家机关工作，儿子在南方的公司担任高管。家族希望他能对奉法村的父老乡亲有所回报，要他像已故的富豪范德安先生那样，做一些利于大众的功德。老父亲说了几次，可是成叔都没有响应。我去河内查资料的时候曾经住在他家，跟他闲聊时我问他在家里谁做主，他说："妇女的手拿着家庭仓库的钥匙，这是没办法的！"当有人说他的妻子小气的时候，他这样回答："我们越南妇女就是这样的，她们非常坦率，有什么说什么，说完就算了，我看倒是比较可爱的。"

成叔对父亲没做到言听计从，他觉得自己算不上很乖的儿子，但是他承认自己要争取当一个模范丈夫。每次去拜访他，就会发现他家客厅的墙壁上挂着他跟妻子新照的合影，他们每年都去婚纱影楼拍一次照片。他对妻子非常尊重，他的儿子对这位母亲也是如此。我实在很纳闷，觉得不可思议。后来看了成叔写的自传，读到了他在那段土地改革时期所经历的苦难：他报考飞行员不成，考大学没有资格，只能去当兵，为了赚学费，他就自己在街上卖雪糕。他说要感激自己的太太，他们俩是大学同学，一起在首都河内拼搏。年轻的大学毕业生，没有社会资历，也没有丰硕成果，接着又要生儿育女，全家四口人挤在狭小的宿舍楼里。他后来继续读书深造、出国访学，回来的时候看到孩子们各方面都有进步，自己的职称提上去了，职位高了，待遇也好了，儿子上大学了，女儿进了好的单位，全家搬进了新房子，所有这一切的进展都要归功于他家的"仓库管理员"——拿钥匙的妇人！成叔的女儿已经有两个孩子，她每天中午还是会去看她的母亲，跟她讨论孩子的教育问题。成叔的儿子在胡志明市工作，但是他每天都要跟母亲在网上聊天，谈谈最近的趣闻和自己的近况。这位"仓库管理员"还没有放弃权利，或者说家人仍然信赖她的能力。

在艰难的岁月，真的需要这样坚强泼辣的妇女，把基本的衣食温饱问题都妥善解决，同时还引导、教育子女走上光明的道路。丈夫不在身边出谋划策，经济上也帮不上忙，她需要多大的精神力量才能熬过那样的岁月啊。

与她同辈的越南妇女也同样经历了抗美战争的苦难以及战后的贫困，她们都为家庭经济贡献了巨大的力量。这些经历也强化了她们未雨绸缪、勤俭持家的美德。我访问过的60多岁、70多岁的妇女，她们都在孩子小的时候为了贴补家用而做两份工作：一份是正式的工作（Làm công），还有一份是额外的工作（Làm thêm）。忙碌于工作的同时，她们并没有减少对家庭的照顾。

阮氏和婆婆（71岁）中年的时候在院子里养猪，家里的余粮只够养一头猪，半年后她卖了这头再接着养第二头。那时候养猪很辛苦，要去外面找来青草拌着米糠煮熟了喂给猪吃，大一点的孩子会帮忙洗菜切菜和烧火。她的小姑子范氏好婆婆去外地学做烟花爆竹，接着就买材料自己学着做。可是集体宿舍不给做这个，怕危险。她就带了材料回娘家做，做好了有人上门来拿货。还有一些妇女去给建房子的瓦工做帮手。俗话说："不管家不知道柴米油盐贵"，如今的越南妇女依然计算着家里衣食住行的花销，还要为子女的教育预留经费，因而仍有很多妇女在做兼职。

2006年11月，我在河内见到一位从美国留学归来的女性人类学研究者。她不想留在越南教学，一个原因是她不太认同越南目前的教学方法，另一个原因是越南的教师收入低，必须另外再做一份工作才够花销。她去新加坡任职，这样她有足够的时间和经费去作调查。可是普通的越南妇女大部分都在婚后为家庭的生计操心，她们没有因此发脾气向丈夫施加压力，而是以身作则去发展家庭经济。

阮氏和婆婆现在每年冬天还在做葛粉，这个行业她做了几十年了，她做的葛粉因用料讲究、颜色纯净、口感细腻而供不应求。在夏季心情烦躁、身体不适的时候，用透明的玻璃杯冲泡几勺葛粉，小汤匙搅拌出晶莹剔透的胶状物，真能让心情平和下来。她说葛粉具有养阴滋润的功效，还可以清热解毒。每个越南人家里都必备一些葛粉，时不时冲泡着喝。我参观她做葛粉的过程，在一旁帮一些小忙。

我查过资料，中国宋代医书《本草衍义》[①]中记载："澧、鼎[②]之间，冬月取生葛，以水中揉出粉，澄成垛，先煎汤使沸，后擘成块下汤中，良久，色如胶，其体甚韧，以蜜汤中拌食之。擦少生姜尤佳。大治中热酒渴病，多食行小便，亦能使人利。病酒及渴者，得之甚良。"明代医书《医学入门》[③]的《内集·卷二·本草分类》将生葛归于"治热类"的药食，书中写道："葛粉甘寒，主压丹石，解鸩毒，水调三合，去烦热，利大小便，止渴。取粉以冬月采生葛，于水中揉出粉，澄成片，擘块，下沸汤中，以蜜生拌食。"

可见葛粉对治疗热症确实有一定的疗效。夏季越南的天气酷热难当，人们需要解热的饮品，所以葛粉大受欢迎。此外，在中医用来治疗伤风感冒的一味草药——鱼腥草也常常出现在越南家庭的餐桌上。中餐和晚餐的时候，妇女会准备好几种香菜，其中有鱼腥草和薄荷叶，洗干净后搭配着其他饭菜一起吃。这些香菜大多有清热解毒的药用价值。正所谓药食同源，这跟同样瘴气深重的广东地区人们喜欢用药草做汤料有着异曲同工之妙。

图5-1　选购粉葛

① 《本草衍义》二十卷，宋代寇宗奭撰。此书又名《本草广义》，成书于政和六年（1116年），宣和元年（1119年）刊行。全书载药470种，采用笔记形式，所论甚广，对药物产地、形态、采收、鉴定、炮制、制剂、性味、功效、主治、禁忌均有涉及，其中药物鉴别及药理探讨尤其引人注目，对后世药学发展影响深远。明代李时珍对这本书评价很高。

② 澧、鼎是指现在中国湖南省的常德地区。

③ 明代医学家李梴编撰：《医学入门》，刊于明万历三年（1575年）。

图 5－2　将粉葛放入打磨机打碎

图 5－3　第一次洗，用手清除葛渣

图5-4　第二次洗，用袋子过滤葛渣

图5-5　从水里取出葛粉

图5-6　晾晒葛粉

春节前在越南北部有一段比较寒冷干燥的日子，那时候粉葛已经丰收了，如果条件许可，阮氏和婆婆就要准备做葛粉了。这个季节市场有粉葛卖，自己可以到市场选货或者请贩卖粉葛的人送过来。因为她基本上年年都做，到了这个时候，卖粉葛的人会主动打电话来问她今年做不做葛粉。这时候她要盘算一下，看看天气好不好，想想家里的事情忙不忙，因为做这一行天气很重要，同时要费很多时间和体力，一做起来就有一两个星期不能忙别的事。如果不凑巧，她会回答："今年家里忙得很，不做了。"或者说："最近忙，过几天再说。"

粉葛是从海防附近的郊县贩卖来的，做粉葛生意的人会拿几条上门来让她看货，她说选葛很关键，买货买得好的话，省心省力，而且出的粉多。我问她选货的标准，她说这个很难说，做多了就能看出来，要挑含粉量多的，而且容易洗的。有的粉葛看起来很好，粉也多，可是打碎以后粉和粉渣黏糊在一起，很难分开，这样洗粉就很费时间。最倒霉的是买到了不好的葛，打碎了洗出来的粉少得可怜，大部分都是扔掉的渣。

将葛砍掉头和尾，用刀子刮一刮，清洗一下。然后把葛放进搅碎机里把它弄成碎片，因为葛里面含有很多纤维素，所以弄好后成丝状。开始的时候阮氏和婆婆租用搅碎机，后来差不多因为年年做葛粉，就索性自己买了一台机子。她说自己年岁大了，如果全部用手工的话，身体早吃不消了。

然后把打碎的葛放到一盆清水里，双手握着一部分葛上下左右轻轻摆动，就像洗衣服一般不停地搓，目的是把里面的粉洗出来，然后把葛渣扔到一边，葛渣也就是葛的纤维。这时候水盆里剩下的是带粉的水，现在要进行第二步洗。用一个水舀子不断地把葛粉水倒进细密的过滤袋里，过滤在袋子里的就是微小的葛渣，流到盆子里的就是更纯净的葛粉了。

接着把这个盛放着水和葛粉混合物的大盆子放着沉淀一个下午，让粉沉下去，尘土和水浮上来。把水倒掉，再换上清水，静静地摆放一夜，大概七八个小时后盆子里又会分层。同样的工序，换水、沉淀，至少三次，这样做出来的粉才够纯粹。如果葛不好的话，很难洗出来，就会花费更多的工夫。

最后一次除去上层的水，下层的就是葛粉了，用手把逐渐凝成块儿的葛粉取出来，同时小心地把下面的沙石拣出来。取出来的葛粉轻轻放在竹匾里，把竹匾挂起来晒太阳。冬天的天气干燥，太阳好的话两天就能晒干了。葛粉快干透的时候在竹匾里撒上新鲜的柚子花的花瓣，用轻纱罩起来，为的是把香气沉下去，让葛粉能够更充分地吸收香味。最后再拿出来在阳光下晾晒，这时候会看到竹匾里头有葛粉，也有花瓣，做得好的话，葛粉呈雪白的硬块状。最后包装的时候要把花瓣取出来，现在很多人希望到专门做葛粉的人家订购，他们觉得家里做的比工厂做的干净，而且用的是自然的花香，不是化学的香味剂。

阿和婆婆（阮氏和）说，做葛粉最怕下雨天了，如果天气潮湿，葛粉没能及时晒干，就会变酸。这时候还不能立刻用炭火烘烤，因为热烘烘的炭火会把葛粉煮熟，那样就会起黏，取下来的时候很难看。正确的方法是先用灯光照，用风扇吹，差不多快干的时候才用炭火烘烤。一般春节过后常常有绵绵细雨，有时候雨水提前来了，她也有应对的办法。做出真正好的葛粉要具备三个条件：粉葛好，天气好，时间充足。

2010 年春节的时候，她已经卖完了所有在节前新做的葛粉，她自豪地说都是老客户早早就订下了，她只留了一些给家里人用。那些旅居国外的人常常托朋友来买葛粉，然后通过邮局寄过去。阿和婆婆满怀喜悦地告诉我，她做的葛粉已经卖到德国和澳大利亚了。

就在春节过后没多久，她又开始忙碌了，粉碎机呜呜地响起来，院子里又有人送来了几麻袋粉葛。她说今年春天本来不想接着再做，觉得太累了。问她为什么又买了粉葛，她说这是帮邻居的忙，住在附近的阿霞姐喜欢喝葛粉茶，看到葛粉的价格不菲，而粉葛的价格却很便宜，她就自作主张买了粉葛要自己在家里做一次。刚做了一部分，阿霞姐就受不了了，觉得真的是很累，就把一些粉葛拿给阿和婆婆，请她帮忙把这些多剩下来的货拿去做葛粉。好心的阿和婆婆接下了这个任务，开始很担心天气不好，没想到今年春天阳光普照的日子很多，她的这批葛粉做得也很好。她要用卖葛粉所得的钱贴补家用，更希望手头有更多的余钱可以在拜神拜佛的时候做功德。

晒干的葛粉必须密封后放在干燥的地方保存，食用时再打开。说起葛粉的吃法，海防人喜欢直接用冷开水冲几汤匙葛粉，加上糖、冰块儿和金橘汁或者柠檬汁搅拌一下，据说这样的饮品有清热解毒的功效，特别是喝醉酒的人需要喝葛粉水解酒。另外，普通一点儿的葛粉价格不太贵，可以在做菜的时候当生粉来用，也可以用来煮糖水。

为家庭经济出谋划策、在家里开辟生产经营事业的妇女在越南北方真的是生生不息，刚才说的这位阿霞姐也不例外。她是海防大学教“社会心理”课程的教师，她最近也想做一点儿别的事，所以就想到了做葛粉，刚好邻居阿和婆婆就是这方面的专家，这样跟着她多做几次就做熟了。当初阿和婆婆年轻的时候也是这样去别的妇女家里学的，做的年数多了，自然就有了经验。

阮氏和婆婆的小姑子范氏好（阿好婆婆）在家里也是一个说话算数的女人，她的先生姓武，武先生以前在越南南方当兵，后来回海防工作，经朋友介绍认识了阿好婆婆，不久他们结婚了。他是一个非常有艺术细胞的人，喜欢喝茶、下象棋、写诗。他曾经参加过海防市作家协会，可是阿好婆婆不让他去，阻止了几次他就不去了，安安心心在家里喝茶、看阿好婆婆在园子里种花。有一天他回家的时候很兴奋，他写的一首诗被电视台录用并且已经谱成了歌曲，还得到一百万越南盾的奖金，他非常兴奋地把录制好的光碟带回家，音响的声音开得很大。阿好婆婆大声呵斥他：“听了多少遍了？够了！”之后他就再也没有播放过那首歌。

有一次宗族里恰逢有人祭祖，请阿好婆婆夫妇去吃饭。武先生喝了酒以后话特别多，灵感闪现，一首诗脱口而出：“感谢我的爱人，她带给我两位天使，一个是医生，一个是工程师。”阿好婆婆的二嫂子听了很不高兴，责怪自己的丈夫没有为她作诗，二哥就回答道：“我家没有天使，没有就是没有嘛！”嫂子听了觉得丈夫不满意孩子们现在的工作，一气之下就跑回家了。

这个浪漫的诗人，依然坐在院子里，喝茶静坐，跟邻居闲聊。他还想加入作家协会进行创作，但是他的妻子不支持，他就放弃了。有一天我问他：“你懂不懂越南的传统歌谣？”他笑笑说：“你去问我的妻子吧，她会唱而且唱得好，我只会数钱！”阿好婆婆听了开心地笑了，立刻给我唱起了一首北方民歌。

第二节　市场中的精英

我有几次从广西东兴过海关进入芒街，然后从芒街坐大巴去海防。在等大巴的时候，我就在车站附近的市场逛逛，发现街上挑担子卖水果的都是头戴斗笠的妇女，而坐在街角手里拿着大把钞票做换钱生意的也是妇女。说实话，我当时很佩服那些换钱的妇女，她们手脚麻利，脑子转得快，多大的数目也不惊慌。接着再阅读一些法国学者写的关于越南的民族志，他们都不约而同地讲述安南（越南的旧称）妇女是精明强干的生意人。

到达海防之后，范德端先生的小女儿阿厚带我去买一些当季的衣服，我们到了位于潘佩珠路（以前的中国街）的大市场，那里的摊主也都是清一色的女人。因为买卖双方都是女人，所以讲价很有意思，一个说我的衣服是刚刚上市的新款，一个说我还觉得你这是进口货呢，但是你太贵了还是没人买的。说说笑笑讲几个回合，通常买卖也就能谈成了。我最大的感叹就是这里的妇女，哪怕只是在做小小生意的也是带着热情，有说有笑地把东西包好，把钱收好。她们跟周围的摊主互相打招呼，顾客不多的时候就去路边买些小吃来分享。总之，看起来比较轻松自在，比起在大都市兢兢业业的白领实在是自由多了。在奉法村去菜场买菜看到的情景也是如此，来来往往买菜的与坐着卖菜的，都是妇女。

为什么菜场里没有男人呢？遇到奉法村妇女会的前主任阿清婆婆，我专门问及此事。她是一个非常爽朗的人，说话嗓门很大，笑起来房子都在颤抖。我第一次去她家的时候，她要求我出具介绍信，我没有介绍信，她就要我说出几个当地人的名字。等到确信我真的是个可靠的人时，她才招呼我坐下，给我一杯茶。她看起来有一点儿不修边幅，头上扎了条蓝色头巾，显得不伦不类。她的院子里养着鸡，她时不时去看一下。当她给我看妇女节活动的照片时我不敢相信，穿着传统旗袍在舞台上唱歌的看起来有些端庄的女士竟然是她！她说话的语速很快，但是很有条理，同时不忘把与妇女相关的政策也讲给我听。

问：我去市场买菜的时候，看到的都是女人，男人很少去市场，是不是？

答：男人也做生意，不过是大生意，男人要在大公司做大事。现在国家规定党员也可以做买卖，很多男人也经营得很好。但是我们要记住，男人一般是做大事的，所以很少男人做家务，他们要忙外面的事情，退休了也会在家里帮帮忙，但是只做简单的事。他们有空就去老人俱乐部、体育俱乐部，有时候打打羽毛球或者网球，有的男人则喜欢在一起吟诗。

问：女人喜欢做生意的比较多是吧？

答：对呀，是这样的。而且现在政府贷款给妇女做生意，关心她们的家庭经济，鼓励她们养鸡养猪，增加家庭的收入。这笔钱也可以用来买实用的家具或者为了工作方便购买摩托车。政府借的贷款利息很低，比向银行贷款好多了。以前想养猪的话，没有本钱向别人借钱也很难，想做别的买卖也需要本钱的，现在政府支持妇女发展经济。①

阿清婆婆的话让我觉得当地的男人做的一般是比较正式的工作，在政府部门当公务员，或者在大公司当职员，退休的男性去俱乐部打网球或者吟诗作对。这样的分工使当地男性有类似于中国古代文人士大夫的精神追求，多从事比较优雅的、高尚的工作。而妇女从事的却是比较具体的、接近生活的、现实的工作，自然承担起家庭所需的筹备和购买工作。从市场入手，我们可以看到妇女活跃在生活的诸多领域，看到妇女与现实的生活融为一体。

吃饭是非常重要的事情，尽管现在妇女也出去工作，但是大家还是喜欢回家吃饭，在外面的小饭馆吃饭是不得已的事情。一般的街边小饭馆的饭菜很简单，没有精心制作以吸引顾客的意思，大概是因为在越南北部的一般地方（首都和旅游城市除外）本来就很少人愿意在外面吃饭的缘故。全家人的饭菜都靠家里的妇女来张罗，对我们来说，这个听起来很恐怖。真正纯粹的家庭妇女在越南很少看到，她们都有自己的一份工作，同时还要把家里的事情料理好，这实在令人佩服。

以前一日三餐都是家里做的，现在略微轻松一些，几乎每个社区（农村、城市都是如此）都有卖早点的小店，这些小店就是本地人在自己家里开的，在自家厨房里做好，放了几张长凳子把食物搬到门口卖给顾客。每个早餐店都是小小的，一般只做一种早点。有的卖糯米饭，有的卖汤米粉，有的卖卷筒粉，还有的卖面包。越南面包受法国面包工艺的影响，外硬内软又有韧劲儿，味道清淡而有微微的咸味儿，一块面包从中间切开，夹上鸡蛋或者肉片，都是美味的早点，很受老百姓欢迎。

有的妇女起床后就去给家人买早点，她会问一问丈夫和孩子今天想吃什么，然后提着带把手的圆形大饭盒出去。如果时间宽裕的话，她可以坐

① 根据2009年7月21日在阿清婆婆家中的访谈录音资料整理而成。

下来吃一碗牛肉米粉，然后再买一份米粉放在饭盒里带回去。这个饭盒是分层的，因为做好的汤米粉不能放很长时间，那样米粉会因为吸了汤水而膨胀得非常难看。装米粉的时候汤和米粉要分开装，汤放在饭盒的下面一层，不带汤水的熟米粉放在上面一层，带回家以后，等家里人准备吃早餐的时候，把汤（一般是牛肉汤）倒在锅里热一下，把热好的汤倒在米粉上面，再放进一些生菜、香菜和辣椒，就是香喷喷的一碗米粉了。成人的早餐通常是一碗米粉加一块面包，每天可以换不同的种类。我看到妇女特别疼爱孩子，那些已经工作了的二十多岁的年轻人也常常在家里等母亲买回来的早餐。

安排丈夫和孩子吃了早餐，孩子上学或者去幼儿园后，她也要赶着去工作了。上班时间比较灵活的妇女一大早就会去市场把菜买好，放在家里再出去。退了休的老人家可以在 9 点多钟的时候才骑自行车去菜场。菜场里是清一色的女人，坐着卖菜的是妇女，走进来买菜的也是妇女，卖鱼的摊子可以帮顾客把鱼处理好，卖猪肉的也可以根据需要切成块肉或者打成肉酱。女人做事很麻利，大概是每天来买菜的缘故，基本上知道谁家的什么菜新鲜好吃，谁家的鱼虾不错，也不见她们怎么讨价还价，大多是问了价格以后就选货，称了斤两之后就付钱，大家和和气气的，算账也算得很清楚。

越南有一句俗语说“三个女人坐下来就是一个市场”。河内 60 多岁的一位教授解释说，这是因为越南女人非常能干，在市场做买卖的都是这些能说会算的妇女，如果东家有鸡鸭，西家有蔬菜，再有谁家有米的话，三个妇女坐在一起就能进行交易了。当时我听得心服口服，可是当我在海防把这句话拿出来询问的时候却引来了阵阵笑声，他们告诉我这个俗语本来是用来讽刺妇女的，这句话的另一个说法就是“三个妇女抵得上一群鸭子”，意思是女人非常吵闹，三个女人碰到一起就像市场一样热闹了！真没想到，这句话会有这样两种不同的解释，据说第二个解释是大众的看法，非常形象地说明了大家对女性的看法，觉得女人是吵吵闹闹的，而不是斯斯文文的样子。我所看到的越南妇女大部分都是勤劳朴实、踏实肯干、勇于付出的劳动妇女的形象，至于说受过高等教育，从事研究领域或者在政府机关工作的女性也不外乎如此，她们一回到家里马上就会转换角色，立刻干起家务活。所以说，厨房里不能没有妇女的位置，而且妇女占据主导地位，这可以从越南灶神中有两位男神、一位女神，并且以女神为中心的情形中看出端倪。

继续说午餐和晚餐的情况，中午和晚上一定要在家里吃饭，每顿饭最少有三个菜：一个汤，鱼汤或者肉汤；一个青菜，有时候是炒青菜，有时候是白煮青菜蘸鱼露吃；一个荤菜，不是鱼肉，就是鸡肉、鹅肉，鸭肉比较少吃。有的人工作单位离家比较远，工作忙的时候中午就在外面吃，但是晚上一定要回家吃热的饭菜，所以晚上的饭菜会丰盛一些。大部分有条件的家庭，或者是注重子女教育的家庭，仍然坚持保留在家里吃饭的习惯，他们觉得这是一个非常好的家庭沟通交流的机会，在家里吃饭其乐融融。如果自己没时间做饭，就会跟父母商量一下，跟着他们一起吃，这样的话每个月要缴纳伙食费。越南的妇女不管年纪大小，不管手巧不巧，都能做饭弄菜，这是家庭的基本需要。只是有的人手脚麻利，有的人慢手慢脚，但是女人成家了之后经过几年的磨炼都能成为合格的母亲。

说到吃饭，真的是一种教育，女孩子从小就会帮助妈妈煮饭了，做菜的时候也会在一旁帮一些小忙。到了十五六岁的时候，有的父母就会放手让女儿操持家务，家里办大事的时候，主要是祖先的忌日，就让女儿锻炼一下厨艺，做上几桌饭菜。另外，在饭桌上，母亲也要教育子女如何遵守礼节。首先是要等大人都坐下来了之后才能开始吃饭，不能随便动筷子；其次，负责为大家服务的人要主动坐在饭锅的位置，那样方便为家人盛饭，一般那是母亲或者女儿的位置，但是饭锅千万不能放在客人的旁边；再次，特别要注意的是，要在饭桌上学会邀请父母尊长用餐，每次饭菜上了桌，一家人也在合适的位置坐定了之后，孩子要开口说："请爷爷奶奶爸爸妈妈叔叔阿姨和全家吃饭!"这样，才是真正动筷子的时候。我在海防、河内和永福省都看到过这样的情形，如果说得简单些，就会说："小的请全家一起吃饭。"如果家里来了客人的话，孩子会根据辈分从上到下地说一遍刚才的邀请辞。我问一些母亲，为什么吃饭的时候要有这样的礼节。得到的回答是，一家人在一起吃饭就是要让孩子学习为家人服务，学会尊重长辈，还要学会感恩。

刚开始吃饭的时候气氛似乎有些严肃，父亲在饭桌上也是不苟言笑的。我见过一些男性，平时跟朋友在一起的时候是性格随和、爱讲笑话的，可是回到家里坐在饭桌上的时候，却一下子庄重起来，很有家长的风范。父亲很少主动说什么，一般是孩子们有问才有答。父亲吃饭比较快，最重要的原因是他的话不多，专注于吃饭。在准备饭菜的时候，水果盘已经摆在一旁了，吃完了饭菜，父亲开始吃几片水果，这时候他才会轻轻松松地讲一些意味深长的话，随着饭菜慢慢进入肠胃，话匣子也就慢慢开启。总体而言，父亲说的话比较少，他们比较喜欢跟同事或者朋友在一起边喝酒边痛痛快快地聊天，在孩子面前说话比较有顾忌。

父亲吃完了饭，吃一些水果，简单聊一聊就会先离开饭桌，去客厅看电视了。这时候饭桌的气氛一下子活跃起来，母亲和孩子们一下子放开了手脚，口舌也一下子灵活起来，饭菜吃完了，桌上的碗碟放在原地，大家一边吃水果一边聊，有时候是讲述一些身边人的趣事，讽刺一些性格古怪的人，或者他们觉得愤愤不平的事情。比如说某年夏天某地大雨不断，出现了洪涝灾害，路上积水很深。他们家有个亲戚的女婿是个非常奇怪的人，他学业很出色，人也长得帅气，就是从小被父母宠坏了，不懂得关心妻子和小孩。他看到外面那么深的积水，就打电话给他的妻子说外面的路不好走，骑摩托车不方便，你和孩子自己吃饭，我就住在单位了。这个人真的在单位住了几天，等天晴了路好走了才回家。这件事情令他的妻子非常郁闷，她想怎么会遇到这样一个男人，如果碰到什么困难或者危险的话，照他的个性肯定会抢先逃走，让妻儿在后面追他。这件事成为大家的笑谈，我每次见到这个男人的时候都忍不住想偷偷地笑出来。

我曾经觉得买菜做饭是一件费时费神的麻烦事儿，妇女去做这些家务是被迫无奈的，但后来发现她们从中找到了那么多的意义。一方面，在吃饭的时候帮助建立家庭秩序，让孩子学会尊重长辈，懂得待人处事；另一方面，用餐中的聊天环节也是释放心灵中烦恼苦闷的大好时机。借别人的故事表达自己的是非观点，这样做也有娱乐大家的作用，这点儿让我觉得很佩服，她们怎么能知道那么多生动有趣的细节呢？可见八卦真的是妇女的一项生活需求，在至亲的家人面前也可以把自己在单位、在婚姻中遇到的怪人怪事（其实是自己不满意、不快乐的事情，所以觉得那些是怪怪的）说出来，借此发泄一下情绪。就拿刚才讲的那位胆小怕事的女婿来说，我常常见到他每次回海防的时候，他的岳父岳母一定会好饭好酒地招待他，他的妻子也没有表达过什么不满，当然，他也不知道自己的故事已经在这个家族里传播开来了。我所见到的海防妇女都比较开朗，不开心的事情说出来，事后想想真的好笑，她们知道这个世界并不完美，她们对于男性没有非常浪漫的憧憬。很少有女性期待一个含情脉脉、英俊潇洒的白马王子，在她们的眼睛里看到的是普普通通的男人，是有很多缺陷、不太会表达感情、爱发脾气的男性形象，是对很多事情不懂或者不清楚、需要她们去照顾的男性形象。因为对于男性没有过高的期望，所以婚姻中出现的种种问题都是可以拿出来说说，然后又继续把日子过下去的。

从“食”突然说到了“性”，似乎有些走题，但是在吃的方面真的可以看到性别的差异。在越南，女性是食物的供给者，这似乎已经成为颠覆不了的真理了。尽管现在强调男女平等、女士优先，但越南妇女仍然是建设家庭的功臣，她们在厨房和饭厅创造营养健康的食品与愉悦心灵的交流。所以能够为家人做饭是一件美妙的事，妇女到了一定年龄终究会明白这个道理。

阿叶小时候被堂姐妹们嘲笑笨手笨脚的做不了什么事情，她读书很用功，天分也很高，大学毕业后在河内找到了工作。她和丈夫都是海防人，以前她每天回家不用做饭，都是她的母亲做饭。她的丈夫以前也是回家吃自己母亲做的饭。现在小两口儿在河内租了房子，大家很难想象她怎么解决吃饭的问题。生了孩子之后，她把母亲接到河内帮她照顾小女儿，这下子可苦了她的父亲，因为自从外婆去世以后，外公一直是跟他父母一起吃饭的。阿叶的母亲去河内照顾外孙女之后，阿叶的父亲必须照顾自己的老岳父，也就是说，他必须每天去买菜做饭，这对一个男人来说是非常难为情的事情。但是他又是一个非常疼爱女儿的人，想到自己的爱人能够在女儿身边帮忙照顾，他也放心一些，所以就勉强背负起照顾家庭的责任。阿叶回海防过春节的时候自豪地告诉大家，她现在每天做饭，她的丈夫非常喜欢吃她做的饭菜，这让大家都感到非常惊讶。但仔细一想，这也是常情，在河内他们不能靠双方父母，叶子的母亲在那里帮忙照顾小孩，叶子只能自己料理家务，结婚了就得什么都会做，家里的事情才能解决。

与吃饭相关的就是家庭的重要活动、请客吃饭的事情。经过调查发现，在奉法村，大部分人生日的时候都没有庆祝活动，可是忌日却成为家庭盛宴的日子，这个让我觉得非常惊讶。生日的时候没有准备特别的菜，大家没有过生日的习惯，也从来不请客办宴席的。小孩子和年轻人会在生日的那天出去玩一玩，吃生日蛋糕。因为很少庆贺生日，所以我问过一些成年人，他们的父母和兄弟姐妹的生日是哪天，他们都说不知道，因为家里没有给谁庆祝过生日，而自己过生日的时候也很少去准备什么特别的活动。

2006 年 11 月的某天，我跟随 24 岁的阿心去海防市青年宫唱卡拉 OK，那晚有十多个年轻人一起去玩，都是她的同事，而那天是阿心的生日。男孩子喝啤酒女孩子喝果汁，大家唱歌聊天儿，吃一些水果和小吃，其中最重要的节目就是吹蜡烛、唱生日歌、吃生日蛋糕。阿心说，那一晚花了很多钱，她觉得很值得，因为大家玩得很开心，要是在家里庆祝生日的话，会遭到家人非议的。在他们看来，生日只是普通的日子，不是特别重要，不需要铺陈浪费。但是祖先的忌日一定要请客，而且是非请不可。后来阿心请朋友到家里吃饭做客的心愿实现了，但是非常不幸的是，那是她父亲去世一百天的日子。

按照风俗，家人去世 49 天或者一百天的时候要摆宴席，表示亡灵真正归天了。而且以后每年的忌日，都要祭祀亡灵，这个时候可以请亲朋好友来吃饭。这就能解释为什么许多越南人知道祖父祖母的忌日却不知道父母的生日了，问他们为什么能够记得祖先的忌日，他们说是因为忌日那天母亲会准备丰盛的饭菜祭祀祖先，而且那天会请客人来家里一起吃饭，当然大家都很喜欢了。

在这里我称妇女为“市场中的精英”，真正的意思是说我在奉法村看到的妇女既从事生产经营也忙于家庭管理，她们精通于家庭事务以及与之相关的购买活动。商业活动在当地妇女看来，是一种如同买菜做饭一样稀松平常的事情，是服务家庭的一种方式而已。

第三节　工作与家庭的距离

2009 年夏天，我访问了奉法村的一位女教师阿信，她于 1963 年出生，在初中教数学。她的丈夫是海员，常年在外。她有一儿一女，初中的教学任务繁忙，她仍然要安排好家庭的生活。她觉得最幸运的是单位离自己的家非常近。

她告诉我她家一直住在奉法村，她父亲退伍后在河内建了一所军队医院，退休后回到海防，海防是他的老家。父亲的家族中大部分人都住在奉法村。

她在海防的建安县读师范大专，学了三年，毕业后就当了老师，到现在做这行已有 25 年了。她经历了越南教育的发展进程，以前教师的生活很艰难，很多老师改行了，她还是坚持了下来。她之所以当老师，不是因为喜欢教书，而是认为当老师既可以教育别人的孩子，也有条件帮助自己的孩子。她的孩子上初中的时候，也在自己的学校。很多父母只顾忙自己的工作，希望请老师帮他们的小孩补课，她这个工作不用值班，不用上夜班，也不用总是换班。她认为当医生需要值夜班，女人做这样的工作对家庭不好。相比而言，女人当老师对子女的成长更有帮助。

也有一些妇女做自由职业，比如说做生意。阿信老师觉得做自由职业可以自己安排时间，自由是自由，可是工作不稳定。她当老师工作算是稳定，每个月有工资。她从 21 岁开始在初中当老师，教数学。每个班大约四五十名学生，每天要批改作业。以前觉得女人做老师真的很好，比较轻松，而且很高尚。但是现在女人做老师实在很难，非常累，因为事情多而且压力大。

她告诉我越南的传统是尊师重道，以前在人们心中第一是老师，第二是父亲，过年的时候也是先拜老师再拜父亲的。而现在的观念是，因为孩子跟你学，所以家长才跟你交流。当然也有真正尊重老师的，但为数不多。家长喜欢把孩子送到老师家里辅导，他们特别相信女老师的看护和照顾能力。

阿信老师觉得如果没有课外辅导，单凭学校的工资老师是不够生活的。如果只有工资的话，连普通的生活也不够用，教主课的老师有机会给学生补课，在学校教，在家里也教，这样生活才稳定一点。目前她每个月的额外收入已经达到三百万越南盾（约合 1 000 元人民币）。不是每个老师都有机会办辅导班的，考高中的时候数学和语文最重要，所以主要是补这两门课，也有补英文的。老师感到在中学教书的收入不太高，而压力却不小，所以现在许多老师都想早一点儿退休。

她抱怨现在的初中生比以前调皮，学生喜欢玩电脑、谈恋爱。每个初中大约有 20 个班级，只有 4 个班级是好学生，这些是挑选出来的爱学习的优秀生，大部分学生都顽皮不想学。

按照规定，女教师应该是 55 岁退休。如果提前退休的话，最早 50 岁可以办理退休，她也想早退。可是农村的老师一定要坚持到法定退休年龄，他们的生活很苦，也没有补课的机会。阿信老师感叹道："大体来说女老师非常辛苦，而且收入不高。男老师会好很多，因为他们不用做家务！"女老师工作很辛苦，回家还要做很多家务。郊区农村的女老师更苦，城里人收入会高一点儿，家长愿意付钱给孩子课外辅导，农村人只能够基本维持生计，没有余钱给孩子补课。

她每周的工作是这样安排的：每周星期一到星期六工作，星期天休息。有时候只排上午的课，有时候只排下午的课，有时候上午、下午都有课。如果分开排课，早上、下午都得出去，可是如果课排在一起也是很辛苦的。45 分钟一节课，课间休息 5 分钟后便接着上下一节课，连着上四节课，讲 200 分钟的话实在非常累。另外，回到家还有很多家务等着她。

说起教育部门推行的教学改革，她觉得这是在加重老师的负担，教师要用电脑制作课件，花很长时间才能准备一节课。现在年轻人很少想读师范专业了，大家都想学经济和商务。她当初报考师范专业也不是自愿的，而是被迫学的。她的父母年纪大了，学别的专业要很长时间，读师范的话毕业了就能工作，这样可以照顾父母。宗族里已经有两个堂兄当老师了，他们允诺在她毕业的时候可以帮忙找工作。总之，这个工作比较适合当时的家庭情况。

阿信老师把照顾父母的责任看得很重，父母晚年的时候都是她在身边伺候。她只有一个同父异母的哥哥。他父亲的第一位妻子生了两个儿子，一个是烈士，一个住在南方。父亲在第一位妻子去世后又娶了她母亲，父亲快 40 岁时才有了她。

为了兼顾工作和家庭，她每天都要好好安排时间，如果学校安排在上午有课，她就把辅导课安排在下午。她都是给自己班上的学生补课，家长觉得补课是必需的，你不想补也得补。她保证自己不管做什么都很用心，现在帮别人补课拿了别人的钱就一定要做得好。教得好的话有两个好处：一是学生能够得到帮助，二是自己能够提高教学能力。有了好的信誉，每年都有学生到家来补课。

我们看看阿信老师如何在忙碌的工作中安排好家务。她的学校是藤江坊安陀初中。学校离家近，有时间做家务，不用花时间在路上跑来跑去。她每天早上 7 点开始上课，在去学校的路上买早点，有时候就是买一个糯米饭团，到了学校抽空吃完，早上她一般不做早餐。她在学校上课，孩子各自去上班、上学，大家在路上的早点铺子吃早饭。

但家人每天中午回家吃饭，她工作回来就做饭。在学生上课间操的 10 分钟时间里，她赶忙跑进旁边的市场买菜，很简单，就买一点虾和肉，这样做起来快一点。中午她和老公、两个孩子一起在家吃午饭。有时候老公出远门，就剩下她和两个孩子在家。阿信老师的丈夫是海洋航运公司的海员，常常要出国，一般每次去半年，然后回来休息一段时间，但是休息的时候没有收入。

她的女儿已经工作了，在海防文化局任职。儿子刚考完大学，报考的是海防市的航海大学，正在等结果。她坚决不让儿子考河内的大学，她不敢让他去河内，怕他跑远了就管不了他，他就变坏了。况且她担心儿子离家远了生活也辛苦，在家有妈妈照顾，去远了什么都得靠自己。

她于1996年加入越南共产党，要经常学习、开会，还要参加党员生活，每个月开一次党员会议。因此，她每天早上教书，中午做饭，下午辅导，有时候下午还要去学校教书或者开会，时间安排得很满。晚上还要备课，批改作业。老师的工作太忙，没有时间出去玩。祖先的忌日她更是忙得要命！女儿要工作，能帮一点儿忙，但是帮不了很多。阿信老师要请客、买菜，还有做饭，做不完的事情！有一些事情她就要请宗族的人来帮忙。

每逢祭祀父母，她都得请宗族的人来吃饭。以前她请很多人，远一点儿的亲戚也请，现在减少了人数，只邀请血缘关系最近的亲人，以前是8桌①到10桌，现在通常4桌到5桌。每次祭祀请客最少要准备5个菜，还有一碗汤。最主要的菜是鸡、虾、牛肉、炒菜、蔬菜沙拉，人手多的话时间就充裕些，饭菜当然就更丰富一些。

我问她现代人生活如此忙碌，为何还要坚持拜祭祖先。她的回答是："祭祀祖先是久远的风俗了，对于我们的心灵来说有重要的意义，教育我们每个人只要活着就要想到生我们养我们的祖先，我们的生命从他们那里来，所以我们一定要记住他们。这是饮水思源！"

30岁左右的阿宣是个比较传统的女孩子，她至今单身，跟父母住在一起。她父亲72岁，母亲70岁，她有五个哥哥和一个姐姐。她的美发店就开在家里，来的都是街坊邻居这些老顾客。平时就她自己在做，到了春节前生意好的时候她会雇人来帮忙。平时她的美发店生意一般，但她也不想到外面的公司工作。她以前在台湾的公司工作过，工作太忙了，她觉得受不了。现在的工作就在家里，可以陪伴父母，觉得在情感上有了依靠。阿

---

① 在越南北方，如果是在家里请客吃饭的话通常是席地而坐，一张席子上放一个摆饭菜的圆形盘子，这就是一桌人，一般一桌坐6个人。

宣羡慕她的朋友在西班牙投资的鞋业公司工作，产品出口到欧洲，效益很好，但是她觉得这个类型的工作太忙了，不适合自己。她的父亲血压很高，而且戒不了酒，近几年有几次出现危急情况。她的母亲年纪大了，身体也比较虚弱。阿宣选择在家里开店是不得已而为之，她负责照顾父母，哥哥姐姐也常常来帮帮忙，捎点儿东西过来。

阿宣和阿信的选择是一样的，她们都选择在离家很近的地方工作，其目的是为了更好地照顾家人。像阿叶那样在河内工作，家人就觉得她十分辛苦，因为她必须往返于河内与海防之间。为了让她能够安心工作，她的母亲范氏好婆婆常常去河内照顾她，让她感受到家庭的鼓励和安慰。

引用藤江坊现任妇女会会长阿香的话来说："我们这里的妇女通常喜欢做简单一点儿的工作，这样就有时间照顾孩子、照顾丈夫。妇女一般的想法是这样的，但个人的能力不同。在藤江坊做小生意小买卖的妇女比较多，在市场卖菜卖鱼的，开一个小馆卖茶水的，为的是增加家庭的收入。我们这儿以前是农村，大部分的家庭都不太富裕。总之还是喜欢简单轻松的工作，有更多的时间照顾家庭。"可见在当地妇女的心中，工作的目的是为了建设家庭的需要，故而最优的工作选择是有利于照顾家庭的、时间相对比较自由的职业，而且最好离家不是很远。

第四节　佛寺是妇女的天地

在奉法村宝光寺，每个家庭发生重大事件的时候都会来请这里的住持清林做法事。平时的宝光寺是非常安宁的，门可罗雀，但是在每个月的农历初一、十五以及每个星期天，这里就会突然热闹起来。那时候本村的佛教徒主要是妇女，她们会来寺庙念诵佛经，这个现象就像天主教每个星期天的礼拜一样，她们非常守时，安排组织得很严密。

我常常来宝光寺与住持清林法师交流，这里差不多天天都有村里人来找法师，大大小小的事情，只要家里有什么新的事情发生，村民就要来找法师，请求帮他的家庭供佛，比如准备建房、新生儿诞生、子女结婚、老人去世等。信仰在这里如此重要，关系到每一个家庭每一天的生活，连法师都为村民的这些事务忙碌着。

图 5－7　佛寺院子中的观音像

图 5－8　圣母神殿的屋梁上悬挂五色的斗笠

每一个星期日的下午，村里的佛教信徒都会在宝光寺聚集，摆放好鲜花水果供佛，然后一起在佛殿诵读佛经，从不间断。有时候法师领诵，有时候一位佛教徒领诵。来诵经的都是本村的妇女，中年、老年的都有，她们穿着棕色的僧衣，手持念珠，坐在席子上，诵读越南语写成的佛经。我也参加过她们的诵经活动，借此机会结识了不少当地的妇女，现在她们大都已经是宝光寺的皈依弟子了。

我在翻看范氏族谱的时候发现许多人不仅有姓名还有号，不仅男人有号，女人也有号，后来我看到范德端先生的皈依证书，才明白这个号在这里的含义。古代越南的读书人如同中国的有学之士一样也喜欢给自己取一个号，这样的号可以表达他的志趣和喜好，比如说16世纪的思想家和诗人阮炳谦字享甫，号白云居士，但是在越南人族谱上出现的号却不是这一类别。

1788年书写的范氏族谱中写有如下名号：

先祖考范公子字德路号游仙，先祖妣范氏号慈爱；高高祖考范公子得寿号福延，高高妣阮氏焰，庶妣范氏；高高祖考本社守役社长字得禄号明聪，妣范氏号慈淑。

以上姓名后面的号是指成为佛弟子以后由僧人给他们取的名号，我看过一份2003年在奉法村宝光寺皈依的奉法村村民范德端先生的皈依证书，他的皈依师是宝光寺的清林师父，给他取的法号是“福研”。看到这个皈依证之后，我问这位老先生是什么原因让他要皈依三宝成为佛弟子。他的回答是：“是吗？我皈依了吗？是什么时候？肯定是我的老婆子帮我做的，这些事情我不大有兴趣。”于是我就皈依的事情访问了范德端先生的妻子阿和婆婆。

图5－9　皈依证原件

皈依证上的文字

传授菩提心戒牒
爰有
越南国
系是好心皈依三宝
今则登坛传授准给
付词
戒曰
诸恶莫作，众善奉行
付彼真归，任为身后之津梁用作生前之公据故牒
右牒给受持
岁次　年　月　日
传授戒师臣奉
沙门

继志善才菩萨，皈依三宝佛心代承，贪嗔痴三业消除，成就千万功德。

（越南语部分）

现弟子范德端，地址：吴权郡藤江坊东海区 17 号

愿授皈依三宝，为有良缘，归入正道，现请求去妄存真，维护三皈五戒

发誓弃凡入圣，求四恩六道都成正觉。
现颁给佛子范德端，字佛研，持领戒碟，精进行持，
愿有十方三宝证明功德
南无本本师释迦牟尼佛
南无常精进菩萨摩诃萨
佛历[①] 2547 年 15 日 1 曰，癸未年
宝光寺　沙门
释 清林

① 佛历是以佛去世的那一年为纪年的开始，佛历 2547 年即公元 2003 年。

图 5－10　阿弥陀佛经幡代表西方极乐世界

图 5－11　奉法村念佛会参加葬礼诵经

阮氏和，71 岁，祖籍南定省，出生在海防，年轻时在首都河内读书工作。后来在海防担任工会干部，退休后越来越喜欢参与奉法村宝光寺的活动。她是1992年底退休的，退休没几年就皈依了。如果想要皈依就去宝光寺登记，村里有一个妇女的佛教小组，组长登记了想要皈依的人的资料，然后交给宝光寺的住持清林师父办理。当时每个人要给一点费用，15 000越南盾左右，现在皈依的话大概需要给师父供养50 000越南盾。因为皈依的时间一年就几次，不是随时登记随时办理的，所以需要等到人多的时候一起办。她皈依了没多久，她的丈夫也皈依了，是阿和婆婆帮他去登记的，等到把皈依三宝的度牒拿回来给他看时他才知道。

阿和婆婆在家里还是像以前一样拜祭祖先，皈依了以后只是在寺庙参加拜佛的活动，家里的事情还是照常做的。法师教导她们皈依的意义就是让其做一个合格的佛弟子，成为佛的弟子要注意自己的言行，要遵守节律，不能饮酒，不能杀生，不能赌博、淫乱、恶口、两舌（挑拨是非）。开始她们只是了解佛学的基础，以后就慢慢提高了。以前阿和婆婆不知道“三宝”是什么意思，皈依的时候才知道“三宝”就是佛、法、僧，要尊重佛的教导，要敬爱僧人。

刚皈依的时候她常常去宝光寺，跟她一起皈依的一些老人因为身体不好，虽然皈依了，但只是登记了名字，真正去寺庙的很少。她去寺庙去得多，因为想了解佛法，就要提高自己的认识水平，她觉得佛法真的很深奥。

男人即使皈依了也不大去佛寺，在妇女看来，男人很多是没有信仰的，登记了皈依三宝也只是登记了名字而已，他的心好像没有真正皈依。妇女当中有一些人懂得供拜的礼仪，而且很有经验。有一个朋友叫葵婆婆，她懂很多拜佛拜祖先的仪式，范德端的母亲去世的时候每个星期要在家里供拜一次，请的就是她。家人去世第四十九天要办大的佛事，如果不去寺庙办的话，也可以请懂的人来家里办。葵婆婆以前是国家工人，退休以后马上皈依了，现在她因为精通拜佛拜祖的仪式在附近很有名。

懂得供拜，就是说念诵的时候要流利，记得住拜佛和拜神的祈祷辞，使其听起来很好很美。有的家庭如果一段时间内觉得运气不太好，好像有晦气，就要请人来家里做法事，期望拜祭之后会好一些。如果大家觉得家里感觉好了，“干净”了，下次一定还会请这个人来帮助供拜。如果有人请一个专门做法事的“法师”（其实是民间道士）来家里供拜，但是拜了几次还是没有什么效果，下次就不再请他了。来供拜的是妇女，仪式做得周到，效果很好，也是会得到大家尊重的。

阿和婆婆觉得佛是最高的，然后是神，神主管的范围比较小，只是有某个方面的能力，而寺庙和神祠的风景都很漂亮，她期待能够跟本村的妇女一起去远一点儿的寺庙或者神祠去参拜。她认为有信仰很好，可以解决心灵的问题，有了信仰可以化解生活中的烦恼，减少心里的压力，不去胡思乱想。有的人不需要信仰，因为她们比较粗心，从来不在意什么。

我问她为什么要常常去寺庙，她的回答是："年轻时候在家里快乐，老的时候在寺庙快乐。我年轻的时候工作很忙，还要照顾家庭和小孩，现在孩子都长大了，我也退休了，突然一下子空闲了起来，不知道该忙些什么，就开始常常去寺庙，也去外面拜佛看风景，感觉轻松又愉快！我们妇女 55 岁退休，有的人活到 100 多岁，还有差不多 50 年的生活，整天在家里读书也不行，要找到寄托和快乐，这样就能活得长一点儿。特别是对我这样想得多、精神压力大的人来说，信仰还是真的非常需要的。"

她相信有命运，即使有一百条路也逃不出命运，有人命好，不用太辛苦，生活就过得很舒服；有人忙得要命，做完这件事，又要忙别的事，到头来仍然很苦。有的人整个一生都会很苦，即使有钱也觉得很累很忙；有的人呢，没有钱可是有好运。有的人，懂得很多也很辛苦，因为她心里有一丁点儿事就会想不开，跟别人交流常常担心自己说错话，很在意对方的反应，担心对方不喜欢自己。她有时候跟别人聊天，聊到得意忘形时一下子不知道说了什么，突然发现伤害了别人，就很后悔，夜里睡也睡不好，担心别人生气，总在寻思自己哪里说错了。有的人说了什么都忘了，没有想那么多。

阿和婆婆的娘家在鸿庞郡，她 23 岁结婚，那年大概是 1963 年。当时她还在河内工作，1966 年才真正回到这儿来，那时候住的是盖着棕榈叶的木房子，1976 年的时候把木房子拆了卖了，在原地建成了砖瓦房。

刚开始她也是跟公公婆婆一起住的，后来在旁边建了房子，就和公公婆婆分开来住了。那时候做媳妇非常辛苦，婆婆忙着种花卖花，唯一的小姑子才十二三岁，帮不上忙。她每天下班回来就要给全家人做饭，还要照顾孩子。为了家里经济好一点，每年还会养两头猪。她是党员，不能有宗教信仰，在履历表上信仰一栏填的是"无"。但是自小在家里她的母亲就常常拜祭祖先和拜佛，她也就喜欢跟着拜佛。她的婆婆初一、十五也会去寺庙上香，也很注重在祖先的忌日办一些仪式，除夕的时候她也会拜"交承礼”（“交承礼”是除夕夜午夜12点时，越南人在院子里拜祭神灵，送走旧年的神灵，迎接新年的神灵，祈求赐福的仪式）。渐渐地，阿和婆婆也懂得了这些仪式，等她的母亲和婆婆老的时候就由她来操办这些活动。

因为之前在河内工作，所以她刚来奉法村的时候觉得很不适应，多亏在这里交到了一些朋友，心里觉得苦闷的时候就找她们聊一聊，如果没有朋友会觉得很孤独。刚退休的时候，奉法村的这些朋友带她一起去拜佛拜神，那时她觉得很开心。那时候儿女长大了，她也退休了，有很多时间跟奉法村的姐妹们交流，跟大家的关系也很密切。

自从有了外孙后她就开始忙碌了，把小外孙带到5岁，二女儿的两个孩子又陆续降生了。她的身体也不如以前健壮了，虽然非常喜欢去寺庙诵经，但抽不出时间。现在她每天早上自己在家里做早课，诵读佛经。常常诵念的是《药师经》，祈求全家健康平安。

在奉法村的家庭，很多老年妇女都去本村的寺庙皈依成为佛教徒，几年之后，她们会帮自己的丈夫也办理皈依证。同样的情况在奉法村有很多例子，问她们丈夫的时候都说不清楚，但是在家里就有他们的皈依证书。问到为什么要帮家里人办“皈依”，得到的回答是希望佛祖保佑她们的家人，也希望离开人世以后都能够到达西方极乐世界。我在海防看过葬礼的仪式，在葬礼过程中会打出“西方极乐世界阿弥陀佛”的字幅，在去世四十九日的仪式上摆得最高的一幅佛像图片是四方三圣——阿弥陀佛、大势至菩萨和观世音菩萨。

问民间道士在他们心中神灵的位置是如何排列的，他们一致认为佛是最高的，然后才是神，他们这行有一句话——“有僧不离”，意思就是要紧紧与佛教的僧人联系在一起。他们对僧人非常尊重，因为僧人是持戒的，而民间道士过的是俗世的生活，他们觉得修行的层次不同。在做功德法事的时候，僧人负责诵念佛经，民间道士负责唱诵自古流传下来的道教乐曲，互相合作，相映生辉。访问普通的老百姓，他们也是觉得佛是法力最高的，他们熟悉的是阿弥陀佛、观世音菩萨和药师佛。出于对家人的爱和关心，在生前，妇女希望自己的丈夫跟自己一样皈依三宝成为佛弟子，这样就可以一同往生西方净土，这也是对生命的终极关怀。

越南人普遍相信灵魂的存在，如果孩子生病了，有时候会请法师看看是不是灵魂被魔鬼扰乱了，人去世之后灵魂还游离在阳间，四十九天后才回到阴界。每年的忌日、清明节、七月十五和春节，祖先的灵魂还会回来享受子孙的祭祀。为了使去世之后灵魂能够长久得到供奉，自古就有人在村亭或者村寺购买“配享”，也就是说，村亭在祭祀城隍的时候，村寺在礼佛的时候，会顺便供奉这些买了“配享”的灵魂。这些接受配享的灵魂在佛寺成为“后佛”，在村亭成为“后神”。

下面是安陀村灵光寺的《后佛碑记》，可以让我们看到 18 世纪和 19 世纪的村民在佛寺购买配享的情况。

后佛碑记

荆门府安阳县安边社陀具村灵光禅寺，原古迹清兰雅，经久经颓弊至兹，癸卯年月日贫僧愚人姓静释了了无生荷据来创立三间三簇，但贫僧苦行力用未敷，兹保后佛每名古钱六贯，系递年四月初八日本村令老上下等每员古钱十二文，米一升，将就于本寺作忌，以传佛道以贻后世。

后佛阮氏号妙宁，供田七尺。

后佛潘氏号妙缘，供田十尺。

后佛阮氏号妙度，供田一高。

后佛阮氏号妙众，寄荐显妣阮氏号妙智供田一高。

东溪社

后佛号妙淑供田一高。

后佛阮氏号慈进供田一高。

后佛阮氏号妙海供天一高。

后佛潘氏号妙叹

后佛陈氏号妙伯

后佛陈氏号妙信供田一高

后佛潘氏号妙详供田一高

后佛阮氏号妙海供田一高

后佛阮氏号妙德供田一高

从上面的后佛碑文可看出，这些村民在寺庙修建过程中给予了帮助，她们全都是女性，她们都有权利把自己的田地捐献给寺庙，她们得到的是与佛分享祭祀的机会，寺庙的住持允诺在每年的四月初八对这些后佛进行祭祀礼拜。

横泾社

后佛阮氏号妙勤供田一高。

释女主持沙弥尼号妙从供园十尺

后佛潘氏号妙向

后佛杜氏号妙顺

皇朝景兴四十六年岁次乙巳仲秋谷日（1785年）

配享佛碑记

绍治六年六月二十六日新造碑记（1846年）

府建瑞　县安阳　社安边　村安陀　灵光寺有崇修前堂上殿佛像后庵所卖配享佛位姓名开陈于后计

阮氏堪号妙度

阮氏号慈顺

潘氏凭号妙银

阮氏秀号妙秋

图5－12　奉法村的学佛会

安陀村灵光寺后佛碑记

盖闻东安胜景陀邑流芳，规模梵刹寺号灵光，有功则祀，积善余庆，昭垂万世，永镇边疆，原夫海防省海安县安陀社灵光寺住持僧比丘，字普慎与本村耆豪职役仝社诸人等同心协力，重修寺宇，新造祖堂，塑像铸铜钟各事需费颇多，十方善男信女，若何人进供田土或供银钱买后佛，银元置保为后佛追飨亿年，以留后祀，熠所有姓名列写于后。

本社阮氏号妙德

阮氏号妙勤……

以上的碑记都可以证明，几百年来奉法村与附近的寺庙一样，在维修建造过程中得到本村女性信众财物上的支持，可见当时的妇女已经流行皈依三宝成为佛弟子，成为佛教居士在家修行。

阿和婆婆每天早上5点起床，在佛像前点香以后就开始穿上棕色的居士服，摊开席子，跪着诵念《药师经》。她一边诵念一边敲打木鱼，每章结束的时候就敲打一下小小的磬。自从女儿的孩子们出生以后，为了照顾家庭，阿和婆婆不能常常出去参加寺庙的活动，就在家里念佛，她觉得这样也能够为全家祈福。

女性更为关注的是人死之后灵魂的去处，觉得如果去世的人灵魂没有得到好的安置，就会变成怨恨的灵魂常常来人间找麻烦。所以妇女积极帮助自己的家庭办理超度灵魂的功德法事，不仅仅是为了安慰亡者的灵魂，同时也是希望通过这样的功德法事，让活着的家人确信因为丧葬而带来的不好气氛已经转变成逐渐平安的喜悦的气氛。

在为去世的人举行的四十九日的功德法事仪式当中，有一部分是僧人，他们身披袈裟，头戴“五佛冠”，手持锡杖在民间道士吹奏的音乐中舞蹈。在举行仪式的场地上摆放着五个纸糊的箱子，分别是绿色、红色、黄色、白色、黑色，代表着五方，每个纸盒上面都写着每一个地狱的名称，比如说南方地狱是红色的，名字叫火车地狱。僧人一边舞蹈一边用锡杖把“地狱”打破，随后去世的人的儿子立刻把这个“地狱”和上面献给地狱鬼王的帽子一起拿出去焚化，接着僧人又去打破另一个地狱，一直到所有的地狱都被打破，他们认为这将为亡灵超生到西方极乐世界铺平前进的道路。这个打破“地狱”的仪式，来自《地藏菩萨本愿经》对地域的描述以及地藏王菩萨手持锡杖解救众生出地狱的典故。在中国，超度亡灵的时候会用到地藏菩萨的佛经，但是没有这么形象生动地表现地狱形状的仪式。

图 5－13　红色纸箱代表南方地狱，帽子献给该地狱的鬼王

仪式的最高潮是表现西方极乐世界的美妙图景，容貌俊美的僧人身穿袈裟，头戴五佛冠，身旁站着两位同样装束的尼姑，他们代表的是西方三圣：阿弥陀佛、大势至菩萨和观世音菩萨。他们三位坐在华灯中的高台上，用手做出“蒙山施食”的瑜伽手印，代表给六道众生施舍食物，让所有的生命得到神圣的赐福。

图 5－14　一位僧人和两位尼姑在“蒙山”仪式中扮作“西方三圣”

由此，死者的灵魂可以去西方极乐世界继续修行，这一世的烦恼都解除了。以下是《科仪文本》中为死者解除种种烦恼、使之快速超度的一篇供文：

夫妻恩重也分离，人情似鸟同林宿，大限来时各自飞。

以今据安南国某府县　社 居

奉

佛某 事 忏悔报恩拔度斋主某等，痛为故某，真灵元命生于　年　月　日　时受生，享龄　岁，大限于　年　月　日　时寿终，顿抛尘世拂袖西归，一息不回，千秋永别，思念音容，特伸荐度由是焚香，当空召请。

无始轮回千万劫
皆由烦恼不解脱
我今断除烦恼根
南无解冤结菩萨摩诃萨

这篇供文首先道出的是死者的住址，然后交代其出生时间与去世时间，表示在佛寺超度死者的亡灵，使之脱离烦恼。依据佛教的观念，若能够断除烦恼的根源，就能够脱离轮回，超度到西方极乐世界。在死者去世四十九日的超度法会中，最为热闹的环节就是僧人身披袈裟，头戴五佛冠，一手拿刀一手拿剪，在音乐声和“供文”的念诵声中翩翩起舞，用舞蹈般轻柔的动作剪下死者的烦恼——在寺庙会有一个特别的布置，用彩色的纸做成条幅，悬挂下来的每一个字条，都代表一种烦恼，这些烦恼分别是：眼、耳、鼻、舌、身、意、色、声、香、味、触、法。这就是告诫人们要做到六根[①]清净、六尘[②]无染，才能排除物欲、保持心地洁净，从而远离烦恼。

---

① 六根：佛家用语，指眼、耳、鼻、舌、身、意。
② 六尘：佛教用语，指色、声、香、味、触、法。

图 5－15　为亡灵举行的解冤仪式，这些字条代表种种烦恼

奉法村的妇女跟同龄妇女在一起的时候常常轻松地开玩笑甚至打闹，但是在与异性相处的时候情感不太外露在公共场合或者在异性面前她们通常是柔声细语的。女性从小就参与家庭的祭祀活动，对家庭有着强烈的责任感，经历了许多与生死相关的仪式，甚至要主持操办这些仪式，妇女对情感的诉求逐渐升华到了责任与使命的层次。所以她们才会在老年的时候把生命的最后时光投向村中的佛寺，一同诵念佛经，为寺庙的功德法事服务，她们称之为“修行”，是为了自己也是为了家人的更遥远的“未来”而修行。在越南北部，去世的人最幸福的是带着一张“皈依三宝的度牒”离开，因为那是灵魂归往西方极乐世界的凭证。这也正是老年妇女孜孜以求的学佛动力，故而她们的丈夫也常在不知情的情况之下成了“三宝的弟子”。

第五节　妇女联合会

我看过一则 1954 年国际妇女节前越南妇女联合会向妇女组织发出的通知，其全文如下：

1954. 03. 05

【新华社四日讯】据越南通讯社讯：越南妇女联合会已向各级妇女联合会组织发出通知，号召越南妇女结合进行抗战和实现土地改革两大任务，热烈庆祝“三八”国际妇女节。

通知号召解放区妇女应结合具体工作推进生产运动，发展变工组，进行抗战和建设工作，并积极学习土地改革政策。通知同时号召敌占区妇女展开反对敌人抓兵、保护丈夫和儿子的斗争，特别是要反对敌人逮捕妇女充当伪军的阴谋；发动妇女积极参加游击战，反对敌人“扫荡”，保卫家乡；反对敌人的蹂躏、压迫和剥削。

通知最后指出：今年“三八”国际妇女节将更加加强越南妇女和世界各国妇女间的友好团结，以保卫独立、和平，保卫妇女们的权利和孩子们的幸福。① 该通知号召解放区妇女推进生产运动，进行抗战和建设工作，并积极学习土地改革政策；号召敌占区妇女展开反对敌人抓兵、保护丈夫和儿子的斗争。在河内参观越南妇女博物馆的时候，我看到许多战争时期的照片，包括扛枪打仗的女游击队员、负责后勤的女兵，还有女兵写给母亲的家信，以及女兵攒钱送给母亲的礼物，其中有一件礼物是木制的佛珠。在妇女博物馆一楼的展厅，还布置了一个模型：树林中的一个小草棚是女兵的小屋，屋里有吊床和一把吉他，还有母亲的照片。这个充满了战争氛围的场景透露出年轻女性的浪漫色彩。

我在越南所看到的妇女联合会就具有这样的特色，与其说是妇联发动妇女进行各种活动，不如说是越南妇女天性就非常喜欢集体活动，她们也非常热衷参加妇联的各种活动。在集体活动中，妇女可以找到越南乡村社会固有的以年龄与性别相区分的社会团体，类似于兄弟会或者姊妹会。20世纪老年妇女的组织则称为“佛婆会”，因为她们的主要活动是去寺庙拜佛诵经，而男子则参加“斯文会”，他们的主要活动是诵读儒家经典和参加宴饮。在奉法村看到的基层组织，以及乡村的各个团体组织与传统的乡村社会结构基本上是一脉相承的。

藤江坊委员会的基层组织包括老人协会（Hoi Cao Tuoi）、妇女联合会（Hoi Phu Nu）、共产主义青年团（Doan Thanh Nien Cong San）。藤江坊的

① 资料来源：人民网资料库。

党委主要成员包括一名党委秘书（负责党的工作）和一名党委副秘书（兼任坊人民委员会主席）。藤江坊人民委员会行政领导包括一名主席和数名副主席。

藤江坊的人民委员会大楼位于原来奉法村南山村的位置，是一座四层的大楼，外面有一个大院子，门口有一个看门的守卫。藤江坊党委、人民委员会、妇女会、青年团、老人会、祖国阵线等机构的办公室都在这座大楼里面。另外，值得关注的是，藤江坊还设有“坊公安民警大队”和“军事大队”，其办公场所也都在这栋大楼里。

我一直对藤江坊委员会有一些敬畏，毕竟这是政府办公场所，但是我第一次进入委员会的院子却是因为与一位老人会成员梅婆婆的约会。每天早上 5 点到藤江坊委员会的大院子里打太极拳等锻炼身体的老人大部分是妇女，总共有二十来人。所以藤江坊委员会其实是比较亲民的，每天早上这里是群众锻炼身体的场地，节日的时候，这里是排演节目的场所。每次奉法亭城隍祭祀活动的前一个星期，藤江坊人民委员会的大喇叭就响个不停，告诉大家今年是奉法村奉法亭的城隍吴权的多少岁忌辰，讲述吴权“白藤江战役”的光辉战功，邀请群众捐助功德钱一起举办传统“礼会”。一直到“礼会”开始的前一天，藤江坊委员会的大喇叭还会宣读捐助功德钱的群众的名字和钱数。邻居们听到这些名字就觉得亲切，忍不住说明天自己也要去捐一些。

藤江坊的妇女会和老人会非常活跃，在吴权郡是出了名的，因为连续好几次由妇女会、老人会排演的节目都在吴权郡的文艺汇演中获得了大奖。按照规定，过了 55 岁就可以参加老人会了，可是有一些妇女仍然参加妇女会，她们觉得自己还年轻，不愿意跟“老人”们一起活动，也有的 55 岁以上的妇女既参加妇女会，也参加老人会。近几年藤江坊妇女发起的太极拳学习小组因为基本功扎实、团队风尚好，接连几次都在吴权郡的体育比赛中取得了好成绩。

我采访了藤江坊妇女联合会的会长范氏秋香女士，她中学毕业后就在这里工作，先是做团支部书记，现在担任妇女会的负责人。她告诉我，越南妇女会 1930 年就成立了，如今在每个地方都发挥着巨大作用：一方面妇女会要向妇女宣传国家的政策法规，特别是婚姻法和计划生育法规；另一方面妇女会常常组织当地妇女搞一些有意义的活动，奖励那些聪慧能干、促进家庭建设的优秀妇女。

图5－16　2006年藤江坊妇女会代表参加吴权郡“越南妇联”成立76周年纪念会

对范氏秋香女士的采访，既让我看到了越南的基层妇女干部所做的具体工作，同时也表现了一位青年女性在传统变迁时自身所面临的困境，她对家庭的依赖和对传统信仰的拥护基本上反映了当前越南年轻女性的基本面貌。范氏秋香女士1979年出生，是藤江坊安陀村人，高中毕业后就在藤江坊委员会工作，刚开始负责青年团的工作，做了六年后转到妇女工作。大家对她的评价是年轻漂亮、办事能力强。但是她自己觉得漂亮没有什么用，她处理好了许多家庭的纠纷，可是她的丈夫却离她而去。她的原话是：“丈夫跟我离婚了，他爱上了一个不美的女人。”

藤江坊的妇女联合会每年在三八妇女节和10月20日的妇联成立日有两次大型的活动。越南妇女联合会成立于1930年，1930年2月3日越南共产党成立，当年“越共”认为妇女工作非常重要，就决定于10月20日成立妇女联合会。庆祝妇女节和妇联成立日是一年中最重要的活动，此外，还有许多妇女的活动。藤江坊有很多供妇女娱乐学习的俱乐部，比如抵制吸毒俱乐部、青年妇女俱乐部、商业妇女俱乐部、体育俱乐部等。成立俱乐部需要向上级机关吴权郡政府申请，获准后方可组织活动，每个俱乐部都有自己的负责人，至少每3个月要有一次活动。阿香告诉我，每个俱乐部她都得参加，因为她是妇联主任，是各俱乐部的总负责人。每个俱乐部成立的时候，她都要参加并且作报告。

文艺体育俱乐部的活动最好，藤江坊的文艺活动在吴权郡很有名。阿香认为妇联的干部很敬业，做到了合理使用人才，因为调查研究过，她了解姐妹们的特长，她们这儿有人曾在海防艺术学院学过。藤江坊人民政府为妇女们提供了场地，但是没有乐器，也没有人懂得演奏乐器，每次有重大活动的时候，她们就会租乐队。在这里练习跳舞和唱歌的人很多，大家都很热情。

奉法村的妇女在不同的年龄阶段一般都会在自愿的基础上参与相应的组织，拥有与自己年龄相仿的同伴。到了18岁就可以参加共青团，一般成年之后的女性就可以加入妇女会了，实际情况是已婚妇女加入妇女会的比较多。有的人60岁还想待在妇女会而不想参加老人会，有人两个会都参加。妇女会的会费每年是6 000越南盾，老人会的会费每年10 000越南盾，每个支会有一些差异，有的给20 000越南盾。三八妇女节的活动一般是全体会员聚会，有歌舞表演，然后大家一起弄东西吃，买一些茶杯和花瓶之类的日用品，作为礼物发给大家。

每个居民区的妇女会鼓励妇女照顾家庭、发展家庭，每年举行"幸福家庭"与"文化家庭"的评比。藤江坊人民委员会届时会为获得这个光荣称号的家庭颁发奖状。另外，每年年初妇女会会向各居民区的支会公布一个优秀标准，年底开会讨论选出优秀的妇女，因为妇女的成绩是家庭总成绩的重要组成部分。"幸福家庭"要求夫妻俩感情和睦，也就是说丈夫关心妻子、孩子，经济不用担心，男女平等，孩子很乖。"文化家庭"还要看这个家庭有没有缴税，有没有完成地方派给的各项义务和责任。

越南法定的结婚年龄是男子20岁，女子18岁。与中国不同的是，在越南并不提倡晚婚晚育，到了法定婚龄什么时候想结婚就可以去登记。在中国晚婚晚育的妇女在生产之后可以得到额外的产假作为奖励，在越南没有这个说法。办结婚证的时候需要提供单身证明，那是一张证明表，填写好之后必须由所在的坊政府盖章。根据妇联主任阿香介绍，有的家庭在办理了婚姻登记后再举办婚礼，有的却是先举行婚礼然后才去登记结婚。在中国，新生儿的出生证明是在医院办理，而藤江坊政府也负责办理当地新生儿的出生证与户口。她告诉我，许多人结婚后即使不跟父母住在一起，也没有迁户口，所以户口仍然跟父母在一起。

鼓励妇女发展家庭经济是妇女会的一个主要任务，藤江坊每年都会给一些贫困户提供为期两年的免息贷款，大约一千万越南盾（约人民币3 400

元），借给他们做小生意。妇女会也鼓励每个支会帮助贫困家庭，如果这个方面做得好的话，在年底的评比中有可能得到高分。此外，妇女会会长阿香目前最繁重的工作是对家庭失和的夫妇进行调解。按照规定，如果一对夫妇决定离婚，但是希望得到调解的话就来妇女会登记，经过调解之后有的放弃了离婚的打算，有的调解不了就由妇女会帮他们转到吴权郡的法院办理离婚。

阿香认为最近两年的离婚率很高，仅 2008 年就有 15 对离婚了。办理离婚手续需要在藤江坊登记，后转去吴权郡办理。感情破裂不需要调解的就不需要报到妇女会。离婚后孩子的抚养权一般归母亲，四岁以上的孩子有权自己作选择。她自己的情况是离婚后丈夫搬出去了，因为她结婚后就一直住在娘家，女儿归自己抚养。刚离婚的时候阿香承受不了打击，不吃不喝地想了很多天，突然有一天她想明白了：她的父母老了，需要照顾，孩子还小，也需要照顾，她要好好活下去，让别人知道错不在她。她全力以赴去工作，想借此忘记烦恼。现在她想起来还有时会不开心，但是她要坚持活下去。

妇女之间的情义在奉法村没有因为结婚而阻隔，她们之间的联系反而更加紧密，在婚姻中受到的伤痛在同性之间的相互鼓励和抚慰中得以愈合。阿香说她对未来仍然有希望，她觉得以后自己会遇到一个真正爱自己的好男人。她觉得经历了离异之痛的自己更能够理解婚姻的问题，所以现在她调解夫妻关系的时候常常能够切中要害，挽救了一些因为年轻而不懂得维系婚姻的家庭。她认为能够为更多妇女服务让她们得到幸福的话，自己以后一定也会得到幸福。

每年的 10 月 20 日，无论是在机关、企业，还是在学校，几乎每个越南女性都会收到不止一枝美丽芬芳的红玫瑰。除了“三八”国际妇女节之外，越南妇女联合会成立的日子——“10·20”已经成为约定俗成的“越南妇女节”。1930 年 10 月 20 日，越南“妇女反帝会”成立，这是越南妇女联合会的前身。越南妇联在越南共产党的领导下，团结广大女性，在争取民族、阶级、妇女解放的事业中发挥了重要作用，为越南取得抗法、抗美战争的胜利立下了汗马功劳。越南妇女节，就是为了纪念 10 月 20 日这个特殊的日子。为迎接越南妇女节，男同胞早早行动，奔向芬芳弥漫的花店，为自己的母亲、妻子、女同事或者女老师送上鲜花。

为了纪念越南妇女节，越南妇联每年都要组织隆重的颁奖典礼，向在国家建设和社会发展事业中取得杰出成绩的女性代表颁奖，向优秀女性和优秀的妇女团体颁奖，并向当学年取得优异成绩的女大学生颁发妇联奖学金。

在越南漫长的奋斗历史中，女性是不可或缺的重要角色。胡志明曾经用“勤劳、不屈、忠厚、能干”八个字来概括越南女性的高贵品质。在越南语称呼“夫妻”一词的时候语序是很特别的，就说成“妻夫”，也就是妻子在夫妻关系中是处于更主要地位的。在越南还有一则谚语，“修房子看男人的年岁，结婚看妻子的年岁”，也就是说，民间社会的看法是妇女可以决定一个家庭的命运，所以要根据跟妻子年岁合适的年份结婚，这样婚姻就会更长久、家庭就会更幸福。而越南男同胞并没有要求改变“妻夫”的词序，他们承认在家里是“妇女掌握了钥匙”，这应该是他们对女性为家庭、为社会所作贡献的由衷赞赏。

本章小结

由于气候炎热、水源充足，古代百越地区的风俗与黄河流域差异很大，在岭南地区妇女自古即更加广泛地参与生产劳作。当地的妇女风俗见于宋代的记录：

南方盛热，不宜男子，特宜妇人。盖阳与阳俱则相害，阳与阴相求而相养也。余观深广之女，何其多且盛也！男子身形卑小，颜色黯惨；妇人则黑理充肥，少疾多力。城郭虚市，负贩逐利，率妇人也。而钦之小民，皆一夫而数妻。妻各自负贩逐市，以赡一夫。徒得有夫之名，则人不谓之无所归耳。为之夫者，终日抱子而游，无子则袖手安居。群妇各结茅散处，任夫往来，曾不之较。至于溪峒之首，例有十妻，生子莫辨嫡庶，至于雠杀云。①

从这段文献可以看出，南方女子的体力比男子好，所以在城市中从事

① 周去非著，杨武泉校注：《岭外代答校注》，北京：中华书局1999年版，第276页。

商业经营的多为女性。至今在越南的城市乡村，在市场几乎看不到男性的身影，职业的分工已经约定俗成地将商业对妇女开放。越南妇女无论在家庭料理家族事务，还是在外经商，都非常有才干和胆识。这令人想到岭南地区的潮汕女子与客家女子，都是以勤俭贤惠、照顾家庭、善于烹饪而著称。

百越地区女性可以自由往来与自古拥有同龄女子的组织有关，这也在一定程度上体现了带有母系社会遗风的“女子群居”特色。在越南当代社会，女人在年轻时参加社区的妇女会，在年老时参加佛寺的“佛婆会”，女性一直在一个群体中活动，不断学习每一个年龄必备的知识与礼仪。根据客家学者房学嘉的记录，在潮汕地区的客家曾经设有年轻未嫁女子的组织——“妹子间”。①

据他介绍：

妹子间无形中成为“乡规族法”承认的“一种女性组织”。若干同龄姐妹，一起住宿，亲如手足，团结互助。入夜，妹子间的成员先先后后地来了，有的在灯下穿针“抽纱”，有的学唱“潮州歌册”，有的促膝谈心，有说有笑，不亦乐乎！

妹子间的集体活动，通常每年两次：一是农历七月初七“乞巧”，一是农历八月十五“赏月”。到时候，她们纷纷捐款或摊派钱物，夜间摆了香案，供奉香烛、祭品，进行乞巧和赏月。

当妹子间里有谁出嫁的时候，新郎照例送钱、食品请妹子间的成员“吃甜”。“吃甜”这天夜里，待嫁的新娘接受姐妹们亲昵的戏谑和热烈的祝贺，大家尽情畅叙。那天，妹子间里的姐妹都纷纷打扮起来，成群结队地簇拥着新娘到新郎家的洞房里。成婚后“三朝”或“十二日”之期，她们会集体去探望这位刚出嫁的姐妹。要是该姐妹受到夫家的欺负，妹子间的成员义不容辞，会兴师前往问罪——调停纠纷或解决矛盾。因为妹子间是一个“集体组织”，人多势大，通常男人又不便与妇女争论，所以常常是妹子们“得胜班师”。妹子间的形式，多少年来不致衰落，因为它的成员自然而然地新陈代谢——有的出嫁了，长大了的就“补充”进来。

① 房学嘉：《客家源流探奥》，广州：广东高等教育出版社 1994 年版，第 263 页。

参照越南女子在订婚仪式当中的十多位女伴，我们仿佛看到古老习俗的遗存。关于越南女性的风俗，在今后的调查分析中应当以更加开阔的视野比照周边的文化，将日本、韩国、中国的妇女历代和当代民俗加以比较分析，才能辨识其全貌。

第六章

文化的传承与发展

妈妈抱啊，宝贝睡得香。
好叫妈妈担水去洗大象。
想看大象啊，你要爬山，
看赵夫人骑大象呀敲锣响！
——越南北部《摇篮曲》

第一节　教育的民族色彩

越南文化与中国文化有着紧密的联系，越南的许多朝代不断向中国王朝借鉴政治、经济、文化等方面的典章制度，也培养了许多通晓汉语与中华文化的文人。

中国史书记载，古代越南的传统教育状况是这样的："凡民间俊秀子弟，八岁入小学，十五岁入大学，其诵诗读书、谈性理、为文章，皆与中国同，惟言语差异耳。"① 追溯越南的传统教育，1075 年李仁宗太宁四年开三庠科试，越南实行科举制度，1086 年李仁宗开科试，选文人入翰林院，中试者授翰林学士。以汉字为载体、以儒学经典为基本内容的科举制度一直延续到 1917 年。②

目前，在海防 80 岁以上的老人还能够认读繁体汉字，70 多岁的老人能够背诵《论语》的部分章句，只是已经不能书写和认读汉字了。但是他们都读过越语版的《三国演义》、《水浒传》、《西游记》，那是他们儿时的课外读物。50 多岁的人则比较熟悉金庸的武侠小说，因为金庸的小说令他们了解了很多中国的历史朝代，并且他们也觉得故事情节很有趣。因为 20 世纪之前的越南官方教育是以儒家经典为基础的，向民众传递了忠孝仁义的思想，所以很多老人觉得孔夫子的教导很有价值，要人懂得尊敬别人，在生活中要懂得忍耐和坚持，就可以享受从容不迫的快乐，可是现在的社会大家都很浮躁，老人们觉得原先的仁义礼智信的教育还需要继续。

藤江坊目前有两所学校，藤江小学和安陀初中。藤江坊的孩子基本上

---

① 汪大渊著，苏继庼校释：《岛夷志略校释》，北京：中华书局 2000 年版，第 50 页。

② 1917 年，法国殖民者颁布法令，废除汉文和科举制度，强令越南举国上下一律使用拼音文字。

就近入学，也有的经济条件好的家庭会送孩子去市中心的重点学校就读。藤江小学就在以前的奉法村，安陀初中在安陀村。我访问过目前在这两所学校任教的教师，以及曾经在这里读书的本地人，许多家庭四代人都毕业于藤江小学，这所小学经历了越南近现代的教育变迁。

我询问奉法村的村民，藤江小学什么时候建的，得到的回答是在1945年解放之前就有藤江小学了，因为70多岁的老人家还记得小时候学习法语字母的情形。范氏家族的族长范德仁先生是全国优秀教师，他告诉我，藤江小学有着悠久的历史与良好的传统，以前奉法村属于海安县的时候，它是全县数一数二的小学。说到这所小学，他有很深的感情，他提起了他的爷爷范德安先生，据说他是一个非常开明的人，特别重视子女的教育。他跟村里其他富有的人家联合起来建了一所学校，请了一些学问好的先生，让村里的孩子去学习。那时候的课程大致是写汉字、作对子和写文章。所以当地90多岁的老人家还能够看懂古代文书，至今在村亭和佛寺的祭祀疏文，都是用繁体汉字书写的。因此，在某种程度上，学习汉字就是在传承越南的传统文化。

在19世纪末20世纪初，随着法国殖民政府殖民政策的进一步加强，越南的教育在一段时期内显示出“去中国化”的趋势。1878年南圻总督签署公文，强制越南人民使用拉丁拼音文字。后来在越南的学校逐渐普及法语教学，奉法村的很多老人学过法语，他们觉得法语教学很有意思，刚开始学习的时候，老师会给他们看很多动植物的图片，然后会念诵简单的儿歌，有一些儿歌他们至今还忘不掉，这种新鲜的教学方法算是行之有效的。相比之下，他们觉得汉字太难写了，他们得非常努力学习，才能写自己的名字。学法语很方便，越南语拉丁化之后学起来也很快，这是一种拼音文字，记住了基本的字母和音标以后，能说也就能写了。所以在1945年解放后，越南开展扫盲运动，帮助很多妇女识字学文化，取得了迅速的进展。但是这也出现了一个问题，就是他们看不懂自己的族谱了，也不能再用繁体汉字续写族谱了。我看到有的家族的家谱分为两个部分，一个是20世纪初的汉字版本，另一个就是用拉丁化的越南语书写的版本。

越南1945年解放了，之后还有一段时间的抗法战争，接着又要迎战美国军队的飞机。抗美战争的时候河内和海防常常被轰炸，但是就在这样的情况下，学校也没有停过一天课，工厂也一样没有停产。藤江坊的小学里面跟别的学校一样都挖了简易的防空洞，轰炸机过来了，老师就指挥孩子们戴好帽子躲到洞里，飞机走了大家又出来继续上课。

现代小学的教育主要是语文、数学和外语课程，但是外语课这几十年在越南的教育界有比较大的变化。在法属时期，学生在学校必须学法语；解放后发展与中国的关系，就学习汉语；1979 年越南政府与中国产生矛盾之后，学校又改学俄语；20 世纪 90 年代开放以后又开始学习英语了。所以，许多越南人觉得自己以前学习的外语都用不上，很多人都会俄语的拼音和基本的会话，就是那段时间的教育成果。中学的课程也无非是数理化和历史、地理。20 世纪 70 年代和 80 年代的时候，学生压力很小，奉法村 40 岁左右的人告诉我，他们觉得那时候学校教了很多实践课，比如说种树、用泥巴做出不同的造型。现在小学开始学习英语、计算机，同时注重手工劳动的教育。共产主义的思想教育也是从孩子抓起，鼓励小学生加入少年先锋队，上学要戴红领巾。中学的时候参加共青团，大学的时候努力奋斗的目标是加入越南共产党。

从越南学校教育中的外语课程，我们可以看到变幻莫测的国际政治风云，以及越南教师强大的适应能力。我一直在思考，越南这片常常受到外部政权环境干扰的国土，这里的人民是依靠什么来加强自己对本民族文化认同的呢？在这里我们不得不反思一下越南的家庭传承，家庭的教育和传承与这个民族文化的代代流传有着紧密的联系。

在海防，有些家庭几代人是学做民间道士的，也有家庭是专门做手工冥器等祭祀用品的，另外也有些家庭专门做某一种食品。海防有一间街头小店，光卖牛肉米粉就延续了三代人，至今仍然很有名，由此可见越南民间传承的力量。

越南人比较讲究实际，如果一个人读书能力很强，可是做事不麻利，在家里帮不上忙的话，也是常常会被人耻笑的。老人家常常说，爱学习是对的，可是首先要学习怎么好好地活下去，要学会安排自己的生活。他们还觉得每个人学一样东西能不能成功，跟这个人的天赋有关，在越南语里他们叫做“根”。比如说，一个人喜欢拜佛，拜佛也拜得很好（意思是他的动作好看，念诵流利，符合礼仪），那就是他有那个拜佛的根，做哪一行都要具备哪一行的根器。

藤江小学紧挨着藤江坊人民委员会，两者之间隔着一条马路，这是一所公立学校，奉法村的几代人都曾在这所小学就读，每天上午父母或者外公外婆把孩子们送到小学门口，下午四点就在这个门口迎候放学的孩子。

在校门口有两个地摊，卖的都是超人和贴纸一类的小玩具，大约 1 000 越南盾一个，大人会陪着小孩子在地摊上看看，磨一磨嘴皮子才能把孩子哄回家。

这个小学的很多教师都是本地人，以前找工作的时候大多拜托熟人帮忙安排在附近的学校教书。学校的课程不太紧张，但是学生要经常练习越南语字母的书写，要背诵课文。小学也有英文课和计算机课，学生比较难区分英语和越南语的发音差别，因为它们都是拉丁字母。计算机比较受学生欢迎，在小学附近有三个网吧，小学生喜欢在网吧打电子游戏，初中生喜欢上网聊天。

这里的小学共有五个年级，每个年级有两个班级，学习的教材是全国统一的。除了语文、数学之外，还有手工、音乐，三年级开始学习简单的英文。学生的作业不太多，但是家长喜欢在周末把孩子送到老师家里去补课。越南中小学生的暑假比较长，有两个多月，而寒假只有一个星期。每个孩子在这所学校要上五年，然后去远一点的地方读中学。

越南的小学生非常努力，老师提倡书法比赛，学生们把越南字母写得又漂亮又整齐。每天放学了可以看到孩子们在家里一笔一画地练习写字，写完了字，还要背诵课文。语文书（越南语）的每一课包括字母、生词和短诗、歌谣，每一页都配有精美的彩色图画，有蜻蜓、蝴蝶、知了、长颈鹿，还有民俗风情的山水田园画。在小孩子的语文书里，可以看到很多自然风景。

看小学的课本，发现越南的基础教育有三个特点。

一是比较注重传统文化教育，强化民族文化的符号和集体记忆。如“鸿庞记”的传说、“扶董天王”的传说，它们都配合着绘声绘色的故事和图画，可让孩子们很早就知道这些民间传说，知道本民族的始祖是谁，历史上有哪些民族英雄。此外，语文课本还收录了许多民间谚语和民间故事，描绘了带着水牛、青蛙、昆虫、牧童等农耕文化意象的田园风光。

二是比较提倡学生的动手能力。在小学一年级的时候就开设手工课，四年级的时候开设技术课，技术课带领学生学习刺绣、种菜、养花、制作模型和简单的工具修理。43 岁的范氏明贤是奉法村人，她小时候是在奉法小学（就是现在的藤江小学）学习的，她说以前奉法小学开设初中课程，就是在 20 世纪 70 年代抗美战争最激烈的时候学校还是继续上课的。学生和老师都戴着帽子上课，一听到警报就一起躲到学校的防空洞里。那时候没有橡皮泥，老师就让学生用泥巴和上水捏成各种动物的造型，还教学生怎样种植花草，这些内容都是回家就可以立刻实践的。说这些话的时候，她的脸上带着甜蜜的笑容，仿佛回到了往昔的岁月。在外人看来，战争期间，越南社会的生活是贫苦的，可是越南的教育并没有停顿，在战争时期学校仍然坚持开设手工课，让学生享受其中的乐趣。

三是小学的课本关注儿童的心理健康成长，注重家庭的情感教育，很多课文都强调家庭成员之间的友爱和温馨互助。课本也反映了目前越南家庭的现状：兄弟姐妹要在家里一起帮忙做家务、爷爷奶奶给小孙子讲故事、妈妈哄孩子入睡、弟弟妹妹尊重哥哥、兄长要照顾弟妹等。

下面是一些有代表性的课文：

两个小男孩第一次由爸爸送去上学，一个叫越，一个叫山，他们两个想认识一下。

越问道："你的爸爸做什么工作?"

山回答："我爸是医生，你爸爸做什么工作?"

越说："我爸种地。"

山说："你爸爸的工作很重要啊！没有稻米大家都活不下去。"

越说："你爸爸的工作也重要，没有医生病人就得不到治疗了。"

这篇文章很短，我看到奉法小学的孩子课后都在朗读背诵这篇课文。课文的内容是小学生讲述两个父亲不同的职业，一个是农民，一个是医生，尽管职业分工不同，可是小男孩都互相称赞对方父亲的职业，明白这两个职业的社会意义。这样的问答避免孩子们因家庭背景而产生心理落差，这不仅仅是发现父亲的价值，而且还提醒孩子们要认识农业的重要价值。

另一篇文章的图画背景是绿色的竹林下面，一张大的竹凳上坐着一个白发老人和一个小男孩，老人的一只手轻轻搭在小男孩的肩上，滔滔不绝地在给小男孩讲故事。凳子上还放着茶壶和茶杯。

课文题目是"爷孙俩"：

爷爷的满头白发
一根根如同银丝

爷爷会讲故事
很久很久以前
听故事开心，如同过年
听故事美妙，好像梦中
让我沉醉神往

这篇文章让人体会到乡村的悠闲生活以及浓浓的祖孙之情。乡村令人怀念的不仅仅是优美的自然风景，还有让人无忧无虑的亲子之情。课本的诗歌含量很多，除了民谚民谣之外，最令人感动的是短小的表达母爱的诗歌，下面的这篇课文就是代表。

图片的风景是一间茅舍的窗口，竹子做的床上，小孩子在午睡，妈妈支起一条腿坐在床边，摇着扇子在给孩子扇风。小诗是这样的：

妈妈手中出来的风，
哄孩子甜蜜入梦。
天上何时来一阵风啊，
午后的天气真炎热！

越南夏天的炎热是孩子们忘不了的童年回忆，中午的时候大家都不愿意做事，谁都想午睡，看店的店主可能也在打着瞌睡呢。太阳热辣辣地照耀着大地，只听到“知了”大声地叫着，妈妈摇着扇子哄孩子入睡是最朴实不过的生活场景了。让孩子们反复地背诵又重温旧梦的感觉，对母爱的表达，越南的文学从来不惜笔墨。我刚刚学习越南语的时候，就是从诵读小学生的语文课本开始的，我的老师是奉法村宝光寺的住持清林法师，他反复强调越南语是充满情感的语言，使用越南语的越南是一个热爱生活、有着浪漫色彩的民族。

此外，越南从实行计划生育之后，按照规定，每一对夫妇只能生育两个孩子，在小学生的课本中反映的家庭模式也是这样的，不少课文都教育孩子要跟兄弟姐妹相处好，大的要关爱小的，小的孩子要尊重兄长和姐姐。看下面的课文：

两姐弟在一起玩玩具玩得很高兴，突然弟弟说：“姐姐你别摸我的玩具熊啊！”过了一会儿姐姐拿起小汽车，弟弟大声说：“姐姐你要玩就玩自己的玩具。”

姐姐不玩了，她坐下来去学习。弟弟一个人坐着玩，只过了一会儿就觉得很寂寞了。

我在这里追溯奉法村学校的历史以及教育的现状，主要是为了探讨当地人除了在家庭教育之外，还受到什么样知识的影响和技能的训练。就目前情况来看，现代教育也注重科技和外语的课程，在小学就开设电脑和英语课程与目前的时代潮流是相呼应的。但是，在奉法村看到的情况告诉我，这里的小孩子非常熟悉越南的历史和民间传说，他们既能够熟练地背诵带有农业耕作知识的农谚，也可以讲述民族英雄的故事。此外，温馨的家庭氛围与家庭伦理道德的提倡也是基础教育强调的重点。最可贵的是，基础教育为学生提供了许多实践课程，学生的动手能力比较强，女孩子在家庭里主动帮助父母做家务的比较多。

第二节　民间文化的传承

在奉法村，如果有谁成为某个方面的专家，大家通常不会说是他的家庭教育好或者是他的运气好，而是说他在某个领域有“天分”，当地人称这种能力是一种宿命的“缘分”，或者“慧根”。尽管男性的梦想大部分都是想做官，但是有一些人却非常注重发展自己的兴趣爱好。比如说作家阮福江先生有空就在家里钻研盆景，范德端先生二弟成叔的岳父从前就会弹月琴、唱“四府神歌”。据说那位老先生唱得太好，加上经常接触做“升童”Lên đồng（跳神）的巫师，很快就学会了“母神信仰”的科仪文本，成为一个有名的为别人消灾做法的“法师”。

宝光寺里常常会接待一些年轻人，他们不仅对佛法有兴趣，而且对琴棋书画这些古典文化也很喜欢，他们有空就来拜访清林师父。2006 年的秋天，我在这里结识了一位名叫阿广的年轻人，他想请我教他学习汉语，清林师父愿意提供宝光寺的会客室给我们用于互相学习和交流。有时候我们用汉语交谈，有时候用越南语交谈。他年纪很轻，但是很相信宗教的力量。他说最近自己发展得不顺利，他做的是煤炭生意，以前都是帮别人做，现在想独立开公司，自己发货卖到中国，目前正在筹办之中。他很彷徨，不知道自己以后能不能成功，他也不想随随便便找个别的工作来做。清林师父鼓励他多学汉语，等待时机到来，他也正在积极向河内的有关部门申请营业执照。

2009 年夏天，我再次去宝光寺的时候已经见不到他了，我问清林师父，阿广去哪里了，现在还要学习汉语吗？清林师父笑了，他说阿广现在很忙，不过忙得很开心，他的生意太好了，所以忙得没时间来宝光寺了。听说他已经买了汽车，而且女朋友的事情也有着落了。此时此刻，我突然觉得宝光寺这座小小的寺庙，曾经给予多少为梦想默默奋斗的年轻人以精神的鼓励呀！如果那时候阿广放弃了努力呢？那时候他觉得自己条件太差，没有女孩愿意嫁给他呢？现在回想起曾经问过他的问题，觉得那也是一笔小小的财富，因为此时此刻，同样的问题，可能境遇不同了，他会给出不同的回答吧。

那时候，他告诉我寺庙的师父能够给他很大的力量去完成一些艰难的事情，比如说戒烟这样的难事。他觉得如果人常常不能振作，不能实现目标是因为有魔鬼在扰乱，所以要请有道行的僧人帮忙诵经驱魔。我曾经问过他，佛教的僧人和民间法师有什么不同。他的回答是："和尚能够念佛经驱赶魔鬼，所以如果有人意外死亡需要火葬的话，一定要请和尚来念经赶走那些魔鬼，而民间法师主要的作用和能力是招魂。"

另一个常常来宝光寺的年轻人阿东（1975 年生）告诉我，越南北方的寺庙主要有三个部分：佛殿、祖师殿和圣母殿。每个寺庙都有圣母和德翁，他说，在越南人看来，圣母就是妈妈，德翁就是爸爸。

他还告诉我他拜的神灵有佛、祖先、土公和本命神，另外还有人相信"四府"，崇拜圣母。圣母信仰也很有意思，每次有"升童"（Lên đồng）仪式的时候，会有很多神灵降临，每一位神来的时候，巫师都会换一套衣服。然后神灵吃槟榔、喝酒、抽烟，跳出不同的舞蹈。如果有人有难题，就可以问其中一些神灵。参加跳神仪式很好，可以听美妙的神歌音乐，看神灵的舞蹈，另外还能够得到神灵的馈赠——巫师每次跳神都会发供品或者钱币给围观的群众。

另外一个常常光顾宝光寺的是一个 40 多岁的中年男子，他的脸圆圆的，总是笑嘻嘻的，但是生气的时候就会非常严肃，因为他的职业是警察。他说自己有多重身份，公职是警察，兼职是法师和武师。他非常喜欢参加寺庙的活动，为了做一个合格的法师，他正在学习用繁体汉字书写拜佛用的文书。他说来寺庙是为了帮忙抄抄写写，帮忙做法事，还有向师父学习供拜的仪式。比如要学习敲打法器，用什么腔调唱诵才准确，这些都需要僧人指点才能够做得很好。他很勤奋，做事很卖力，对待僧人很恭敬，所以每年看他做的仪式都有进步，感觉他越来越熟练。在奉法村我发现一些能够阅读、书写汉字的人大都是参加民间信仰仪式的“专家”，他们是通过经常抄写、诵读祭祀文书在实践中学会的。在信众看来，能够用汉字书写祭祀文，并且能够念诵汉字书写的科仪文本，是法事灵验程度的一个重要保证。

海防市有一所佛教中学，宝光寺的住持清林法师就在那里授课，我曾经在那里给他们上过汉语课，发现他们的听说能力比较弱，不太符合规律的是他们的读写能力很强。再联系他们的职业，就知道佛寺不仅仅在传承一种信仰仪式，同时还在传承汉字文化。奉法村的华侨梁北想先生一直排斥求神拜佛的仪式，他觉得那是越南人的特色，太迷信鬼神的力量。他只相信个人的努力奋斗，但是他现在也感谢越南民间文化的发展，因为正是民间信仰的复兴，才有许多家族请他翻译族谱（从汉语译成越南语），还有民间道士请他将母神教的“法本”从汉字版本翻译成越南语。因为流传下来的用汉字书写的祭祀文本，必须经过越南语注音后才方便读诵。

不仅佛寺对现代越南人有着较大的影响力，而且母神信仰的传播在近些年也非常迅猛。以前主要是老年妇女喜爱去观看“升童”（Lên đồng）活动，现在许多年轻人也逐渐崇信母神的力量，他们希望转换运气的时候就去神祠参拜。“升童”（Lên đồng）活动主要在神祠举行，跳神的男巫、女巫越来越年轻化，这一点令人始料不及。一般人都认为只有老人才会热衷这些传统歌舞，只有他们才信奉这些神灵。但是在越南乡村社会逐渐都市化的过程中，年轻人面临更多的挑战，他们自然也非常需要信仰的慰藉。在宝光寺，我遇到一些准备去海外留学的年轻人前来向母神许愿，还有一些正在投资创业的年轻人也跪着向母神许愿。他们在崇拜女神的时候，希望自己获得更多的帮助和保佑，希望朝圣之旅为自己带来好运。反过来，越南的母神往往传递着一个民族独立的故事，也讲述着母亲的动人传说，不知不觉地也在引导启发着年青一代。其中有一些人在年轻时就发觉自己与民间的传统文化有缘，而且自己必须去实践这种能力。这种能力可看作是一个民族的个体对这个民族集体记忆的传承和再现。

阿水姐姐是奉法村人，50 多岁，是公司职员。我注意到她，是因为她的家庭被妇女会评为文化家庭，而这个结果却引起别人的争论：妇女都比较拥戴她，觉得她热心助人心肠很好；有一些保守的男人却说，没想到一个常常去跳神的女人没有被视为迷信异端，却被评上了文化家庭。我在一个葬礼上看到了她形象的另外一面，那天她穿着棕色的僧服跟“佛婆会”的妇女一起念诵《阿弥陀经》，为亡灵超度。在葬礼结束，大家离开墓地的时候，她和那家的长子长女留在墓地进行招魂的仪式，请亡灵安心居住在新的处所，不再去滋扰家人。我想了解她为何会成为一位母神信仰的萨满，所以在 2008 年春节期间访问了她。

问：请问您在哪个单位工作？

答：我在海防市航海安全保险公司工作，负责管理文件。

问：听说您有时候去拜圣母，是吗？

答：我平时工作挺忙的，可是拜圣母是我的爱好。有一次，我被附体了，哭得非常厉害。跟圣母信仰有关的庙会一年有两个，那就是三月祭母，八月祭父。农历三月在南定省举办柳杏圣母的庙会，农历八月在南定省有兴道大王的庙会，我一定要去参加的。我要告诉你，寺庙和神殿是不一样的。在寺庙有三宝殿，两边供奉德翁和圣母。神殿的布局要供奉四府，上面和中间是各位圣座①和圣驾②（指各位神仙），去寺庙拜佛没什么问题，可是如果去神殿可能常常被附体。

问：那你有没有做过“升童”（Lên đồng）呢？

答：是的，我参加了一个祭祀队，可是我在企业工作就没有那么多时间，但是我常常被附体，直到我 37 岁。我真正开始“升童”（Lên đồng）是跟一些与我有类似经历的人一起参加了一个仪式。我们的祭祀过程是这样的，在一个神殿，有很多人依次祭拜，我是最后一个。因为我是天生的“童身”，有人在旁边唱神歌（Hát chầu văn），最后别人给我戴上一条红色头巾，头巾突然自己动起来，表示神来了。可能是因为我家的“根”太重了，所以一定得去侍奉神仙。

---

① 座 tòa，在四府信仰中只有“天母、水母、林母”可以称为圣座，三者统称为“三座圣母”。

② 驾 giá，在四府信仰中常常有“三十六位圣驾（36giá）”的说法，指的是四府神灵系统的诸位神。

问：我常常听说三十六位圣驾，请你讲讲你们每次要请哪些神呢？

答：有很多呢！比如说二征夫人出现的时候，要有高高的椅子，两腿交叉，佩宽大的腰带，手中有剑，有旗子，好像在作战一样。另外还有圣母，第一圣母、第二圣母、第三圣母。然后是五位大官，第一位大官穿红袍，第二位大官穿绿袍，第五位大官则命令焚烧供品。然后要朝拜十二驾，之后是四位皇官、十二位神姑从各方来临，然后是神舅，一共是三十六位神仙。还要说一说神殿的兴道大王，他就是寺庙中的德翁。这些神被统称为四府神灵。

问："升童"（Lên đồng）也是复杂的舞蹈和仪式，您是在哪里学到的呢？

答：没有人教我，在寺庙里的和尚只懂得拜佛，不懂这个。但是如果有的和尚的"根"太重了，就不得不拜神。我去拜访过三江的秋婆婆，后来自己去拜圣母，再后来就自然会跳神了。

问：你参加这些活动的时候，家里人支持吗？

答：我的丈夫一开始是不喜欢的。可是我如果不去跳神的话，就会生病，发病的时候头脑什么都想不起来，就只想着去圣母殿跳神。说实话，家里没有人喜欢我参加这样的活动。①

自从阿水姐显示出"升童"（Lên đồng）的"才能"后，越来越多的人相信她能够与仙界的神灵以及鬼界的灵魂沟通，所以每逢有人家里需要祭祀祖先，就常常请她去诵念和祈求。2010 年 2 月、2012 年 2 月我两次在奉法村观察当地的葬礼，在整个葬礼过程中她都担当非常重要的角色。首先，她作为"佛婆会"一员，在灵堂与各位老年妇女一道跟随从佛寺请来的僧人诵读《阿弥陀经》。在墓地，棺材入土前，依然是僧人与各位老婆婆一同诵念佛经，祈祷亡灵得以"往生"到"西方极乐世界"。最为特殊的是，当坟墓的土已经踩平的时候，随行的送葬队伍纷纷离去，只有阿水姐和死者的子女留下。子女们在坟前跪下，阿水姐开始向死者的灵魂祝祷，希望它不要去惊扰家人，同时向土地神与各位神灵（主要是四府神系中的官）请求帮助，令亡灵在此地安居。依照"四府信仰"，"升童"

① 访谈时间：2008 年 2 月 3 日晚上 9：30—10：30；访谈地点：海防市吴权郡藤江坊东海区阿水家中。这里根据访谈笔记整理而成。

（Lên đồng）的时候，巫师会向在座的人派发钱币与供品，虽然是在墓地，因为她也迎请神灵帮助，所以她也会当场给大家派发零钱。

除了阿水姐，我在奉法村还听说一个男萨满，他的名字叫阿江，今年39岁，住在奉法村附近的东溪坊。他是范德端小女儿阿厚的小学同学，根据阿厚的介绍，认识他的人一听到他的名字就会笑起来，因为他上小学的时候同学们都常常取笑他，他不仅说话吐字不清，样子也怪怪的，学什么都慢吞吞。阿厚的姐姐阿贤也觉得阿江是个怪人，他曾有一段时间以卖水果为生，如果看到女人来买水果他就很不高兴，如果顾客是长得帅的男人，他就很欢喜，而且会很便宜地将水果卖给这个帅小伙。

范德端伯伯说："阿江以前'升童'（Lên đồng）的时候，藤江坊派出所的警察去他家把跳神的服装搜出来扔出门外，警察走了以后，他跑出去又把所有的服装一件件拿回去，放起来。没想到现在他又开始跳神了，而且成了很有名的巫师，很多人请他去祭祀呢。"

图6－1　阿江在跳神，表现的是女神渡江

图6－2　守护森林的女神

2009年夏天，我到阿江家里去拜访他，看到一个瘦瘦黑黑的小伙子静静地站在新建的楼房下面，好像很虚弱，很孤独的样子。他的邻居告诉我，阿江的父母已经去世，现在就他一个人生活。最近他的生意很好，赚了很多钱，建起了别墅，他将二楼装饰成一座神殿，神殿内供奉着"天母、水母、林母"。他觉得自己之所以成为巫师，是因为自己是有缘分的人，圣灵自然而然就会告诉他、启发他。如果有根器、有缘分，可是不愿意做通灵的事，也一样会有灾难。他13岁的时候生了一场病，病得很厉害，他14岁开始"升童"（Lên đồng），他爸爸不信神，就把他的香炉扔掉了，接着他就又开始发疯，一直好不了，直到他18岁时重新"开府"，又开始“升童”（Lên đồng），病才好了。

通过阿江和阿水的例子可以看出，越南的母神信仰确实有其深刻的基础，老百姓喜欢其中丰富多彩的歌舞形式与动人的传奇故事，另外有一些特殊气质的人也需要这样的舞台来实践他们的能力。这些体弱的萨满在跳神的时候可以连续跳上至少三四个小时，有时候需要请满 36 位神灵的话，就会跳通宵，令人不得不赞叹他们的体力。

这些事例足以证明民间信仰的发达，令许多传统行业仍然能够找寻到自己的生存之道。熟悉民间祭祀音乐的乐师、制作精美纸质供品的能工巧匠、熟悉汉文书写的儒者、通晓神灵舞蹈的童婆童翁（越南人对四府信仰巫师的称呼）都能够发挥自己的特殊才能而自食其力，不必都像普通人那样走读书求官的人生道路；同时民间文化又有赖于这样的信奉者和继承者才能得以继续流传。

第三节 母亲与家庭教育

女性对传统的学习，跟学校教育不同，她们常常是在不知不觉中获得了某种概念和知识，并且在生活中不停地实践它们。如果好用就会常常使用，如果不合适就放弃，没有一点儿死板教条的意味。

2008 年 2 月我去河内，在越南社科院宗教研究所与汉喃研究院查资料时，访问了曾经留学广州、当时在越南河内的胡志明历史博物馆工作的陈清心。她有一段时间非常苦恼，因为她的男朋友是澳大利亚的越侨，希望她去澳大利亚发展，但是她的父母希望她留在越南，她自己对家人也有深深的依恋。

她给我讲述她母亲的故事：

我的母亲今年 48 岁，她花很多时间照顾我和哥哥。她年轻时就在医院工作了，那时候单位要送她去读大学，但是为了照顾生病的公公、婆婆和幼小的我们，母亲放弃了求学的机会。现在像她这样的年纪和有工作经验的人有很多机会当领导，可是因为没有大学文凭，她终究还是一位普通的医护人员，这成为她终身的遗憾。现在母亲支持我和哥哥学习，如果喜欢学习就尽管学。

母亲也非常仁厚，我的姑姑曾经在欧洲工作过，她回越南后成天不开心，不想出去工作，我父亲是大哥，有义务照顾弟弟妹妹。我母亲总能安排好家里的经济，还能拿出钱帮助我的姑姑。有时候姑姑拿钱去买彩票了，父亲知道了很生气，可是母亲劝他不要放弃自己的责任，因为老人常常教育大家“用叶子包东西的时候要用好叶子裹着不好的叶子（Lá lành đùm lá rách）”，就是说兄弟之间要相互关心，条件好的要主动关心支持生活困难的兄弟姊妹。

陈清心的父亲现在已经是永福省文化局的总负责人，可是他对妻子仍然非常尊敬和疼爱，其原因就是在家庭当中妻子排忧解困，照顾全家老少，功劳很大。她父亲常常要去考察历史文化遗产的修复工作，母亲把家里安排妥当了，通常也陪伴父亲一起去，照顾他的饮食起居。在抗美战争的时候，父亲因为参加了海军，健康受到影响，关节常常疼痛，需要母亲日常的照顾。

陈清心还向我介绍，更伟大的是在抗美战争中为了国家利益牺牲一切的母亲们，她们的子女全都为国牺牲了。现在越南政府和人民群众常常去看望这些“越南英雄母亲”（Bà mẹ Việt Nam anh hùng），给她们安排好的住房。越南电视台也播放有关“英雄母亲”的访谈节目，让年轻人记住国家的苦难，感谢保护国家的英雄和英雄的母亲。

她建议我听一听秋贤唱的歌《母亲的传奇》（Huyền Thoại Mẹ），这首歌讲述了战争中一位母亲的故事：在下着雨的夜里，一位母亲帮助参加战争的年轻人，让他们住在自己的屋里，如果有敌人来她就叫醒他们，为了守卫这些年轻人，母亲彻夜未眠。她翻过很多山，走了很远的路，就为了护送年轻的战士。

她告诉我现在越南的年轻人有很多问题，社会的诱惑很多，特别是吸毒成为令人头疼的问题，一不小心就可能走错路。母亲们更加操心，想要好好照顾孩子，让他们走正道。吸毒的人每天最少要花 100 块人民币，既费钱又损害健康，还有可能在打针的时候传染艾滋病毒。现在很多妇女也努力工作，以寻求更好的发展，但是她们意识到要花很多时间去陪伴孩子、教育孩子，能够让孩子成功才是妇女真正的幸福。我在奉法村也听说妇女会要联合所有的妇女加强对子女的教育，防止他们去吸毒。

谈起母爱，范德端先生要我好好欣赏越南北部的摇篮曲。大家觉得唯有母亲常常在家里出现，时时看护孩子的成长，家庭才会幸福。阿和婆婆告诉我，普通的越南妇女从做母亲那天开始都会唱摇篮曲这样的歌谣，这是一种民间文化，妈妈一定要会唱的。越南的俗语讲，一千个妈妈中只有一两个不会唱摇篮曲，只会骂小孩，所以大部分越南人都会唱，只有好不好听之分，这是从古到今一代一代流传下来的心灵音乐。

摇篮曲一般都是女人在唱，范德端先生的说法如下：如果看到一个男人抱着小孩唱着摇篮曲哄孩子睡觉，一看这个情况，一定不会好听的。妻子出去工作了，古代主要是妻子出去做买卖，现在有时候妻子出国谋生了，丈夫要扮演妻子的角色，抱孩子哄孩子入睡，他心里一定很着急，生着气呢，唱出来一定不好听的。

我听过几首摇篮曲，曲调几乎都一样，结构也差不多，开始和结束的时候都唱“啊……欸……”，但是歌词带有随意性，可以改动。专业的人唱得很好听，普通人唱就没那么好听了，可以想见，在乡村那么安静的夏日午后，烈日炎炎，蝉声连绵，听见一个女人给孩子或者给孙子唱着摇篮曲，不管好听不好听，一听到这样的歌谣，就感觉到浓浓的温柔，听到的大人也自然会睡得很好，所以一般人在中午听到这样的歌声也想入睡了，自然就让人觉得放松，觉得快乐温馨。

如果随意乱唱的话就不同，有了这个旋律感觉就不一样，从古代到现代，越南女人都会唱摇篮曲，有些摇篮曲是流传全国的，有一些则带有地方色彩，在越南，南方、北方和少数民族的摇篮曲就略有不同。我听过南方的摇篮曲，觉得非常好听，但是说到悠久的历史传统，还是要数越南北部的摇篮曲更有价值。

在越南社会，有一些知识是在学校学不到、而在家庭代代相传的，这就是流淌在生活当中的传统。注重家庭生活的女性，一定会注重与家人邻里之间的互助合作关系，一定会关心与祖先和神灵的沟通交流，所有的这一切都需要通过学习仪式或者礼仪来实现。如何请客人吃饭（服侍人）以及如果向神灵祝祷（服侍神），这些都是需要学习的礼仪。

先说说如何请客。在越南的家庭，平时是不会随便请客的，但是家里一旦有事情的话，就一定要好好请客，一般最常见的请客时间是家里祖先的忌日，一定有好酒好菜。拜祭祖先，这是常见的请客理由，那天通常会有粽子、糯米饭、肉、鱼、海鲜、鸡等好菜。

在越南社会，请客是一门高深的学问，首先一定要提前几天发出邀请，如果当天请的话，对方肯定不会来的，那样如同羞辱。除非有一种情况，有人那天突然到来，他也不知道你家里办祭祀活动，你们可以邀请他顺便一起参加，他可能会推辞，也可能会留下来一起吃饭，享用祭品。邻居和相熟的人基本上都知道谁家里几月份有事情，如果到了你家祖先的忌日，他们明明是知道的，但是绝不会主动来参加，因为这是不礼貌的，一定要有人正式邀请了才来，这正是所谓的出师有名。老人家常常说“诚意的邀请胜过美味佳肴（Lời chào cao hơn mâm cỗ）”，意思是邀请别人一定要恭恭敬敬，不可随意，也不可以忽略重要的客人。否则他们就会误会你已经跟他结怨了，不喜欢他了。

由于请客要照顾到很多家庭之间的关系，况且普通人家里的场地有限，不可能一下子招待很多客人，那该如何解决这个矛盾呢？这就需要在邀请上做些文章，同时被邀请的人也要仔细听懂邀请者的真正含义。

一两天前去邀请客人的时候，要说：“过两天是爷爷的忌日，请叔叔、阿姨去吃饭，全家都来。”这句话的意思是主要是请这个家庭的主人，如果他家有很多孩子，那些孩子是不去的。但是如果这样说：“过两天是我爷爷的忌日，请叔叔阿姨去吃饭，全家都来，小明弟弟你来跟我们一起吃饭吧。”这句话的意思就是这家的主人带着小明去做客，别的小孩不用去。所以“全家都去吃饭”是一种客气的说法，指出名字的才是真正被邀请的。所以要懂这种文化，才能够办好请客的事情，也只有真正明白了这种文化，才能听懂对方的邀请。

客人来了，举办宴席的人家一定要好好招待客人。客人也要懂礼貌，如果没有人吩咐，就不能随便帮忙，别人家里有事，若仪式当中有的器物被外人不小心碰坏了或搞砸了，弄得这家人一年不顺利，他们会记恨一辈子的。所以做客人也是小心翼翼的，平时街坊邻居之间走动、玩耍是非常随意的，但是一旦请客那就不同了，那是正式的场合，就得分外谨慎小心。所以客人到来之后，女主人常常会主动请他们喝茶，请他们吃点心，最重要的是在开始吃饭的时候正式地说：“请您吃饭。”

接到邀请的人也需要有所准备，妇女掌管“家庭仓库的钥匙”，真正做准备工作的是家里的女人。一般每家只派一个代表去做客，妻子去买一些水果，给丈夫带去赴宴，嘱咐丈夫到时候说“这个用来给祖先敬香”，对方就会欣然收下来。另外，也可以在做客那天带一个装了钱的信封，在信封上面写明“给爷爷/奶奶敬香……孙子：姓名某某”。当然，这些手续通常都是妻子们事先操办好之后交给丈夫的。

阿和婆婆家收到了族长家里的邀请，说是几天以后是族长父亲的忌日，阿和婆婆觉得让丈夫去比较好。在收到邀请的第二天，阿和婆婆就准备好了信封，把礼金先送到族长家里去了。由此可见，在越南社会，凡是有重大的事情一定需要妇女参加，因为有许多环节是需要注意礼节、考虑周到的。在大多数的交际情境中，我们看到的可能只是在舞台上表演的明星，但导演才是灵魂。当丈夫开开心心赴宴回家的时候，妻子已经跟孩子吃好了饭，开开心心地聊天了。她也不会觉得自己没有抛头露面去参加社交活动有什么失落，家庭是她的王国，她享受在家里的自由，同时丈夫参加的活动她也参与了策划和筹备，如果成功了，她也会很开心。

母亲的教育不仅仅在待人接物方面，更重要的是教导如何做一个合格的母亲，担当起女性养育的职责，她们特别愿意教导自己的女儿如何去照顾孩子。

“生头胎回娘家”，这本来是越南北方民间的俗语，但现在仍然可以看到妇女在养育子女问题上对娘家的依靠。而母亲大多也愿意帮助自己的女儿照顾小孩。在奉法村有很多女儿不愿意远嫁，很多人嫁出去以后又想办法搬回来。有的产妇在娘家住几个月，有的人会住在娘家很多年，小孩子长大了才回自己丈夫的家。当地妇女离婚了也可以回娘家居住，没人提出反对意见。除非孩子的外婆年老体弱，一般女人都是希望自己的母亲来帮助照顾自己的孩子，不太希望请婆婆帮忙。这是人之常情，在生育这样的最自然的事件当中，越南妇女也尊重自然的母女之情，愿意无私地帮助自己的女儿渡过难关。

我问一些年轻的母亲：为什么要在生了小孩后回娘家居住？得到的回答通常是在娘家能得到好的照顾，想吃什么就直言不讳地告诉自己的妈妈，如果想要妈妈帮忙拿什么东西，只要开口说就好了。可是如果是跟公公婆婆在一起住的话，不敢吩咐他们做什么，他们是长辈，怕自己不小心会得罪他们。其中有一个年轻的母亲我很熟悉，她当年的订婚典礼和婚礼我都参加了，婚后不久他当海员的丈夫就出海了，半年回来一次。工作半年，休息半年。她现在有一个两岁多的女儿。

我问她：“你现在常常回娘家吗？”她回答：“不常常回去。”

我问：“大概一个月回去一次吗？”她大笑着回答：“不是，是每个星期四五次。”我觉得这个回答有一点儿荒谬，但是就她的感情来说的确是少了一点儿，她希望每天都能回娘家看看。

受过大学教育、拥有两个本科文凭的阮氏明心，曾经在胡志明市学习，也曾去广州留过学。在谈到家庭模式的时候，她仍然强调女性要学会尊重丈夫，她说这是她母亲教育她的幸福之道。

访谈：2006 年 11 月 20 日在范德端先生家。

问：在越南家庭，女性地位高吗？

答：男人是家庭的主人，遇到问题的时候夫妻两人一同商量，最终应该由丈夫作决定。妇女不管多么能干，她必须是助手。丈夫要自强，就必须学会成为一家之主。女性是丈夫的助手，是孩子的老师。我们有一句俗语是“男人建房子，女人建设家庭”（Đàn ông xây nhà，đàn bà xây tổ ấm）。

问：女性在家庭教育中起什么作用呢？

答：对女儿的教育，母亲很重要；对儿子的教育，父亲很重要。母亲教女儿怎样成为好妻子、好母亲；父亲教儿子怎样成为一家之主，怎样成为一个有决断力的男人。父母教育孩子要有好的品质，懂得照顾别人。越南家庭大部分都很和睦，互敬互爱。子女结婚后，父母希望子女住得近一些，希望相互照应得到。从前长子成家后是跟父母住在一起的。

问：根据你的观察，在婚姻中丈夫和妻子的关系是怎样的呢？

答：结婚后，大部分丈夫把钱交给妻子，由妻子安排生活，只给自己留一些零花钱，跟朋友出去玩的时候用。在我的公司，每次快到发工资的时候，男职员常常跟老板说是老婆向自己要工资了，希望早一点发钱。我的老板就说，如果一个男人想自己存钱，不把钱交给妻子管理，他就太笨了，因为管钱是非常累人的事情。妻子要非常耐心，要用自己的能力帮助丈夫发展。丈夫成功了，你就是一位成功的妻子。如果丈夫发展不如妻子，别人就对这个家庭有偏见，认为这个家庭搞得不好，如果妻子太成功，会变得自私，不再全心全意照顾家庭。一个好的妻子会让丈夫变得更加有责任感。

问：如果丈夫在外地工作，你觉得妻子应当在家照顾家庭，耐心等待吗？

答：妻子必须学习耐心，希望丈夫有好的发展，应该等待丈夫。如果让丈夫在家等妻子就不太好，因为丈夫需要被照顾。

责任感和无私奉献精神由一代代母亲传递下来，女性的厨艺伴随越南传统的祭祀祖先的食品代代相传，在逢年过节的时候，在迎娶新娘的时候，都需要向祖先呈上美味可口而香甜的红色糯米饭，下面是阿和婆婆亲自传授的做法。

在端先生家的院子里长着一种藤科植物 Quả gấc，它爬在屋檐上，果实鲜红鲜红的，果皮上面有着尖尖的刺，我一直不知道这种水果怎样翻译成汉语，后来看医学书的时候不经意看到了它的图片，才知道它的汉语名字是木鳖，是一味中药。木鳖的产地主要是在越南等东南亚国家，中国南方部分省份也有出产。听奉法村的人说这是热带才出产的水果，当地居民非常喜爱它，因为它在老百姓的生活中非常重要，没有它就不能做出红彤彤、香喷喷的糯米饭，而红色的糯米饭是婚礼和祭祀时的必需品。参加奉法村的活动，吃饭的时候我有很多次吃过这样的红糯米饭，觉得清甜可口、气味芳香。

这种木鳖糯米饭（Xôi Gấc）一般的越南妇女都会做，每次家里祭祀祖先的时候，就要提前准备好一锅糯米饭，盛放在碟子里，摆在供桌上，另外还会多做几盘作为小孩子下午放学后的小食或者餐后的甜点。听说最近医学界证明木鳖果含有丰富的营养物质，可以增强人体免疫系统，具有抗癌作用，越南现在有一些公司将这种水果制作成保健品出口到了美国。知道了这些情况之后，越南人更加佩服先民的智慧，用这种水果制作成食品祭祀神灵的同时，也为普通人的生活带来了健康和祝福。

祖先忌日的前一天，家里的妇女就要开始忙碌了，做这种红色糯米饭的过程在前一晚开始。先把摘下来的木鳖果切开，把果肉用勺子舀出来放在大碗里，倒入一点儿白酒，用手搅拌，将果肉放一两个小时。经过了酒的浸泡，木鳖果颜色更加鲜亮。在浸泡木鳖果肉的同时，把糯米洗干净，用冷水浸泡最少三个小时，最好能够泡一个晚上。泡好的糯米把水去掉，将木鳖果肉放进去用力搅拌，这时候看到的就是红色糯米了。接着把糯米放到蒸锅上蒸，上蒸锅之前要加入一点儿盐和去了皮的绿豆。待糯米饭蒸熟之后，加入适量白糖并且搅拌均匀，此时就可以将糯米饭装到盘子里了。心灵手巧的妇女会在厨房里备有刻着花纹的木质模具，把糯米饭盛入模子，用盘子盖在上面压一下，然后翻转过来，模子在上，盘子在下。从上面去除模子，盘子里就是印着花纹、喜气洋洋的红糯米饭了。

图 6－3　挂在藤蔓上的木鳖果

图 6－4　将糯米与木鳖果肉搅拌

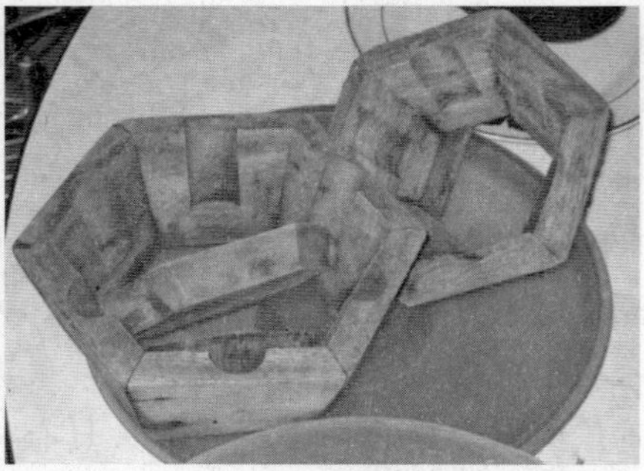

图 6－5　带有花纹设计的木制模具

图 6－6　磨具带有花纹的底板

图 6－7　将糯米饭盛放在六边形的模具里

图 6－8　作为祭品的木鳖糯米饭

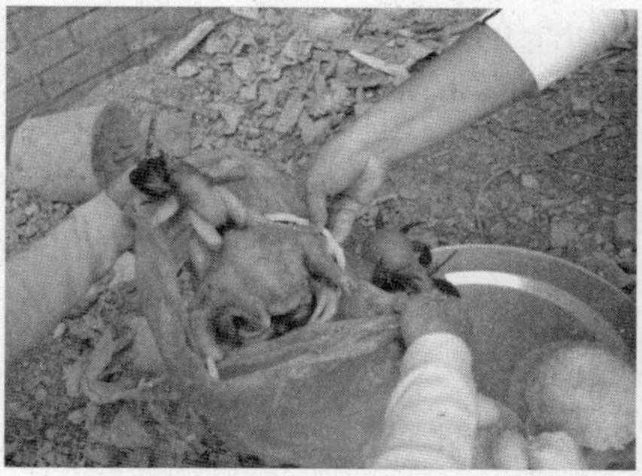

图6-9 公鸡是祭祀的必备食品

图6-10 祖先的帽子和“日用品”

第四节 女神信仰的原型

“大母神原型并非存在于空间和时间之中的任何具体形象，而是在人类心理中起作用的一种内在意象。在人类的神话和艺术作品中的各种大母神形象里，可以发现这种心理现象的象征性表达。”① 在越南，任何形式的女神，无论是家庭谱系中的女性祖先（家神），掌管家庭事务的土地神、灶神，或者因为丰功伟绩而被追封的圣母、因为养育了护国英雄而成名的国母，还是自然界的化身天母、水母、林母，她们当中都有大母神原型的影子，也就是说有一位“全能而神圣、万事皆有赖于她的妇女的真实，而不是某一个母亲的具体真实”。

“大母神集中体现了女性的基本特征：第一是女性作为大圆、大容器的形态，它倾向于包容万物，万物产生于它并围绕着它。产生于它的一切事物都属于它并且继续服从于它。另一特征是变形，在女性——母性的基本功能中，在怀孕和生育中，变形的特征已经起了作用。”②喂养孩子也同时促成另一个生命的成长变化。

女性的包容和养育特征在越南妇女生活中一代一代地被赋予美德的意义而被进一步强化。孩子一生所经历的每一个阶段，在重要的节点，生命节律的转换时刻，大都有母亲的参与和扶持。孩子的出生、养育、求偶、

① 埃利希·诺伊曼：《大母神——原型分析》，北京：东方出版社1998年版，第3页。
② 埃利希·诺伊曼：《大母神——原型分析》，北京：东方出版社1998年版，第25页。

生育，母亲都是其中不可或缺的动力。在以上的种种生命的节点，也免不了因为消灾免难向神灵的种种祈求，母亲更多地参与了这些祈求神灵的仪式，这些神灵也更多地以母亲的形象给予年轻的生命以慈悲的关怀。在人们的心里，若要祈求来生的幸福与归宿，则必须依赖体现了抽象男性意识的佛教或者天主教；而现世的种种平安、健康、财富，必须向与凡俗人一样感性的神灵特别是慈悲的母神祈求。

越南的女神是越南妇女的神圣形象，是妇女现实生活的投射，表现出女性对社会生活的积极参与，对家庭生活的衷心向往。社会生活和家庭生活两者之间是并行不悖的，正是因为妇女在家庭事务（比如说家庭祭祀和宗族祭祀）当中充当组织安排的角色，在村落和邻里婚丧嫁娶事务中作为沟通者、协作者，妇女自身的能力和团队精神得到了锻炼，所以才会出现一位普通老婆婆去世后整个村庄的人都出来为她送葬的情况，因为在她的村庄，几乎在每个家庭都有她的盟友，在每一件婚丧嫁娶的事务当中，在村庙和乡亭的酬神活动当中，她跟每一个家庭都建立了深厚的友情。所以在传统的乡村生活中，女性的集体活动是非常丰富的。尤其是在中老年妇女积极参与的旨在为子孙积累功德的“念佛会”①，老年妇女一道供奉寺庙的僧人，祭祀乡亭中的本地城隍和本村始祖，义务地在丧礼为丧主念佛导引，希望使亡魂迅速升入阿弥陀佛西方净土。这一切都使妇女成为乡村中不可忽视的一群力量，妇女的群体生活比之男性有更多乐趣和意义，而且她们与乡村的神圣空间保持着密切的联系。

在越南北方，除了重大的祭祀活动会邀请专职的法师（民间道士）来家里诵念法本外，在一般的忌日通常由家里的老太太代表全家给祖先上香念诵祈祷文。农历的初一、十五或者佛菩萨圣诞日的清晨，她们会在自己房间的小小佛龛前（在家庭必须以供奉祖先牌位的神龛为主，佛龛不宜太大）敲打木鱼和钟磬，念诵佛经，如同中国寺庙的僧侣一样上早课。

2009 年 1 月阿庆哥回家过年，他回家休息了几天还没有去看望亲戚，他觉得母亲不在家自己不可以轻举妄动，此时母亲阮氏和去河内探望生病的表姐了。等到她回来后，母子两人一道根据长幼亲疏的顺序去看望亲戚，送去相应的礼物。如同以往，阿庆哥过完年又要出门工作了，临行前的晚上，收拾好了行李之后，母亲与他坐在沙发上，喝着茶促膝谈心。照

① 杨成志：《安南人的信仰》，《民俗季刊》1931 年第 1 期。

往常的惯例，阿庆哥出行的日子一定是母亲请寺庙的和尚或者算命的师父看过的。正如杨成志所说，“安南是一个迷信神权的国家”[①]，而神权在家庭当中每每被母亲行使，诸多母亲俨然成为神的使者。

过年时，家中布置着鲜艳的桃树，街道上张灯结彩，人们通常访亲探友，轻松交谈。可是到了初五之后可能约不到朋友了，因为他们会跟自己的三五知己相约去远处的寺庙或者母神的神祠去祈福，许多机关、学校会租车集体去拜神。很多公司带着员工去朝拜神灵，目的是为公司求得财富。可见过年不再只是吃吃喝喝，现在大家越来越重视精神生活，参加寺庙或者母神神祠的礼会成为新年的重要节目。此时，也有全家去神祠供拜的。从庙会回来的时候，会带回一些当地的特产，还有一枝叶子金黄的红花，叶子上印着“福禄寿”，这枝花将会放在堂屋供桌上的花瓶中，代表神灵赐予的好运。那时候最繁忙的就是南定省务本乡、云葛乡还有河内西湖的柳杏圣母祠，此外还有北宁省仓库女神的神祠。这样的气氛会延续整个正月。

女性生命中最艰难的阶段——怀孕、生育、养育，在越南成为母女团聚的契机，这样一个少则两年多则十年的时期，随着孩子从一个婴儿成长为一名儿童，年轻的妇女也成长为一名真正的母亲。现代社会所说的产后忧郁症说明女性在孕育新生命和养育孩子的过程中会有很多压力和困惑，身体和心理的“变形”过程会让年轻的母亲手足无措，越南传统的妇女习俗会帮助妇女渡过这个难关。快乐、祥和的年轻母亲与慈爱、能干的外祖母会给这个民族孩子的童年带来更多的健康和欢笑。

儿童时期的男孩和女孩一样自由自在地玩耍，几乎没有什么禁忌。但是女孩到了十多岁时，母亲常常会这样教导：一个成功的男人要有贤惠的妻子与之相配合，妻子若能够安排好家庭，处理好人际关系，将会推动丈夫向前发展。一个家庭主要由丈夫、妻子和孩子组成，丈夫主要在外面工作，家里的事重要的就是买菜做饭，妻子必须承担这些家庭义务。在市场买菜卖菜的只有妇女，如果有男人在市场买菜，别人会说他不男不女(pêđê)。妇女在外面的工作不论职位高低，回到家里都可以忽略不计，她必须恢复到母亲、妻子的形象：料理家务、相夫教子，否则就会受到婆家的指责。为了女儿将来的幸福，称职的母亲都会在女孩子七八岁时就带着

① 杨成志：《安南人的信仰》，《民俗季刊》1931 年第 1 期。

她学习煮饭、打扫房间，到了十几岁时，母亲会手把手教她做饭菜的手艺。父母忙碌的时刻，稍稍年长的女孩会自觉管教弟弟妹妹，准备好饭菜等父母回来。

除了春节，祖先的忌日就是家里的大日子，那时要在家里举行祭祀活动，亲人们团聚在一起，怀念逝去的先辈。男人们在一起聊天叙旧，女人们在厨房准备饭菜，通常由祖母组织安排祭祀活动，年轻的妇女按照老太太的指导摆放好供奉给祖先的饭菜，女孩子一直是母亲的助手，做一些细小的工作。通过经历这样的家庭聚会，女孩熟悉了祭祀礼节，熟识了家庭事务。正如前面章节所讨论的，在初民社会，火是生命的象征，能够熟练使用火的人具有崇高的权威，越南的灶神中有一位是女性，这表现了女性与火、烹饪和厨房的密切联系。在以祖先崇拜为第一要务的越南，祖先祭祀与烹饪和厨房有着密切联系，所以妇女在家庭事务中担当着伟大的责任——照顾家人的同时还要照顾祖先。

第五节　女性精神与女神传统

在奉法村与当地人一起生活，我感受最多的是妇女为家庭所作的付出和牺牲，这些就是发生在我身边的故事，如果换一个场景，我可能会去劝说她们，希望她们能够改变想法，从而改变故事的结局。

范氏宗族族长范德仁弟弟的女儿范氏姮的故事令我更加珍惜自己的生命，如果我们真的理解孩子的生命是用母亲的生命换来的这个道理。她在怀第二个孩子的时候去医院做检查，不幸发现患上了癌症，医生说还是早期，及时治疗的话没有生命危险。但是为了保住胎儿，她没有做及时的治疗。在孩子一岁多的时候，她去世了。她曾经是那么幸福，已经拥有了一双儿女，而且小家庭已经攒够了钱建起了三层楼的别墅，安排好了一切，她就这样离去了。幼小的儿子现在由外婆照顾，丈夫依然做海员，幸好娘家人都住在附近，照顾她的儿女，每次看到她的儿子，我都在想如果换成另外一个女人，也许命运就会完全不同。

另一位母亲，陈氏草妈妈的故事里则体现出的是固执，但在这个当事人的梦想中，她为自己的家庭作出了贡献。之前，因为只生了两个女儿，她常常听到别人说三道四，而丈夫非常开明，劝她不要想太多。她偷偷去医院摘掉了节育环，丈夫完全不知道她的计谋。她若无其事地上班工作，下班回家料理家事。过了几个月，她去医院做检查，确定怀上的是男孩的时候她才向丈夫通报。儿子出生以后，她被解职了，可是她觉得自己获得了幸福。现在她的儿子已经在海防读大学了。

阮氏和在1960年考上了河内的专科学校，学习机械制造，毕业后非常顺利地在河内的一家国营工厂就职。她对未来充满了展望，那时候像她那样的高学历的年轻女孩不多，而且单位也有意把她培养成妇女干部。然而她是长女，父母年老了，希望她能够在身边照顾，她未来的婆婆也住在海防，因为未婚夫是长子。她结婚后坚持留在河内工作，直到生了第一个孩子还没有回海防的打算。她很早就加入了越南共产党，她觉得妇女应该为自己的命运奋斗，应该用自己的知识和力量更多地为社会作贡献。她请小姑子来河内一起帮她照顾孩子，婆家很显然是有意见的，丈夫也不同意长期两地分居。况且，按照习俗，长子长媳掌管着家庭的香火祭祀，除了照顾公婆和孩子之外，还一定要张罗供奉祖先的事务的。她最终放弃了首都的工作，回到了海防奉法村。她的内心非常痛苦，人生的理想从此放弃了，而且她在奉法村没有朋友。

一直到现在她还常常怀念在河内的那段日子，她说如果自己坚持留在首都不回海防的话，自己一定会快乐很多，她是“读过书的女人”，心思细腻、追求完美，她要让婆家的里里外外、上上下下的人都满意，这个让她费了不少心思。她要工作，还要照顾孩子，料理家务，组织祖先忌日的家庭活动，体力的透支让她变成了一个多愁善感的女人。她非常羡慕奉法村那些土生土长的女人，她们读书不多，可是处事灵活，做事泼辣，敢说敢笑，有什么事情吵一吵之后就忘记了。而她却把很多事情都放在心里，慢慢酝酿着、思考着，弄得自己非常不快乐。

阿和婆婆觉得去寺庙念佛的日子是她最幸福的时光，在那里妇女不再说三道四，全神贯注一心念佛，而且所有人都觉得念佛是有功德的，可以消灾免难保佑家庭平安。几个小时之后，念完了佛经，大家还能在一起分享寺庙的水果和小吃，一切烦恼就都烟消云散了。所以在退休不久，她就迫不及待地在宝光寺登记了皈依，正式成为三宝弟子。

阮氏和的大女儿阿贤，在生第一个孩子的时候，家里人觉得这是一个很大的奇迹，因为她婚后十年都没能怀上孩子，夫妇俩去很多地方烧香拜神都没有结果，但是她仍然心存希望。为了能早日怀上孩子，她这些年一直在尝试着各种药物，只要医生说效果好，她就拿回来吃。她第一胎剖腹生下了一个女儿，那时候她已经四十多岁了。身体虚弱的阿贤在高龄生出了一个健康聪慧的女儿，全家人松了一口气，但是当我2006年秋天去奉法村调查的时候却看见她又欢乐地挺着肚子行走了。阿贤的第二胎仍然是剖腹产，她的脸色更加苍白。由于是春节期间生产，医院的护士少。按照习俗，在月初和年初是最忌讳去看望产妇的，据说，那样会招惹霉运。所以她这个春节在医院里过得非常寂寞。儿子的出生如同立了大功，丈夫和家人都很喜悦。

十多年以前，阿心就去香港打工了，她可真是勇敢，只是跟随华侨梁老师学习了两个月的广东话就去香港碰运气了。但是她运气很好，遇到老乡的帮助，找到了工作。之后她不断寄钱回来改善父母的生活，在左邻右舍中她家最早建成了四层楼的小别墅，这个让她的父亲自豪了很久。她常常打电话跟母亲聊天，还把母亲接去香港旅行。她的母亲皈依佛教之后非常想去越南南部参访佛寺，她马上寄钱给她母亲买飞机票。但是阿心回来的时候却每每遭到父母的数落，因为像她这样三十多岁还没有订婚的，在这里就算是个异类了。那位一直在家乡等她的男人阿强，反复跟我强调他是阿心的男朋友，阿心说那是为了哄父母开心，为的是不要让每次回乡度假变成批判大会。

2010年春天我听到了好消息，阿心跟少年时候的朋友，就是一直在等她的那个阿强结婚了，他们在海防举行了婚礼，另外还要去香港办理婚姻登记，因为阿心已经拿到了香港的永久居留证。这又让我想到了年轻时代的阿和婆婆，她也曾经在河内找到了梦想，准备意气风发地找一条新路。阿强不愿意去香港发展的话，阿心是不是就要回海防呢？人们都说海防的女子聪明伶俐，有生意头脑，阿心的堂姐告诉我阿心已经在为未来做打算，她在从海防去涂山风景区的路上买了两块地，打算盖两个旅馆来经营。

许多人称赞越南妇女是前线的勇士、后方的卫士，而且还是保家卫国的中坚力量。然而她们甘于做养育、照顾的工作，不想与男性争光。在传统的越南社会，男人女人的娱乐活动各有特色，村亭礼会安排的游戏活动也能体现男女之间的差别。比如摔跤、掰手腕通常是男子项目，女子的项目有荡秋千，还有煮饭比赛。这个煮饭比赛据说是要求一边吃甘蔗，还要想办法用甘蔗皮来烧火。

在奉法村，女人掌控的是厨房和饭厅，女人的空间是家庭的厨房。男人在客厅会见客人，闲聊国家大事，女人谈的是眼前的家务事，相比之下女人更加务实。

从越南妇女的传统来看，表面上是男人主导着世界，但真正维持和支撑世界的却是柔韧的女人。人们在面对苦难和彷徨的时候，首先想到的就是母亲。

女性主义最早出现在法国，主要观点是在社会权利方面为女性争取与男性同等的地位；而后在英美等国流行开来，逐渐演变为侧重于文化与精神方面，女子争取同男子相等的地位。女权主义者一直存在一个误区：提倡女权，往往过度强调与男性有平等的权利，从而走向另一个极端，认为男人能干的事女性也能干。其实，表面上的平等恰恰反映了一种男性思维的特征。

越南北方妇女以精打细算、擅于经商著称。

如果给一个女人一只母鸡，她会节省下自己的口粮，饲养它生蛋孵鸡，并在鸡与蛋的循环中，帮持家用，供弟妹上学，继而产生无限生机和力量；如果同样一只母鸡给到一个男人手中，最有可能的结局是炖了被用来当作下酒菜。越南的孩子都告诉我，“如果没有妈妈管家怎么办？谁都知道，男人是不会存钱的，他们是没有底的篓子”。

越南共产党和政府也重视提高妇女的地位和维护她们的合法权利，并为妇女们提供各种优惠政策，使她们在各个领域发挥自己的聪明才智，为实现国家工业化、现代化作出贡献。如今，勤劳质朴的越南妇女正逐步向高学历、高素质发展，一批批女企业家、女政治家在革新事业中不断涌现。据越南官方提供的数据显示，目前越南国会女代表占 25.7%，越南企业家中女企业家占四分之一。事实上，越南各行业都涌现出许多出类拔萃的妇女代表，有很多越南妇女在党政机关中担任重要工作。在经济生活中，妇女的作用不可替代。在农业领域，女性劳动力占 49.95%；在工业与建筑业领域占 36.69%；在服务业占 51.8%。[①] 妇女们还在落实国家扶

① “为国分忧　善操家务，”访越南妇联副主席阮氏金翠，http：//news. qq. com/a/20080606/002492. htm. 2008 -06 -06。

贫帮困计划中走在了最前列。

无论是经营大的企业，还是街头一碗米粉的小生意，大部分越南妇女都快乐地为之操劳着。如同在传说故事中为人排忧解难，为将领献计献策的无名妇人。虽然在史书上少见妇女事迹的记载，但在越南民俗信仰世界，女神拥有无上的灵力与慈悲。女神的传统传递着充满关爱、坚韧不拔、无私奉献的女性精神。

2008 年春节我在奉法村跟上小学三年级的玲聊天，她当时在读“七仙女与董永”的故事，她问我在中国哪里有七仙女的神祠，她想长大以后去中国看看她的神祠。我当时怦然心动，在越南这样一个崇拜祖先、笃信神灵的民族，拥有丰功伟绩的凡人和有威力的自然现象立刻都可能幻化成为他们的守护神。在这些神灵当中，女性神灵更容易被广泛接受和信赖。这足以体现女性的社会角色在人们心目中的位置。女性不仅仅是男性的附庸，不仅仅守着家庭狭小的天地，还广泛地参与社会生产，在家庭中掌管重大事务。在子女的心中，母亲是强大的庇护所，在男人的心中，妻子是坚实的依靠。

在广泛的母神系统中，不仅仅自然界的神灵被赋予母亲的形象，而且观念当中的神灵也成为女性神灵。比如从中国传入的五行观念在越南被人格化为五位面目生动的仙女，尊称为“五行娘娘”。这样的思维模式体现了越南民族的集体潜意识，就是在他们的心中有着一个超越自然又亲切慈悲的神圣母亲的形象，这就是我们在越南民间信仰中看到的许多山神、河神，她们是先民将天地山河幻化而成的母亲神。妇女是民间信仰的主要参与者，她们进一步认同和强化着神灵的母亲形象。舞姿曼妙、音乐华美的神灵之舞，使母神信仰的祭祀活动变成了艺术的盛会，使信众进入了忘我的沉醉状态。女性精神总是在以非暴力的形式中传递着教化的精神，给予越南女性以生命的教导。

1927 年，法国东方语言大学法学博士 Emile Tavernier 在描述安南人的家庭特色时写道[①]：

> 他们承认伴侣之间是平等的关系，女性地位高，女性的名字出现在协议书上，可见女性也拥有家庭财产权，而且女孩和男孩一样拥有财产权。

---

① Emile Tavernier. *La Famille Annamite*. Saigon：Editions Nguyen Van Cua，1927.

劳动妇女参与劳作与收获；在商人家庭，妇女负责沟通、协商，参与商务谈判，甚至在船上就能进行买卖。所以女性的地位非常重要，因为在农业生产和商业事务中，女性都起了主要的作用。

女性的优势在于心灵手巧，善于经营家族生意，大的贸易行和农庄都由女性来负责经营的，女性有智慧而且非常勤劳，让家族兴旺发达。相对于男性，女性更有优势，女性勤快，更善于做手工活儿，工作更多，也善于积累财富和处理人际关系。

将近一个世纪过去了，越南妇女的特点依然可以用上述语言来概括。在现代化潮流中，为了持续高速发展而逐渐失去文化根基、逐渐丧失幸福感的民族比比皆是，也许越南的妇女传统和民间文化值得我们去好好深思。这种特质会对女性的发展之路予以温婉而智慧的启迪。

本章小结

在信息不断更新的现代社会，女性的发展道路应当如何安排，保存着优良传统的越南妇女的生命历程为我们提供了另一种答案。

越南女性在实际生活中担当着重要的角色，她们在市场经商、投入工业生产、在家务农、种花、卖花，或者从事手工业，她们还可以担任机关干部。她们在社会生产中大显身手的同时，牢记着自己的职责是照顾家庭。照顾家庭包括安排家庭经济、养育子女以及祭祀祖先、神灵。丰富的社会关系以及对家族中祖先忌日的记忆，这些传统知识的拥有不断提升着妇女在家庭中的地位。在家庭举办的祖先祭祀活动中，妇女学会了统筹安排人力、物力，学会了团结合作。她们可以在厨房边做烹饪的事务边交流情感，边聊天边解决问题。

越南民间信仰的神灵如三界神——天母、水母、林母，从源头看应当来自中国的三界神——天官、地官、水官，许多神灵为何会在进入越南本土社会后发生了性别转换，这实在是与越南的本土文化有非常大的关联。从很大程度上说，越南的母神信仰是在从周边文化引进的神灵体系的基本框架下进行了适宜于本土文化的改造。改造之后的神灵鲜明的特点就是拥有众多女神。女神信仰与女性传统都是对越南本土文化集体记忆的表达。

正如北美的宗教心理学家奈奥米·R. 高登伯格（Naomi R. Goldenberg）向妇女阐明脱离家长式宗教的可能性一样，她在描写女性巫术时，进一步阐述了每个人与女神保持联系的重要性。她认为，女人可以“仍然做女人，即保护好在她们当母亲和家庭妇女的岁月里学到的价值，并将这些价值带到她们的工作中去”[①]。

越南妇女传统的关键恰恰就是“保护好她们当母亲和家庭妇女的岁月里学到的价值”。体现了慈爱、养育、忠贞等母性精神的妇女品质进一步投射到女神信仰当中，对越南妇女传统的延续传承起到了积极作用。

此外，在《宗教心理学简论》中，凯特·洛文塔尔讲述了一个北美妇女转信伊斯兰教的例子：

> 一位年轻的母亲在1987的北美伊斯兰社团的会议上接受了采访。她说她对妇女解放运动所带来的压力变得失望，因为这一运动体现了各种各样的观点，包括妇女应有平等的工作机会、妇女在婚姻中不再受到男人的压迫、妇女在生育上的自由选择以及在一些情况下以某种形式出现的性自由或解放。于是，她皈依了伊斯兰教，并且嫁给了一位穆斯林信徒。她的新的“传统的”生活方式与她作为一个女人的自我知觉完全一致。[②]

妇女解放运动一味地强调男女平等，消解男女差异，令妇女感到失落。而越南的妇女传统体现了对女性自我价值的认知与实现，让女人做回女人，通过母亲的角色实践以及母神的精神品质来塑造并规范女性的成长。在巨大的社会变迁中，越南妇女因为遵循着这个传统而有序的道路，从而得以持续地、健康地成长。

---

① 奈奥米·R. 高登伯格著，李静、高翔编译：《神之变——女性主义和传统宗教》，北京：民族出版社2007年版，第3页。

② 凯特·洛文塔尔著，罗跃军译：《宗教心理学简论》，北京：北京大学出版社2002年版，第43页。

第七章

结　语

母性精神：自然与社会的和谐之道

夜灯亮起坐下想起
曾经的传奇
母亲站在雨中
掩护孩子入睡
她警惕敌人的脚步
母亲她坐在
阵阵雨中
——越南歌曲《母亲的传奇》

谈起越南历史，就会提及战争，就会提及越南与中国、法国和美国在不同时期的交锋与纠葛。远古的痕迹难以找寻，但是历史上的女英雄与民间传说中的“母神”交相辉映，表现出这个民族对本土文化的坚持，为此不惜进行争取自由独立的抗争。从 1945 年到 1975 年的大部分时间里，越南相继陷入和法国、美国的战争，战争的痕迹曾经比比皆是：弹道弹坑、残存的军事设施和战时村民使用的地道等。很多人笑称现在的很多鱼塘原本就是弹坑。越南人津津乐道的是后黎朝黎太祖的“大义”——1427 年，黎利击败明朝军队后，没有处死明朝军队的战俘，而是为他们提供了船只、马匹和粮食，放他们回去。随后他立刻派遣使臣前往明王朝进贡礼物，与之讲和。在后人看来，这位英明的越南皇帝审时度势，他预料到中国从未也绝不会从越南的历史和未来中消失。

我在越南北方看到寺庙神祠的汉字对联，在老百姓家中看到祭祀祖先的时候用汉字书写的“祭祀文”，在母神的神祠看到“玉皇上帝”的神号，在老人口中听到“南曹北斗”的故事，这一切都表明中国文化早已融入越南文化的血液。同样，我们也可以看到越南语中直接来自法语的词汇比比皆是，越南重要的医科大学都开设法语课程，目的是输送高级医学人才去法国深造，因为在老百姓心中，欧洲的科学技术是领先的。种种迹象表明，越南一直处在强大的他文化影响之下，无论这种文化来自中国，还是来自欧美。

长期以来，由于与他文化之间的碰撞常常是被动的，甚至带有暴力抗争的遗迹，因而越南民族逐步强化了本有的自我保护意识。这份民族自我保护意识，表现在精神层面上就是十分强调本土文化的价值，推崇自己的本土神灵。从汉代开始，中国的封建制度就不断地改造越南的古代社会；到了 19 世纪，欧美文化（主要是法国、美国）希望改造越南的国民性，用民主、自由的思想淡化其封建色彩。就在这样的纷争中，越南社会的细胞——家庭仍然保持了相对的稳定性，这也是越南能够面对强势文化依然保持独立的原因。以传承民族文化为己任的民间力量，尤其是担当家庭教育职责的越南妇女，其力量不可小觑，她们是看不见的幕后英雄。比较有趣的是欧美学者认为越南妇女不太注重个人发展，反而更投入家庭事务，他们认为这是越南社会和越南妇女的封建性所在。

有一部电影可以帮助我们理解越南妇女面临的文化抉择。1992 年上映的法国电影《印度支那》表达了法国人对越南难以割舍的情怀，主人公莉莉是出生在越南的法国女人，她养育了安南王子的女儿卡美。她珍爱这个养女，精心教她法国的文化与礼仪，还要把自己经营的橡胶园和所有财富都留给她。得知养女爱上的竟然是自己以前的情人后，莉莉请求这个男人接受卡美的爱，因为母亲不愿意看到女儿痛苦。从西贡到海防下龙湾的逃婚历程使这位安南皇室的公主看到了自己的民族在经受苦难，老百姓食不果腹，衣不蔽体，甚至被贩卖为奴隶，所以她参加了独立反抗运动。越南女儿与法国母亲最终决裂：女儿选择做一个真正的越南人，法国母亲也永远离开越南回到了法国。电影仿佛是在用象征手法表达法国的利益和文化在越南的逐渐式微。

《印度支那》展现出这位法国女人已经深深融入越南本土的文化中，在她的书桌上摆放着一尊观音像，在养女出逃杳无音信的时候，她去寺庙求神佛保佑，甚至在橡胶园训斥逃跑的工人时她用的也是当地人的思维："我鞭打你，是因为你想逃跑，你觉得父母会喜欢打孩子吗？"这些情节令人感慨，一位传统的越南母亲的形象跃入观众心头，只是她长着一张西方人的脸。

20 世纪初，法国殖民政府军官 E. Diguet 在他撰写的民族志《安南人：社会、习俗与宗教》中，从人种特征、家庭组织、行政机制三个方面来描述安南人的社会特征。他强调"和中国的女性地位相反，不应该认为安南女性是性奴隶，在安南的家庭当中女性是受到尊重的”①。在越南稻作文明的背景下，女人是与男人一起劳作的，自古以来她们与男性一同创造财富，而且妇女的韧性与责任感使她们在经商意识上甚至超过男性。在家庭中，妇女养育子女，传承家族的历史记忆以及民族的礼仪文化。前面章节论及越南封建帝王在清查各地城隍信仰的时候，并没有排斥其中的女神，并且对女神也一视同仁加以封号，以供百姓参拜。富有象征意味的是，当目光投向供奉民族英雄吴权或者陈兴道的祠亭时，我们就会发现那里也同时供奉着某一位女神，这位女神是曾经给予过他们指引和帮助的女性。从这点来看，越南社会的上层从来都对“女性的智慧”带有崇敬之心。

越南政府至今提倡对建设保卫祖国的历代妇女表示感恩，这种观念在亚洲是非常有人文价值的，这在越南不仅仅是为了获取妇女支持而采取的临时性政治举动，而且体现出民间传统习俗深深沿袭的特征，越南社会各阶层对待妇女都是如此。每年 10 月中旬我在广州遇到越南留学生的时候，男生都在买花、买蛋糕，张罗着为女生过节——10 月 20 日是“越南妇女联合会”成立的日子，民间称之为越南的妇女节。东亚国家大都受到儒家思想提倡的“男主外，女主内”家庭模式的影响，但是越南依然保留了对女性、对母亲的崇拜，供奉女神、圣母，在信奉阴阳哲理的稻作文明中熏习，越南社会中妇女的地位得到了充分肯定。正是这样的社会基础给妇女提供了更宽广的社会舞台，在越南历史进程中显示出妇女建设、保卫国家的功绩、才能和智略。

从民俗系统中可以看到妇女的巨大影响力，在越南有许多歌谣、俗语、民歌赞美女性。母亲的心灵与越南文化的连接非常紧密，从家庭到社会，越南人崇信母亲的力量。正因为如此，越南形成了一种崇拜母神的信仰，包括三位主要女神（天母、水母、林母），在不同地区不同城市，我们还可以看到这“三位圣母”与另一位或者几位当地女神一同受到人们祭祀的场景。

妇女的力量尽管伟大却表现得谦卑，她们在家庭劳作，比男人还坚强，她们无私奉献，富有牺牲精神。孩子从小就受到母亲的照顾和教育，长大后才能真正理解。所以，母亲的心灵令人感动，是越南民族情感观念的基础。

---

① E. Diguet. *Les Annamites*：*Societe Coutumes Religions*. Paris A. Challamel Editeur. 1906. 134.

越南的古代和近代，妇女在知识精英社会中的参与性较低，但是在平民社会的活动中，妇女是非常活跃的力量。在日常生活的点点滴滴中，妇女在家庭教育子女，在烦琐的劳动中为家庭增加收入。在危难时刻，她们的丈夫和孩子在战场牺牲，她们必须面对孤独，坚持生产和战斗。这就是越南人心中母亲的伟大形象，越南人常常感恩母亲，他们觉得自己这个苦难民族能够坚持到独立，都是因为芸芸众生中母亲的无私奉献。

本书希望探讨女性除了“被压迫”或者“被解放”之外，应该还有第三条道路——自主地承担家庭、社会的责任，在奉献的同时也成就自己的幸福。相信这样的幸福观和价值观也能够启发其他正在试图“解放自己”的东亚女性。

中国、法国、美国都在试图解释越南文化，也试图用自己的方式来影响越南的社会。越南知识分子痛恨越南的土地改革，他们说为什么全部都学中国的，就因为是中国的邻国就得什么都照搬中国模式吗？土地改革波及了很多家庭，很多人的命运遭受阶级成分论的打击，连越南的最高领导人胡志明最终也发表了讲话，为这个不明智的决策向全国人民道歉。一位退休的女记者说：“我们需要学习中国的主要是传统文化，比如说中医和风水，别的方面不必全部拿来用。”随着“革新”后社会思潮的逐步活跃，越南的本土文化越来越受到民众的重视。

我在河内和海防调查时，发现大部分人喜欢在家里吃饭，在外面吃饭多是不得已而为之的工作餐。所以在越南北方，餐饮业很难有大规模发展，但是家庭的餐桌上不仅仅传承了传统厨艺，也传递着尊老爱幼的家庭观念。尽管有人认为越南社会深受封建制度束缚，需要更大力度地解放生产力，需要把妇女从家庭中解放出来，但是越南妇女仍然以家庭利益为先，仍然把妻子、母亲作为自己最重要的角色。

越南社会依然在经历动荡和变化，而妇女的作用将更为突出，也更加重要。不能只看有形的、可以用数字和货币单位计量的价值，还要看到隐形的、包含了使社会稳定发展的、着重长远利益的价值和内涵。优良的妇女传统希望回归“女性精神”，重视家庭和养育——在适婚年龄结婚，在最佳育龄阶段养育后代。从现实角度讲，这为人口素质的稳定和提高提供了保障，而且赋予了温情的姻亲支持系统，确保妇女在怀孕、生产期间拥有充分的物质和情感支持，使第一次生育孩子、养育婴儿的过程更为顺利。在越南患产后忧郁症的情况很少，对生育女神的崇拜让越南人更加珍惜和尊重生命，因为孩子是神灵造就的、送给有缘家庭的礼物。

针对女性的教育从小就开始，很早就让孩子为未来的家庭生活作准备。女孩子行、走、坐、卧的姿态要美好，吃饭不能发出声响，动筷子之前要招呼请家人吃饭，在祖先的忌日学习摆放供品，在厨房协助母亲烹饪饭菜。对女孩的培养从小就让她们在不同的情景中处理日常问题，进而培养了越南妇女热爱家庭、吃苦耐劳、善于协作、尊老爱幼的传统。

越南社会的母亲普遍受到尊重，她们不仅担当着养育后代的重任，同时还教导养育后代的女性，传递民间祭祀的礼仪，是家庭中真正的灵魂人物。神话传说中的女神流传到后世被大家称呼为母神，越南民俗学家认为越南的女神不同于欧洲神话传说中的女神，应当叫做母神。母神作为守护者、养育者、赐福者的形象，都是人间母亲社会职能的象征，母神所象征的天地山河的超自然色彩又启发人们对大自然的养育和母亲的养育生起深深的感恩之心。神灵世界的母亲和人间的母亲因为对世间的功劳而受到敬仰，人们也因为从母亲那里感受、学习爱与关怀而感受到真正的幸福。越南人普遍觉得自己的家庭充满情感，而受儒家文化影响的越南也表现出内外有别的家庭秩序，母亲帮助女儿养育后代却不将他们据为己有，“奶奶的孙儿外婆带”这样的风俗体现了母系血统的温情与父系血统的责任的相互平衡，同时更加显露出母亲的无私，令人感怀。可见，越南的母神信仰对于女性的健康成长与社会的安定和谐起着积极的推动作用。

越南的母神信仰传承着越南的俗语、传说、饮食、服饰和习俗。家庭的谱系和祖先的忌日等重要信息都是越南妇女的基本知识，也是家族的重要知识。没有妇女的参与，没有妇女的继承发扬，越南社会也许很早就被同化了。女性还比较热衷用自己民族的语言——喃字创作诗歌，比如胡春香和段氏点就有传世佳作。

女性精神所代表的是一种对生命的爱和尊重，无私奉献，主动参与创造，主动为社会、为家庭服务。女神信仰的复兴，既体现了女性精神，也可以理解为象征着越南民族对本土文化的刻意追求。越南经历了战争、革命和社会主义转型，在建立现代化社会的过程中，必须面对的问题是：越南的现代社会将具有什么样的特点？欧洲的社会学研究者关注越南的发展，因为这是一个体现了文化冲突与文化整合的地方，越南人将怎样处理新的文化要素、殖民时代的文化要素、殖民时代前的文化要素，这是社会学研究者感兴趣的问题，但是越南本土的文化是一支不可忽视的力量。

越南的文化特色表现为“本土民间文化中的多神崇拜，女神崇拜，以及祖先崇拜”①。兴起于18、19世纪的柳杏圣母信仰把女神崇拜这一信仰统合为一个拥有祭司、信众、经典、仪式的较为完整的宗教体系。越南从20世纪80年代开始的改革开放造成农村人口向城市的流动，工商业的迅速发展使得南北之间的互动增加，城市移民增加，传统文化遭到一定的动摇，曾经以爱国主义为动力的越南人现在把财富作为人生的目标。这引起了社会的恐慌，人们担心孝顺和恩义这些传统美德会被拜金主义所取代。就在这20年，先是从民间再次兴起了圣母信仰的热潮，信奉共产主义的越南政府曾经为了破除迷信严厉禁止与母神信仰有关的“降神”（len dong）活动，但是在2007年，越南文化部承认母神信仰为正当的民间信仰，是优秀的民族文化。

母神信仰越来越繁荣，春节期间和母神忌日参加神祠庙会的人越来越多，甚至一些侨居海外的妇女也不远万里回国，就是为了在一个母神的神祠举行自己的“降神”仪式。此外，有一些信徒期望母神帮助自己消灾解难，或者求取财富，也会积极筹办临时的“降神”活动，因而女神的职能从传统的掌管生育婚姻发展出赐予财富和升学机会等新的功能。在民间，普通百姓已经将母神当作与玉皇大帝一样重要的神灵来供奉。在佛寺，母神也占有一席之地，令越南民众倍感亲切，就连越南学者对母神也情有独钟。

母神既具有人间的母亲形象，同时又是超越凡俗、具有超能力的神灵形象，在母神信仰的神灵体系当中，母神拥有至高无上的地位，她们统领着文武百官，好像拥有权力的女王；她们又与年轻的男子（Cậu）、女子（Cô）相伴，好像一位慈爱的母亲。“母神信仰这种来源于传说的本土遗产与源自中国的父系传统相区别。流传越南2 000年之久的母系元素拥有持久性、生命力、整体性，成为一种文化对抗的力量，是民间文化与精英文化、地方文化与中心文化、民族文化与外族文化之间的对抗。女神目前也成为针对新的文化殖民主义的最好的抵抗力量。”②

在越南社会，随着经济发展的步伐加快，人们为了追求最大的经济效益，有时候不惜舍弃道德。近几年春节的时候，很多老人常常回忆三十年

---

① 潘玉：《越南文化的本色》，河内：文学出版社2006年版。

② Philip Taylor. “The Goddess, the Ethnologist, The Folklorist and the Cadre: Situating Exegesis of Vietnam's Folk Religion in Time and Place”. *The Australian Journal of Anthropology*, 2003, 14 (3): 383.

前一家人在除夕包粽子、吃粽子的情景，现在年轻人工作忙，大家都在市场购买已经包好煮熟的粽子。但是也听到关于粽子的恐怖传闻，他们说有的商家为了减少制作成本，在煮粽子的时候放入废旧电池，弄得人心惶惶。2007年，一位女大学生主演的电视剧遭到禁播，因为她与外籍男友的性爱光碟在网络被恶意流通，家长觉得非常恐慌，对年青一代的伦理观念深表担心。但是在广大的越南乡村仍保留着丰富的民间风俗，由于家庭教育的传承，由于宗族的紧密联系，尊老爱幼的风气依然非常浓厚。

春节期间，一位在首都河内出生的年轻人——22岁的范明德跟随父亲回南定省的老家祭祖。他爷爷60年前去河内谋生，后来从未回过故乡。明德和父亲发现在宗祠的家谱上已经找不到他们的名字了，族长立刻补上他们祖孙三代的名字，另外还发给他们一份祭祖的猪肉。明德非常感慨地跟我说，他在河内觉得很没有意思，常常觉得无聊，所以大家都玩得很疯，他以为别的地方也这样，现在才知道只有河内是这样的。自从回老家拜祭祖先后，他觉得人生应当有目标，要奋斗。

越南政府和民间一致推动民间文化的恢复，各个省的文化厅正在重建村庙和乡亭以恢复地方文化。集民间音乐、舞蹈于一身，以古代建筑和文献为背景逐渐浮出水面的母神信仰被学者认为是体现越南民族复兴的象征，越南民俗学与宗教学界组织世界学者曾经召开以“母神信仰与萨满教”为主题的研讨会，越南的母神信仰已成为东南亚萨满文化的代表。

越南民间文化丰富多彩，差不多每一种民俗事象都杂糅了不同的文化因素，断然去说某种民俗一定是受到另一个国家某种宗教的影响，就显得生硬而且武断，需要将这些现象当作富有价值的标本加以辨别分析，去发现其构成元素与组合模式。在众多的越南民间文化事象中，最美妙、最神秘的就是对母神的信仰；在漫长的越南历史叙述中，最动人、最激越的就是对母亲的感恩。越南妇女，无论是在天界还是在人间，都显现出崇高的地位和威望，这是真实生活的显现，是妇女无私奉献、辛苦劳作应得的酬劳。

在现代化进程中保持女性的特质，不一味地与男性竞争，重视生命的养育与成长、个体与群体共同发展，主动承担家庭与社会的责任，这些是从“越南妇女”以及“母神信仰”所传递出来的女性精神。希望女性精神能够让人领悟到人与自然的和谐之道，让更多的人从女性的形象中看到崇高！

附 录

附录一　论越南乡村民间信仰的神灵体系[①]

【摘要】 越南的村社自古有自治性的传统，从而形成以村社为单位的民间信仰系统。城隍是村社的保护神，是村社的象征，也体现了村社之间的界限。母神信仰已经深入到村社的民间生活，母神信仰的神灵体现了越南人的民族渊源和民族精神，在乡村生活中有治疗和祈福的作用。

【关键词】 越南　民间信仰　城隍　母神

本文所讨论的越南民间信仰主要是指以红河三角洲为代表的越南北方地区的民间信仰，因为越南的南部以前属于古占城国和真腊，在17世纪后才逐渐被越南征服，尽管最近几十年民间信仰的传播速度很快，但是南北方在神灵体系的基本架构等方面还是有所差异。越南民间的神灵众多，包括佛教和道教诸神，越南道教典籍《会真记》中所记载的许多神灵在田野调查中发现只有柳杏圣母信仰仍然盛行。另外，在20世纪越南经历了抗法战争、抗美战争，民族意识当中越来越强调其本土文化，越来越崇尚其本土神灵，杨成志先生在《安南人的信仰》[②] 中记录了很多来自中国的神灵，例如文昌帝君、张天师、太上老君、关圣帝君和王母娘娘，这些神灵已经逐渐不为人所知。

2010年2月，我们在海防潘佩珠路（以前的华人街）试图寻访天后宫的踪迹，发现那里已经被改造成一个很大的批发市场了，有人说里面还有一些佛像，我们很激动，可是看到的却是越南母神崇拜——四府信仰的神

---

① 2010年3月，笔者参加中国社会科学院世界宗教研究所主办的“中国宗教人类学的回顾与前瞻”——首届宗教人类学学术论坛，在会上曾宣读此篇论文。现作为附录供读者参考，借此窥探越南民间信仰的特色，期待更多中国学者走入越南民间社会，体察越南民间信仰的整体格局。

② 据笔者考证，杨成志先生的这篇文章参考了安南翰林院学士梅园段展所编撰的《安南风俗册》（成书于1908年）的相关内容。

像。随着华人社会在越南北部的淡出，源自华人社会的神灵在越南民间信仰中的地位也渐渐式微。所以，本文所讨论的神灵主要是目前在越南民间社会比较活跃的神灵。我试图从越南民间信仰的文化土壤——越南村社谈起，一步一步深入到越南人对神灵的认识和理解，进而归纳出一个越南民间信仰的神灵体系。

一、越南村社的独立性形成以村社为单位的神灵体系

越南人的乡土观念非常强，在越南语中，“故乡”这个词同时有另一个意思——“乡村”，在越南人心目中的农村不是一个封闭落后、贫苦荒凉的地方，而是一个充满了温情和归属感的乐园。

2010 年春节，我在海防访问了已嫁到中国广东 14 年的越南妇女阿渊，她说十多年没回越南，回到村里已经找不到自己的家了，变化太快，大家都住上了楼房，所幸村亭和村寺还在原地，在村亭参加礼会接着在村寺上香后她感动得热泪盈眶，觉得回到了心中真正的故乡。居住在河内，21 岁的大学生阿德一直觉得没有目标，生活很无聊，课余时间通常上网打游戏消遣。2008 年春节第一次跟随父亲回南定省的老家探亲后，他觉得一切都不同了，他说：“我们去宗祠参拜祖先，因为我爷爷 19 岁就去河内了，所以族谱里没有我们的名字，经我们的介绍和说明后，族长在家谱上加上了父亲和我的名字，参加祭祖活动之后我们还分到了一块祭祀用的猪肉。我好像突然觉得自己一下子变得充实起来，觉得生命很有意义。”

在越南农村，县下一级的行政单位是社，社下一级的行政单位是村，一个村（lang）还可以分成几个小的自然村（xom）。每一个乡村都是一个稳固的经济文化共同体，一直到八月革命（1945 年）之前，越南农村保留着近千年的农村公社的经济形态，实行公田公土制度，公田就是属于国家的土地，分给农民耕种，向国家缴纳地租。“村社的公田只使用于各个村社的范围之内，只有该村社的人才能分到，官吏或者士兵要分到村社的公田，首先必须是该村社的人。分封到公田的王侯、贵族，实际上只是代替国家收租，此外，对全部分封田地都没有所有权。封建朝廷从未把这个村社的公田分给另一个村社的人。”① 在这样的经济利益基础之上形成越南人

① 阮鸿峰：《越南村社》，昆明：云南省东南亚研究所 1983 年版，第 20 页。

安土重迁的观念，对自己的村社产生非常深刻的归属感，有一些村社已经更名，可是当地人还是喜欢用以前的村名，称自己是某某村的人。

我的调查地点是越南海防市吴权郡的藤江坊，这个坊是在1987年2月由藤江社（农村的行政单位）改为藤江坊（城市的行政单位）的，同时从海安县划归吴权郡。以前组成藤江社的奉法村、安陀村和南法村三个村社，应该相应成为奉法居民区、安陀居民区和南法居民区，但是因为奉法村的范围广、人口多，被划分成五个居民区（实际上是之前的五个自然村），名称依然是以前自然村的名字，分别为东海、东正、南山、中村、寨村。这样一来，奉法村的名字就隐没了，可是还有很多人称自己是奉法村的人，他们去的村寺和村亭还是以前奉法村的寺和亭，他们称之为“我们的佛寺和村亭”。

越南乡村的佛寺通常有两个名字，一个是真正的名字，另一个是以所在村社为名。比如说原奉法村的宝光寺也称为奉法寺，原安陀村的灵光寺也叫做安陀寺，南法的天主教教堂称作南法教堂。根据我在河内市、海防市和永福省的观察，越南北部乡村社区的一个基本特征是都有象征这个村社共同体的一个宗教信仰场所，这个宗教信仰场所仿佛是这个村社的灵魂。在大部分的村社担当此职能的是村寺和村亭，在有的村社是教堂和村亭。

二、神灵的边界效应——城隍信仰

越南的城隍是村社的保护神，每个村社都在各自的村亭中供奉他（她），城隍得到老百姓的诚心供奉。有时候邻近的村祀奉的城隍是同一位神，但是他们也要坚持自己的祭祀活动，绝不会因为图方便而跟别的村一起祭祀，就连每个亭的神像他们也觉得不同。

奉法亭供奉的是越南的民族英雄吴权，公元938年他在白藤江打败南汉军队自立为王，越南人把这个时期看作是越南独立的开始。根据藤江坊的档案资料，奉法村所在地就是当时吴权屯军的地方，至今在奉法亭正门旁边的庆灵祠还供奉着传说是为吴权掌管粮草的女将——武郡。根据传说，奉法村范氏宗族的先祖就是吴权的部下。

现在看到的奉法亭位置在中村，与村寺比肩而立。奉法亭现在有两座吴权的神像，看似不合情理，这两座神像能够并排“坐”在一起，跟奉法村城隍信仰的变迁有关。奉法亭的范围比较大，以前在其中的三个自然村都有亭：中村的亭，北村的亭，还有寨村的亭，都称为奉法亭。1945 年八月革命后不久，在越南农村也进行土地改革，城隍信仰被指作迷信异端，北村的村亭有一段时间被改作小学，现在已经重新建成了一所幼儿园，没有人知道那曾经是一座亭。只有中村的亭完整保存了下来，寨村的亭也毁了，不过留下了神像。在信仰恢复以后，村民们觉得寨村的神像仍然神圣，把这座神像迎请到中村的亭，跟中村的神像安放在一起供奉。所以，现在成为国家文化遗产的奉法亭其实是三座亭合成的，集合了三座亭的精神，安放了两座亭的神像。

我问现任奉法亭的管委会会长阮文儒先生："村民现在仍然来祭祀本村城隍吴权，是不是因为觉得这个神灵特别灵验呢？"他说："不是因为灵验，这是我们的民族精神，是吴王①保家卫国维护独立，我们民族才有今天的发展，这是一种教育，希望子孙后代能够饮水思源。而且在亭里还供奉着本村各宗族的始祖，每次祭祀的时候不仅仅是祭祀城隍，同时也会祭祀每个家族的祖先。"

我看过阴历腊月初六在奉法亭举行的腊月祭神仪式，祭祀队的妇女穿着古代宫廷的服饰，边走边奏乐；祭祀队的男人穿着蓝色的朝廷礼服，在礼乐声中诵读祭文，迎吴王、王子宫妃及臣僚来享用祭礼。祭祀队在歌舞中为神灵三次点香，叩拜，斟酒，仪式非常庄严。祭祀完城隍后就诵念祭祖文，祭祀全村始祖。我从流传下来的《奉法亭祭文集》中看到的腊月祭祖是腊月二十五日，现在腊月祭神和祭祖合并到了同一天。

城隍信仰由来已久，最早来自民间的信奉，后来得到封建朝廷的支持和推行。后黎朝洪福元年（1572 年），朝廷令各地上报所祀城隍的神迹（即灵异事迹）和神谱（即履历功绩），由阮炳统一审定，然后由朝廷根据不同的情况将各地城隍分别敕封为上等神、中等神和下等神。②

据说越南的城隍五花八门，甚至包括了自然神。我在海防看到的只有因生前有功、死后被人民奉为神灵的，比如东汉时期参加二征夫人起义的女将黎真。在海防地区供奉的城隍很多都有战神的特点，生前骁勇善战，死后继续护佑人民。

---

① 公元 938 年，吴权起兵击败南汉军队，并于次年称王，越南老百姓至今尊称其为"吴王"。

② 孙衍峰：《越南人的城隍信仰》，《解放军外国语学院学报》2003 年第 5 期。

村民供奉城隍主要有三个原因：一是因为这些英雄生前英勇战斗，被越南人尊为民族英雄，老百姓对他们深深感恩；二是这些英雄生前或者死后与当地有一些联系，或出生于此，或因有功于当地人，故而受到供奉；三是在村亭可以共同祭祀本村各宗族祖先。可见，村亭最大限度地体现了村社共同体的精神。

天主教村社依然信仰城隍。在越南信奉天主教的村社都有自己本村的教堂，每星期有聚会，在圣诞节等重大节日有大型活动。由于村亭供奉的是村社的保护神，跟天主教的教义不符，所以我曾经以为藤江坊南法村只有教堂没有佛寺，应该也没有村亭。实际情况是南法村有村亭，供奉着本村保护神（城隍）吴权，跟其他非天主教村社不同的是，南法村的村亭不仅仅供奉城隍，在侧面的厢房还供奉着释迦牟尼佛、观音菩萨和越南民间信仰的三位圣母。

越南乡民的警惕性很高，对外来人多加防范，即使现在藤江坊已经逐渐都市化了，他们对外来人特别是外国人仍然很小心。奉法村宝光寺的僧人因为应允欧洲专家在寺内居住而被藤江坊的警察罚款，我在做调查的时候，也遇到过藤江坊干部的盘问。50 岁左右的奉法村村民说：“小时候大人告诉我们，如果去南法村的话一定要小心，南法村的人比较厉害，如果得罪一个人的话，会有很多村民来打我们的。”自古以来越南的乡村自治性很强，每个村都会制定自己的乡约，用来规范本村范围内的行为道德准则，越南有句俗话说“乡约大于国法”，同一村社的人形成了彼此关照、彼此依赖的团结精神。每个村都有几个大姓的宗族在此地居住了几百年，邻里之间彼此熟悉，家家户户共同参与本村的神灵祭祀，从而形成本地人的优越感和自豪感。35 岁的理发师阿萱说：“我们奉法村的人都是安守本分的人，靠诚实劳动和知识吃饭，不像有的外地人，开的是发廊，但是不知道真正在做什么。”45 岁的女教师阿信说：“不知道为什么，我们奉法村出了很多老师，我的堂兄还被评为全国优秀教师呢！”

村社当中德高望重的是那些年纪大且了解本村历史和祭祀仪式的老人，他们保存着本村城隍的历代朝廷敕封的名号和祭祀礼拜的文本。藤江坊的领导干部有一些来自本地，有一些来自外乡，他们对各村负责祭祀的老人都非常尊重，每次奉法亭有祭神仪式，藤江坊的主席和其他干部都会去参加开幕式，亲自给城隍上香。穿着宫廷服装的祭祀队伍走进村亭大殿的时候，神龛前面的供桌上香烟缭绕，红色的龙辇旁边高高举起的“肃静”、“回避”两个牌子闪闪发光，此时此刻的村亭显得庄重而神圣。

越南村社都有本村的保护神——城隍，城隍信仰体现了越南村社的自治性特征，越南历朝对城隍的敕封是对村社边界的确认和村社利益的肯定。

三、越人灵魂自我整合的母神教众神

目前在越南民间最盛行的信仰是母神信仰，因为越南民间的女神众多，民间称这些女神为圣母，跟母神崇拜相关的信仰在民间被称作“四府信仰”，在越南学者中间则被称为“母神信仰”。所谓四府信仰，就是对天府、地府、水府、林府的女神以及她们的随从部下等诸位神灵的崇拜。这些神灵包括了天界、地界、河海、山林所有的神灵，既有对表示山林的山庄女神，也有蛇官和五虎神官等动物神，体现了越南人对自然万物的崇拜。母神信仰的标志就是三位圣母的塑像，她们分别是上天圣母、上水圣母和上岸圣母，代表了她们能够进入天地各界。

供奉母神的场所称作府、神祠，最有名的府在母神信仰的中心——南定省云葛县，相传那里是柳杏圣母的故乡，她是越南最有名的女仙，传说是玉皇大帝的次女。她的传记见于越南古代的神仙传《会真编·坤卷》①：

> 圣母号柳杏元君，为第二宫仙主玉帝次女也。黎神皇永祚年间，八月望夜，降生天本云葛安泰村黎姓之家……
>
> 厥后，母常经游北河诸胜，隐见往来。人或有见之者，如高山锕日。美沼浴云，及白衣晚，化试豪郡之法门；只棹宵来，度泸江之善士。其神通游戏，类多如此。累朝有戎事，恒致祷焉，功成进王爵。有黎以来，经过祠前，自一品官以下，莫不俯首鞠躬而屏息焉。数百年间，祸福不一，灵声既著，慈德亦宣，人皆称为圣母。

从传记来看，圣母柳杏的特别之处是来自仙界，并且神通广大，祈祷灵验，能够帮助成就事业，所以受到文人和官员的崇拜。另外，她的“祸

① 《会真编》是越南仙传之作，分乾、坤两卷，乾卷记录男仙，坤卷记录女仙。此处据1850年刻版，收录在1991年由台北学生书局印行的《越南汉文小说丛刊》之第二辑。

福不一”显示出这位女神性格有时候不稳定，并不是每时每刻都慈悲助人。有一些传说也说她会捉弄对她有非分之想的男子，她还曾经与前来降服她的法师斗法。柳杏圣母的这些特征表达出母神信仰的特色——信徒希望趋吉避祸，相信圣母的灵力能够改变宿命。

母神信仰最特别的现象是三位圣母以及相关神灵常常跟当地的某一位女神共同供奉。海防的黎真祠和仙娥祠的整体结构是供奉着三位圣母、王官大臣、五虎神官等四府的神灵，同时供奉着黎真和眷花公主的神像。这种情况在越南北部非常普遍，并且在我走访的河内、海防和永福省地区都得到了印证。

我之所以关注这个信仰，是因为在越南北部的村寺都有圣母殿，做调查的奉法村的宝光寺和安陀村的灵光寺都供奉三位圣母，宝光寺的情况是有单独的圣母殿，灵光寺是将圣母塑像放在佛像的一侧。我询问当地人对在佛寺供奉圣母的看法，他们的观点是圣母就是人间母亲的化身，如果祈求她会很灵验。看起来这就是普通的三位女神，但是如果看过与母神信仰相关的跳神仪式，就会惊叹这是一种萨满的信仰。

在母神信仰体系当中的一些神灵被解释为是战死的英雄变化成的神，比如说“第七翁皇”和“第十翁皇”，在跳神（Lên đông）的时候，三位圣母和各位神灵会进入萨满的身体，在神灵的舞蹈中我们可以看到划船、舞剑和挥舞战旗的场景，每一位神灵都有相应的神歌，讲述这位神灵的故事。有一位老年妇女，她的儿子成为母神教的萨满，她认为母神信仰就是对越南世世代代民族英雄的灵魂的崇拜。

在调查中我发现喜欢拜圣母的妇女很多，她们都相信圣母是非常灵验的神。而且跳神的时候每一位神灵“降临”之际就会换上不同的衣服和道具，配上动听委婉的神歌，让人如痴如醉。但是成为萨满却是不情愿的。藤江坊的男萨满阿江（38岁）的解释是：“因为前世欠的债没有还清才会这样，有根器、有缘分不做通灵的事，也一样会有灾难。我们也是现代人，可是在头脑里都是圣灵，没办法，就得开一个府①，敬拜这些圣灵。我们要还前世的债，同时要祈求财富，所以我们做这一行。但是要小心敬拜，不还清前世的债的话就会没有钱存，几座房子也会被卖完的。如果还

① 因为“府”是越南民间信仰中专门奉祀以“三位圣母”为代表的“四府众神”的信仰场所，所以母神教萨满的成巫仪式称为“开府”。

是没有还完，或者没有供奉圣灵，就会被圣灵抓走，不得好死。”每次跳神要精心准备几十种供品，少则几百块人民币，多则上千块，不是一般人能够负担得起的。但是如果跳神跳得很好，而且大家相信你真的是神灵附体，很多人会出钱来请你去跳神，而且每次跳神能够帮助别人消灾增福，特别是祈求财富！

我访问的一些妇女说如果不去跳神她就会头疼犯病，另一些跳神的萨满也说会表现出神经混乱的情况。比如说明明是男人，可是喜欢大家叫他“姑娘”，他们跳神的时候常常比女人跳得还好。在观看神舞、听神歌的时候，仿佛是欣赏整个母神信仰的神灵的展演，非常精彩。

越南有一句俗语：Phu nu tre vui nha, gia vui chua，这句话有多重含义，我们可以翻译成“妇女年轻时候在家里开心，老的时候去寺庙快乐”，也可以译成“妇女年轻时令家庭欢喜，年老时令佛寺欢喜”。越南北部的每个村社都有妇女的学佛会，她们在每个月的初一、十四、十五、三十以及每周日下午去村里的寺庙诵经。村里有人去世，她们就会立刻自觉聚集起来帮助丧主家里诵念《阿弥陀经》，为死者超度。村社的寺庙有两个特点：一是僧人少，一般只有一个住持；二是来村寺办佛事的大部分是妇女。所以有一个说法，越南人年轻的时候要努力工作养家糊口，老的时候，男人去村亭供奉城隍，女人去村寺拜佛。

比起村亭的庄严，村寺显得温馨得多。在村寺大门口就可以看到院子里迎面而立的观音塑像，每周婆婆们都来诵经，打扫佛殿。诵经前，他们会去圣母殿和祖师殿参拜。母神的形象让妇女觉得亲切，容易沟通，母神信仰包含的英雄传说能够解开越南人潜意识当中的战争情结，起到治疗作用。

藤江坊的妇女会主任说：“越南妇女生育了越南民族英雄，同时又通过教育子女而保存了越南的民族文化。”越南妇女在家庭里操劳贤惠，在遇到外敌的时候勇敢善战，这些都是母神形象的社会渊源。越南民族的历史是一个不断战争的历史，越南人民的内心当中有很多矛盾，形成了危机感强、对待外人非常谨慎小心的特点，女神的形象如同越南的妇女，对待自己人充满慈爱与忍耐，对待外人立刻凶狠坚决，是慈母与女将的合一。

安陀村的安陀庙供奉了两位女神，一位是战死的女将，一位是守节而死的皇妃，所以这里也叫做二位夫人灵祠。在这里同时供奉着母神信仰的诸位神灵，每年都有母神信仰的萨满在这里举行跳神仪式，当地妇女非常喜欢观看。可见，母神信仰与乡村的女性宗教生活密不可分。

在越南民间信仰中还有祖先崇拜和对土地灶神的崇拜，虽然与中国的相关信仰有相似之处，但还是有所区别。本文主要讨论了在越南村社中最重要的神灵——村亭的城隍和村寺的圣母，此外，城隍祭祀庆典和母神信仰的跳神仪式也是非常值得关注的。

附录二 汉越词汇对照表[①]

阿弥陀佛 A Di Đà Phật
八月祭父，三月祭母 Tháng tám giỗ cha, tháng ba giỗ mẹ
拜台 Bàn thờ
槟榔 Quả cau
财神 Thần Tài
茶 Trà
尝新礼（农历八月十五，供新稻米给神佛） Lễ thươ ng tân
唱朝文（唱神歌） Hát chầu văn
朝文（四府信仰中的神歌） Chầu văn
城隍（指越南村落的保护神） Thành Hoàng
吃槟榔才开始谈话 Miếng trầu là đầu câu chuyện
出门遇到女人（口语，表示很倒霉） Ra ngõ gặp gái
初一 Mùng Một
传统长袍，越南旗袍 Áo dài
船桨 Mái chèo
春节 Tết
村 Làng
村亭（祭礼村落保护神的场所） Đình làng
党员 Đảng viên
刀 Dao
地府 Địa phủ
地狱 Địa ngục
弟弟 Em trai

① 该表按照汉语拼音顺序排列。

订婚　Đính hôn
对联　Câu đối
恩　Ân
儿子　Con trai
法师（民间道士，主要为人做法事）　Pháp sư
坊　Phượng
分家　Phân nhà
佛　Phật
佛殿　Nhà Phật
佛经　Kinh Phật
佛寺　Chùa
佛塔　Tháp chùa
佛像　Tượng Phật
福禄寿　Phúc Lộc Thọ
父亲　Bố
妇女联合会　Hội Phụ nữ
赶庙会　Đi lễ
高祖　Cao tổ
哥哥　Anh
公公（妇女称呼丈夫的父亲）　Bố chồng
公主（越南民间信仰中对女神的尊称）　Công chú
功德　Công đức
攻文(四府信仰的仪式中唱神歌的人）　Cúng văn
供品　Lễ vật
供文(祭祀时读诵的文本）　Văn cúng
姑神　Thần Cô
观音菩萨　Quan Âm Bồ Tát
皈依　Quy y
国旗　Quốc kì
过春节　Ăn Tết
和尚　Thầy chùa

后佛（在佛寺中享受配祀香火的亡灵）　Hậu Phật
后神（在村亭中享受配祀香火的亡灵）　Hậu thần
花　Hoa
怀孕　Có thai, mang thai
婚礼　Lễ cưới
魂灵　Linh hồn
鸡　Gà
鸡蛋　Trứng gà
忌日　Ngày giỗ
祭祀　Cúng bái
祭祀队　Đội tế
祭祀灶神　Cúng Táo quân
家务　Việc nhà
袈裟　Cà - sa
嫁人　Lấy chồng
兼职，搞副业　Làm thêm
建屋看男人的年岁，娶妻看女人的年岁
Xây nhà xem tuổi đàn ông, Lấy vợ xem tuổi đàn bà
剑　Kiếm
交承礼（除夕之夜，辞旧年之神，迎新年之神）　Lễ giao thừa
教堂　Nhà thờ
结婚　Đám cưới
姐姐　Chị
金楼岁（女性不宜结婚的年龄，21 岁、23 岁、26 岁、28 岁）　Kim lâu
敬酒　Dâng rượu
敬香　Thắp hương
酒　rượu
舅神　Thần Cậu
裤子　Quần
腊神（腊月祭祀城隍）　Chạp thần
腊祖（腊月祭祀祖先）　Chạp tổ

蜡烛　Nến
龙脉（风水神）　Long mạch
龙辇　Kiệu rồng
蒌叶　Lá trầu
买配享（在寺庙或者村亭捐钱，过世后与神佛一同享受祭祀）　Mua phối
满月（指婴儿）　Đầy tháng
妹妹　Em gái
米　Gạo
庙　Miếu
庙会　Lễ hội
冥币　Tiền Âm phủ
魔鬼　Ma quỷ
母亲　Mẹ
木鱼　Mõ
男人浅也像深井，女人深如同小桶（吃槟榔用的小桶）
Đàn ông nông nổi giếng khơi, đàn bà sâu sắc như cơi đựng trầu
男巫　Ông Đồng
尼姑　Ni cô
女儿　Con gái
女巫　Bà Đồng
糯米饭（常用作祭品）　Xôi
婆婆（妇女称呼丈夫的母亲）　Mẹ chồng
七月十五　Rằm tháng bảy
妻子　Vợ
祈祷　Khấn
祈求　Cầu xin
迁坟　Chuyển mộ
清明（节气）　Tiết Thanh Minh
求财　Cầu tài
求禄　Cầu lộc

求子 Cầu tự

娶妻 Lấy vợ

去市场（买菜） Đi chợ

三宝（佛法僧） Tam Bảo

三十（农历的月尾） Ba Mươi

三位圣母 Tam Tòa Thánh Mẫu

丧旗（代表丧事的旗帜） Cờ tang

山庄女神 Bà Chúa Sơn Trang

扇子 Quạt

上岸圣母（掌管林界的女神） Mẫu Thượng Ngàn

上水圣母（掌管水界的女神） Mẫu Thoải

上天圣母（掌管天界的女神） Mẫu Thượng Thiên

上衣 Áo

社 Xã

神 Thần

神祠 Đền

神旗（庙会时在寺庙或者神祠插的旗） Cờ thần

生育 Sinh đẻ

生育神 Bà Mụ

省（行政单位） Tỉnh

圣（因为生前有功劳死后成为圣人） Thánh

圣母（越南民间信仰中对女神的称呼） Thánh Mẫu

圣母殿 Nhà Mẫu

十四（农历每月十四） Mười Bốn

十五（农历每月的月中） Mười Rằm

石碑 Bia đá

石灰 Vôi

实岁 Tuổi Dương lịch

始祖 Thủy tổ

疏（用在祭祀中的写给神佛的文书） Sớ

水果 Hoa quả

四府共同（四府信仰的全体神灵） Công đồng tứ phủ
四十九日礼（去世四十九天的超度仪式） Lễ 49
诵经 Tụng kinh
送彩礼 Dạm ngõ
酸菜发臭 Khú
桃花 Hoa đào
跳神（升童） Lên đồng
头巾 Khăn
土公（土地神） Thổ Công
问名礼（即订婚） Ănhỏi
五方公主 Bà Chúa Năm Phương
五虎神官 Ngũ hổ thần quan
县 Huyện
香 Hương
新郎 Chú rể
新娘 Cô dâu
兴道大王 Hưng Đạo Đại Vương
修行 Khóa tu
虚岁 Tuổi âm lịch（Tuổi mụ）
烟 Thuốc lá
药师佛 Phật Dược sư
义 Nghĩa
阴阳 Âm Dương
院子 Ngoài sân
院子里的神台 Cây hương
葬礼 Lễ tang
灶君（灶神） Táo Quân
丈夫 chồng
照看小孩 Trông con
照片 Ảnh
正月 Tháng Giêng
中秋节 Tết Trung thu

钟 Chuông

猪肉 Thịt lợn

宗祠 Nhà thờ tổ

宗族 Dòng họ

粽子（常用作祭品） Bánh chưng

祖姑 Tổ Cô

祖师殿 Nhà tổ

祖先 Tổ tiên

做饭 Nấu cơm

附录三　　海防市吴权郡藤江坊奉法亭祭祀文本[①]

历朝褒赠美字　合纂

吴王天子贵公 佑国，翊忠，效赦，炳灵，显应，祯善，感化，弘恩，敷德，扶运，厚德，至德，垂庥，普化，厚泽，济世，大略，显谟，至仁，聪明，贤孝，护国，盛德，承业，懿范，英略，达义，祝胜，护国，惠民，持正，忠直，明义，智谋，通达，安国，保民，抚众，赞治，兴平，仁柔，贤圣，宽容，显庥，祝顺，弘济，溥泽，文武，圣神，隆功，重德，弘烈，骏誉，芳猷，懋绩，聪明，仁智，雄略，睿断，孚治，安民，浚哲，文明，果断

十二行谴王睿号

子年周王行谴天瘟行兵之神李曹判官　丑年赵王行谴三十六伤行兵之神曲曹判官

寅年魏王行谴水精行兵之神萧曹判官　卯年郑王行谴石精行兵之神柳曹判官

辰年楚王行谴火精行兵之神表曹判官　巳年吴王行谴大耗行兵之神许曹判官

午年秦王行谴天耗行兵之神王曹判官　未年宋王行谴五盗行兵之神林曹判官

申年齐王行谴五庙行兵之神宋曹判官　酉年曾王行谴五岳行兵之神巨曹判官

戌年越王行谴天霸行兵之神城曹判官　亥年刘王行谴五瘟行兵之神阮曹判官

---

① 2009年春节期间在奉法村收集整理而成，资料由奉法亭管委会前任会长武文票先生提供，原文用繁体汉字书写。在越南北部的村落，城隍是村民最为崇信的本土保护神。越南封建王朝对村落的城隍神不断赐以封号，以彰显王政之体恤民意及其权威性。亭是乡民祭祀城隍神与节庆集会的公共空间。

元旦祭神文 正月初一日 恭惟

大王气禀英灵，机神参赞，保国护民，除灾捍患，兹适新春，礼陈春旦，尚鉴敬诚，俾陶保暖

元旦告祭文 正月初二日

大王位前，节属初春，礼陈元旦，伏愿鉴歆，锡之和衎，复旦长怡于舜日，户户韶光，如春共庆于尧天，家家保暖。伏惟尚享

元旦初三日文

大王 位前曰 节属初春，敬设斋诚之礼，享祀周三日，恭陈谢礼之仪，愿垂睿监，用锡繁禧，春作翕农民，三之日先勤于务本，秋成潭圣泽，万斯年永享于春祺

是夜元宵节祭文 正月十五日

大王 位前曰 节属元宵，礼陈至洁，伏愿监此微虔，锡之大吉，火树银花合彩，万千红紫争斗芳辰，黄童白叟皆春，九十韶光，长怡盛节

正月十五日前告文 前二日告文

大王 位前曰，兹以来晨 本日 有春祭祀，谨具菲仪

预先虔告 谨告

正月大祭文 十六日忌 惟

越南国岁次 年正月建 越 朔 十六日

海防城吴权郡藤江坊奉法亭 管理班

长班 命拜 仝班男女上下等 谨以清酌 芙榔花果金银纸钱礼物之仪

敢昭告 于

恭惟

前吴王天子贵公，历朝节次，钦赠敕封，特准依旧奉事，上等最灵大王 位前

佑国翊忠

弘济溥泽

文武，圣神，隆功，重德，弘烈，骏誉，芳猷，懋绩，聪明，仁智，雄略，睿断，孚治，安民，浚哲，文明，果断

大王　位前曰，为有遵例春祭，肃祭礼也

恭惟

大王，天地钟英，山川标异，炳灵迹留名祀典，历朝华衮星辉

仰神庥崇祀春元，一县七总衣冠日丽，濯洋盛德，难得而名，瞻拜孱心，宁敢或异　惟会祀几岁月，协同稍间初心，顾小民载设祭筵，斋祓用伸敬意，伏惟鉴歆，曲垂覆庇，初而后家家丰盛，老童共庆游戏，万斯年世世荣光，大小胥陶昌炽

恭奉

东海本路都统巡门使者察海大王　位前　历朝节次，钦颁正敕，惠泽弘洽，广润卓常，翊保中兴，上等神，特准许依旧奉事，最灵大王　位前格配

谨奉

皇后宫妃，南海威灵，黎真公主，诰赠齐淑翊保中兴庄徽上等神位前

敬以

王父王母皇后皇子皇王夫人　左右文武部下官僚

恭请

本村各族始先祖，后神，配享，有功功德建立修建亭宇诸真灵，及土公土地之神，仝格享

谨告

二月祈福诸节文

初一日会面文　二月初一文

大王 位前曰，席卜事神，礼陈会面，愿赐大和，广伸福眷

初八日习仪文　二月初八日

大王 位前曰，为有习仪，肃告礼也　恭惟

大王 乾坤合德，岳渎钟姿，显濯洋于护国庇民，名光祀典，昭陟降于大庭清庙，享在多仪，此臣等递年八席，礼有习仪，思一昭敬祀也，念承祀之衣冠，钦恭必于是，而赏春之仪术，瞻仰其在兹，于排班须自兢持，

有礼方能感格，非演习使之惯熟，临辰未免乖违，非薄式陈致祭，俨临尚鉴在兹，立如斋而伏此声灵。肃肃雍雍，惟毖于祀，司其事而以辰升降，跻跻跄跄，无敢失仪，相佑仰凭于睿德，绥将求介一繁禧

初九日沐浴文

大王 位前曰，为有祈福，敢告礼也，兹以仲春，例循沐浴。谨具乘仪，预先告祝，请御龙床，载陈沐浴，来早奉迎祷祠

恭陈祈福　谨告

八席祭文

大王 位前曰，为有八席，敢告礼也。　恭惟

大王 岳渎钟灵，乾坤德并，妙运难窥，威扬无竞，兹启藏阁，礼陈八席，尚监敬诚，俾陶兴盛

初十日文

大王 位前曰，为有祈福，肃告礼也。　恭惟

大王 英毓山川，名光史册，弗见弗闻之表，得一以灵，无偏无党之中，饮五用锡，古今茂著英声，大小漂蒙闿泽。厥惟旧典，春二月以祈神

乃著之筵，十日初而置席，伏望，居上克宽，临下有赫。叠叠道祥消异，惟民其康，熙熙食德饮和，无人不获

祈福逐日祭文

大王 位前曰，为有祈福，肃祭礼也。　恭惟

大王 天纵英灵，气钟清淑，德妙匡扶，仁弘抚育，兹适仲春，例犹乡俗，愿鉴尝仪，俾蒙景福

祈福每夜祭文

大王 位前曰，为有祈福，肃告礼也。　恭惟

大王 歌舞之筵斯盛启，晨昏之奉曷容亏，日既陈菲礼，夜敢忽常仪。伏愿鉴临，默扶保卫，俾之戬谷，罄无不宜

满席行礼谢过文

大王 位前曰，为有拜谢，肃祭礼也。 恭惟

大王 天地钟英，山川诞秀，洋洋在上，安民护国普神庥。濯濯厥灵，捍患除灾彰圣武，鉴临仰畏于神明，祀事敢忘敬惧。藏阁尊古例，谨将斋祓献微虔，赏席把饮欢，客或欺流失度，扪心弥功兢惶，谢过恭陈礼文

伏愿鉴歆，曲垂保护，宽宥丕彰大德，罔怨罔恫，崇成敷锡繁禧，曰康曰寿

本村大祭候神[①]文

本村 列位前曰，兹适春天，现在亭合祭，敢告礼也。 恭惟

先灵，质止慈和，资兼纯粹，不吝恩推，有恒产济，德润天资，泽浮乡里，景仰微音，愈孜敬意，兹适仲春，恭陈菲礼，愿鉴微虔，默扶昌炽

敬以

本亭诸族候神配享诸真灵 暨

先师土公之神 全附享

祈安告祭文 三月初三日

大王 位前曰，兹以本日犒禳，谨具菲仪，预先虔告，仰伏神通，递遣文报，上下咸知，幽冥共到，尚鉴花筵，默除外道

是日祈安大祭文

天地神祇 位前 当境城隍 位前

五方五官使者行兵之神 位前

列位前曰，为有祈安，肃祭礼也

恭惟

天官执掌阳冥，命司行谴，掌握内检详祸福，赫厥声，濯厥灵，平衡中洞烛祥殃，庳其恶，彰其善，此臣等 递年祈福，斋明盛服，以承祭祀，以禳不祥。望天官之赐福，兹夏节式遵尝例，夏首适临，令节犒禳之下，歌舞之下，敢肆于观，仰天官妙转玄机，祈祷之仪，将诚式展

---

① 日本学者末成道男教授对“候”的解释是：“没有后代的人将财物赠送给族人、宗祠或者寺庙，从而在死后享受到祭祀。”

尚其鉴歆，赐以方便，对良时而育万物，特神相佑之玄机，敛景福以赐民，俾遂啬耕之愿 伏惟愿尚飨　恭请

润朗洪宁大王 位前 陈朝显圣钦差节制水步诸营总国政太师尚父上上国公，上等神，平元灭寇大元帅，仁武兴道大王　位前

南国东元帅，总统两国节制水步诸营，驸马都尉太尉少保城国公，荣升广大弘深之神，翊运灵应大王　位前

皇后宫妃，南海威灵黎真公主，诰赠齐淑翊保中兴庄徽上等神　位前

南海威灵柳杏公主制胜妙和大王　位前

历朝节次钦颁正敕惠泽弘洽广润卓伟翊保中兴上等神

特准依旧奉事最灵大王　　　　　　位前

南军火保才郡公　　　　　　　　　位前

南军都督府左火保朝郡公　　　　　位前

西军都督府右府谥刚毅武将公　　　位前

青西卫署卫事真郡公　　　　　　　位前

青西卫署卫事参提扶越侯　　　　　位前

五方道路瘟癀疫疠行兵之神　　　　位前

嫔娘部众疫下疮疥之神　　　　　　位前

阖境奉事等神　　　　　　　　　　位前　　　　　　恭请

左右文武官僚扈从诸部下　　　　　暨

土公同田各处之神陷阵

刀兵孤魂十类仝配享

私家祈安礼神文

大王 位前曰，为有某事感告礼也。　恭惟

文武圣神洋濯威灵上协天德下济生民，兹因某节，家有祈安，敬展微诚，尚其招鉴定，赐以康宁，默眷家中康泰，阴扶福祉崇成

献新常文

大王 位前曰，恭献尝新，必告礼也。　恭惟

大王 箕畴福敛，乾始仁敷，尝苗分阴雨之功，夏田既优，秋田又渥。

多忝豁黄之望，旧谷未没，新谷复收，兹秋熟式循旧例，展丹诚恭献心糯，尚歆菲薄，默为帮扶，周亩屡丰，利其利喜乎于乃粒，天保戬谷，

新又新长庆于有秋

中秋告文

大王 位前曰，节属中秋，敬陈菲礼，尚鉴寸诚，盍畴离祉，清光月照，有秋望慰于农家，蓄积日增，乃粒喜乎于邑里。谨告

腊礼祭文　十二月初六

大王 位前曰，兹以来晨，本日有献腊礼，谨具菲仪，预先虔告

腊礼大祭文　昭写美字

大王 位前曰，兹逢腊节，恭献尝仪，愿垂睿鉴，用赐繁禧。咸孚饱暖之欢，曰康曰寿，永享崇成之福，如式如几

十二月二十五日腊祭先祖在亭文

本村诸令族，始祖先祖考，及各支高曾祖考妣，列位前曰，星列于天，人本乎祖，

恭惟

鼻祖姓氏正一宗，生下耳孙，室家成万户，岁辰虽迭运更新，乡村乃案堵如故，地灵人杰，历世代共沐洪恩，祖创孙培，想功德不胜永慕。兹适岁终，腊陈礼数，仰鉴菲仪，默扶家谱，螽斯蛰蛰，余庆衍云仍瓜瓞绵绵

群居安宇宙凡后嗣之寿康，赖

先灵之保护

朔日告文　每月初一日

大王 位前曰，为有初朔，敢告礼也，兹以逐月方临，恭陈日朔

愿鉴微诚，俾陶戬谷。

弦日告文　每月十四日

大王 位前曰，为有夕望，敢告礼也，兹以望日放临，恭陈十四

愿鉴微诚，俾陶富贵。

望日告文　每月十五日

大王 位前曰，为有望朝，敢告于礼也，兹适日中，礼陈望日，尚祈鉴歆，赐以宁谧

晦日告文　每月三十日

大王 位前曰，为有终月，敢告礼也，兹以晦日方临，恭陈朝夕，
愿鉴寸诚，俾诸福赐

岁周除夕文　十二月三十日

大王 位前曰，兹逢除夕，敬设菲仪，愿垂睿鉴，用赐繁禧。仰兹旧岁之洪庥，吉无不利，赖此明年之赐福，罄无不宜。

除夕交承告文

大王 位前曰，除夕交承，迎新送旧，谨具菲仪，预先虔告，仰伏威灵，垂庥显报，俾以全区，咸登寿考。　谨告

交承大祭文

旧年某王行谴，某行兵之神，某曹判官　位前，
当年某王行谴，某行兵之神，某曹判官　位前
当境城隍某笃敕　位前
列位前曰，为有周年，除夕交承，送旧迎新，肃祭礼也。　恭惟
天官，神武桓桓，令德宪宪，钟禀至粹至精，视听弗闻弗见，兼该三界，权衡运掌轮流，抚养群生，命令钦承受禅，居天位莅天职，任满再铨，新官到旧官回，道行不变，冬春适属交承，祭物恭进献，心无终始，寸诚每笃诸怀，礼有送迎，一举敢行两便，敬愿同功德扶持，福赐等河沙庆善，俾人同富贵康宁，保区内寿长永远

是夕告谒文

大王 位前曰，兹以来晨本日会设奉迎祷祠之礼，敢以今夕，先陈告谒之仪，愿垂睿鉴，用赐繁禧

明日奉迎文

大王 位前曰，鸾舆既整，迎礼恭行，伏愿升车，进步回亭，弘恢视听，保护生灵，诸灾随日去，百福并来迎

又礼亭前宴礼正文

大王 御前曰，为有宴祭，敢告礼也。 恭惟

大王 天盖地容，文谟武略，显灵声于古庙，逢春之草树熙然，昭陟降于大亭，承祀之衣冠颙若，俨乎其有临，格思不可度，虽奉迎之礼，自有中尝，惟瞻仰之情，咸孚踊跃，兹大驾亭前至止，载肃威仪，展丹诚宴礼式陈。庶昭恭恪，伏愿此濯洋，监兹菲薄，惟祀然后式燕，咸蒙醉饱以相欢，日平共庆如春，虽不管弦而亦乐

安位告文

大王 位前曰，遄就本亭，愿安宝位，尚鉴敬诚，默垂福祉

安位大祭文

大王 位前曰，驾既升宫，礼陈安位，伏愿鉴歆，曲垂覆庇，宝曰位奠安于正坐，丕昭视听之仪，世如春共乐于同人，永享崇成祉祉。

道路宴礼文

大王 御前曰，为有宴礼，肃告礼也。 恭惟

大王 气禀英灵，机神显现，风拂鸾旗，雷红凤辇，兹适驻车，道陈宴礼，尚监花筵，仪行日进。

庄镄神像告文

大王 位前曰，为有预体庄镄，敢告礼也。 恭惟

大王，功昭万宇，德遍群芳，赞化四方和豫，域民一境康宁，念经年尘垢风穿，洋乎上威容原少淡，愿今日金锵粉饰，凛如严宝座重光，请迎龙座，谨设庄镄，三献尝仪灵洞鉴，九如景福衍无疆，实赖

大王保佑扶持之力也

庄镄会面文

大王 位前曰，为有庄镄会面，敢告礼也。　恭惟

大王 洋洋在上，濯濯厥灵，历朝祀典，千古英声，威容崇饰，法驾庄成，花筵既解，回辇载行

乞御尊庙谢过文

大王 位前曰，遄就庙堂，愿安宝位，恐礼有多亏，敢首陈

伏谢仰

德大垂慈，乞量弘赦过，意悉体愚衷，悬矜加惠下。三叩再三呼，一罪蒙一赦，俾诸愚等寿康　实赖

圣神功化　　　　谨谢

附录四　海防女神黎真传记

资料来源：越南汉喃研究院材料，编号：AE. a20/1

出　　处：海防海安县东溪总安边社神迹[1]
海防第二户原安边社神迹

南海威灵公主谱录

昔我粤南，天启运，横分翼轸之山河，螺土肇基，直向斗牛之分野。雄家创业，圣祖膺图，碧水一澄，启圣帝明王之象，青山万里，开金楼玉殿之基，开物济人统十五部大壮藩翰之势，维皇治国余二千年，永延磐石之宗，显应灵通于义岭，流传香火于雄王，世世父传子继，皆号称雄。玉帛车书，山河一统，是为南越之始祖也，至雄末睿王无嗣，让国蜀安阳王，有国才五十年，赵武取之，内属西汉，历至东汉光武时，命苏定为交州刺史。定为人深刑峻法，虐政残民，当间我粤元元涂炭，未有堪于此时者也。

却说当是之时，世传在海阳处州荆门府东潮县安边社有一家翁，姓黎名道，妻陈氏珠，家世本是儒医为业，夫妇心加积德，勉力行仁，半点害人休著一毫，益已莫私心，凡立桥作寺，造像铸钟，无不竭力而施行之也，此地方皆称其为积善之家必有余庆，这个家翁后日必能坐享无限之福。维嫌夫妇年高，螽斯犹晚，悦弧之瑞，未见悬门，常以闷闷不乐。

一日道公闻在安子山寺大设芜茄大会，夫妇即将香钱礼物诣寺，焚香祝于佛前曰："臣等居于尘世，所乏非财，但以无子为念，伏愿慈悲广大，鉴此丹诚，开广心田，赐以福祉，倘得男女如何，万赖诸佛尊证明之大德也。"祝毕拜谢佛前。

---

① 神迹是越南封建王朝收集整理地方神灵的神异事迹的文章，一般包含神灵诞生、成神经历、祭祀日期、显灵事迹等内容。神迹为民间信仰的研究提供了宝贵的资料。

至夜间梦见有二位使官，一位衣青袍持金鳌，一位衣紫袍持宝剑，播公上天穹。梦间公彷徨惊惧，望于殿上，见有一位大官，首戴百星冠，披黄袍严坐，左右二位官各持笔纸。公闻得有声云："汝家有大福祉已达至天庭，兹有仙女得罪于天庭玉皇，谪降尘寰四十年，许投汝家为子，他日光显门间，非男子可比。"

言讫，忽有铜鼓一声串入于耳，勃然醒觉，知其黄粱一梦，自此夫妇回家。一日夫人当太早时出于邑外，见巨人迹，以足履之，返回感而成孕，孕十二月，时二月初八日，生得一女，唇红脸粉，凤眼蚕眉，大有倾国倾城之色。因履迹遂名曰真。

春生夏长，日往月来，年方二八，聪明出类，度量超群，琴诗弓剑，无不聊知，人人见之，皆以为女中之奇男也，至二十才色尤美，处处闻名，蝶使蜂媒门前如市，然射雀之屏犹待李渊之手，花颜方谨玉蕊正封桃夭之诗，犹未弄琴吟耳。此间苏定闻之，欲其强娶，娘心不顺，经三四番不肯受理，娘遂逃躲，定积以为嫌，召父亲寻害，自此娘遭家不造，即尽括家财报仇而去，寻方雪耻，誓与定不共戴天。

避居安阳县，一日娘见一处海滨水道逋行，娘心中暗喜，以为此地可保安诚天之助妾，乃回本乡招募故义与族属得数十人，即给发粮食牛耕田器，就此耕田而食，经三年立成一邑，因名为安边，后改为社。遂开一市，在江边以便买卖，娘居于此地十年之间，纳叛招亡，欲报父仇。但嫌女流一个，无计可施，心中在所不乐，幸而天意助成。

人心好乱，时山西道有雄将军之女，名征侧，征恨定杀其夫索诗，遂与妹征二移檄天下，招谕男女英才起义兵剿除苏定。娘闻得其事，郎募安阳安边庄手下男女，共得一百丁以为家臣手足之兵，就山西拜谒。

侧见其人面貌殊常，有男儿气度，甚其称意，郎□拜为圣真公主，同时举兵并进，与平魁公主征二协力共战与（于）苏定，定大败溃散，只轮不返，一簇无遗。定走回北国，南国毕平。征侧自立为王，赏劳功臣，犒享士卒，加班圣真公主，敕旨提将兵马回安边庄，设立屯堡，防御北寇。

公主拜谢领命回本贯，设立屯堡，自此北国商船一皆禁止，不许往来地方，自此又捐出财货赈给人民，数年渐成巨富，无一人不遂其生，无一物不安其养，咸爱戴其德，亲之如父母焉。

却说苏定返回北国，表奏帝庭，光武拜马援为伏波将军，举兵南侵，以雪前耻，时征王在位方得三年，闻马援提兵来，悉召各道屯兵就国，叶战公主见诏，召郎回扶征王，力战汉兵，常多败北。一日，征王见汉兵败，遂与各将长驱，征王骑龙鱼鳖重重连万派之波，鲲鳄鲸鲩叠叠连千河之浪。

忽然于江心有一片石从江面徐徐逆流，此时民社处处行礼拜谒俱不入，安边社人见之，时适遇市番立卖礼物，惟有海蟹一件，龙藤饼一盘，设案在江边，上下同罗拜，勃然流引入畔。众皆视之，乃石榻一座，上有石庙一座，内庙有一行字，题曰："圣真公主郎。"时民与市人同迎回，同祃处木形石器安留在此，人民欲移置他处，再举不能，得便依此处东向祀之，历后公主大有英灵显应，人民因之据，递年正月初三日就于庙所置祭。礼用斋盘毕祭，唱歌交跌。自此祈晴祈雨，无不灵应。

历至陈英宗时，占国入寇侵略海分，英宗亲提兵马自将击之，一日举兵水行，经过安边社地分，日已含山，帝停泊于此。至夜半忽然梦见一妇人，衣裳楚楚，直至帝前奏曰："妾本是征王女将，前为北国汉兵所害，没后上帝恤及，命为此地福神，妾常以北边为念，兹幸蒙皇帝出师，妾愿阴扶国运护佐三军，俟后露布凯还，庶妾得雪前功之耻。"奏讫变矣。帝醒觉记入金章以观后验，及进兵时船行□□置，至占境与占交攻，占兵大败，溃散余众悉平。

帝班师回朝，赏劳将士加封百神，加颁公主敕旨，再加美字曰："南海威灵"，命廷臣迎敕回安阳县安边社致祭，许安边古钱一百贯，传修理宫殿奉祀，自后护国庇民，历朝多有封赠，流传香火，永不泯也，庥哉！

封　圣真公主上等福神

生神日　二月初八日

化神日　拾二月二十五日

庆贺日　八月拾五日　　礼均用洁牲圆饼唱歌交跌

准安阳县安边社香火奉祀

黎朝洪福元年春吉日（1572 年）

翰林院东阁大学士　臣　阮炳　奉撰

黎朝永佑三年冬吉日（1737 年）

管监百神知殿雄岭少乡　臣　阮贤遵前奉抄

附录五 柳杏圣母传记

见于越南神仙传《会真编》[1] 坤卷

崇山圣母

圣母号柳杏元君，为第二宫仙主玉帝次女也。黎神皇永祚年间，八月望夜，降生天本云葛安泰村黎姓之家。

夫人自怀胎至此，病似祟，治无效，将诞时，有一道人来为之登坛行法，把玉斧一掷，倏不见，已而诞焉。是夜，异香祥光满室，因名之曰降仙。寻为陈门义养，次降尘初度也。

及长，容德绝代，琴瑟既谐，年二十有一而化，是玄皇景治年间，三月初三夜。玉帝以谪期未满，准再降为福神，受人间供养，仍赐桂、柿二仙从驾。母即日拜命而行，真指清化地方，经庙奠，至崇山显迹。

母既下山，上童示号上人，由是依山庙焉。其本邑安泰祠，亦始于此间者。愚俗以女神弗逊，母不获已，显大威灵，其英声比交宋后、征王百倍。此降尘后度也。郑帅闻之，疑为妖，请命饬法得高者制之，不得。朝臣有知为母显圣，奏乞封赠修祠宇，诏可。此土遂安。嗣是，四方芹暴无虚日。

厥后，母常经游北河诸胜，隐见往来。人或有见之者，如高山辋日。美沼浴云，及白衣晚，化试豪郡之法门；只棹宵来，度泸江之善士。其神通游戏，类多如此。累朝有戎事，恒致祷焉，功成进王爵。有黎以来，经过祠前，自一品官以下，莫不俯首鞠躬而屏息焉。数百年间，祸福不一，灵声既著，慈德亦宣，人皆称为圣母。

黎末有一散官，年外八十，有德行，梦见天下喧传圣母整装上朝，有二千女玉奉帝命，具旌旗车盖，分两道迎之，乐音震天，仰瞻乃绝，时十二月廿二日也。官常以梦语人，识者曰："谪满升天之期也。"西亡至今，祠满国内，诸禅寺亦造像奉焉。

---

① 陈庆浩、郑阿财编：《会真编》，《越南汉文小说丛刊》（第二辑第五册），台北：学生书局1991年版，第255页。

明命年间，东野范先生撰奉事一联，云：“紫极降神，云葛春秋表祀典，阁浮显圣，日南今古仰英声。”又别撰一联恭进于剑湖祠，云：“成物如地，生物入天，陶镕物类，如大造之难得名言，历代丧华昭懿铄；出世为仙，降世为佛，普度世人，为慈母之悯斯鬻子，万方芹曝乐尊亲。”或曰：“此四十六字，方见圣母本来面目。”该母乃三千大千世界之母，非只一界母也。

又我国牡丹，惟崇山一株，花极红大，母素爱之。故凡祈祷者，必用色纸，作牡丹花一枝为礼，盖亦从先生之教云。

后人题诗云：万古慈云遍大千，人空疑佛又疑仙。崇山乍解威灵朝，葛水俄撑济度船。环佩香飘银桂地，曝芹梦遥玉丹天。微风懿德光穹壤，莫道传奇笔倒颠。”

附录六 金龟传[①]

瓯貉国安阳王原巴蜀人也，姓蜀名泮。因先祖求雄王之女媚娘为婚不得而成怨。泮欲成前志，举兵攻雄王，灭文郎国，改号瓯貉而居之。

筑城于越裳之地，随筑随崩。王乃立坛，斋戒祈祷。三月初七日，忽有一老人从西而来，直到城门叹曰："建立此城，何时而就！"王迎入殿上，拜而问曰："我筑此城既就复崩，伤损功力而不能，何也?"老人曰："他日有清江使者来与王同筑方成。"言讫辞去。

翌日，王立东门望之，见金龟从东而来，立于水上，能作人言语，自称清江使者，明知天地阴阳鬼神之事。王喜曰："此老人所以语我也。"遂使以舆舁入城中，延坐殿上，问以筑城不就之故。金龟曰："此山川精气，前王附之为国报仇。并千载白鸡化为妖精，隐在七曜山。山中有鬼，乃前代乐工埋葬于此，化为鬼。旁有一馆宿人往来。馆主名悟空，有一女，并有白鸡一只，是鬼精之余气。凡人往来至此泊宿，鬼精化为千形万状，而害死者甚多。今当取白鸡并馆主之女杀之，其精自灭，彼必化为妖书，令鸱鹗衔之，飞集旃檀之树，奏于上帝祈坏其城。臣吃坠其书，王速收之，则城可就。"

金龟乃使王托为行路人寓宿馆中，置金龟于门楣上。悟空曰："此馆有妖精，夜常杀人，郎君不可宿。且速行他处，莫致取祸！"王笑曰："生死有命，鬼魅何为！吾不足畏也。"乃留宿。夜间，鬼精从外来呼曰："何人在此，不速闭门?"金龟叱曰："闭门汝何为?"鬼精放火散作万状，诡异多万，以惊怖之，终不得入。至鸡鸣时众鬼散去。金龟令王追蹑至七曜山。鬼精收藏殆尽。王乃还馆。

明日馆主呼人同来，欲行收藏宿泊人身尸，见王在坐，语笑自如。馆主趋拜曰："郎君安得若此？是即圣人也!"祈求灵术以救生民。王曰："杀尔白鸡而祭，则鬼精尽散。"悟空从之，杀白鸡而女子自然倒死。即命

---

① 陈庆浩、郑阿财、陈义主编：《岭南摭怪列传》（卷二），《越南汉文小说丛刊》（第二辑），台北：学生书局 1991 年版。

人拙七曜山，得古乐器及骸骨烧捣成灰，投诸江流。时日将晚，王与金龟登越越裳山，见鬼精已化为鸥鹗衔书升旃檀上。金龟遂变为鼠随其后吃鸥足，书坠于地，王速收之，其书蠹食过半。

自是鬼精尽散，无复作怪。筑城半月而就。其城延广千丈，盘旋如螺形，故曰：“螺城”，又曰：“鬼龙城”；唐人呼为“杀鬼昆仑城”，谓其城最高也。

金龟与居三年辞归。王感谢曰：“荷君之思，其城已固。如有外侮，何以御之？”金龟曰：“国祚修短，社稷安危，天之运也。人能修德，可以延之。王有所愿，又何爱惜。”乃脱其爪授王，曰：“偶见贼来，用此做路作弩，向贼前则无忧矣！”言讫遂归东海。王自送之。因命其臣皋鲁造弩以爪为机，号领馆金爪神弩。

是后，赵佗南侵，与王交战。王以神弩射之，佗败走，屯于邹山，与王对垒。佗只王有神弩，不敢再战，遣使请和。王喜，许小江以北佗治之，以南王治之（今月德江）。未几，脱子仲始入宿卫，求婚王女媚珠。王不意佗父子奸诈，遂许之。仲始诱媚珠窃取神机弩，潜作别机，换取归爪藏之。诈媚以归北省亲，因曰：“夫妇之情不忍相忘，父子之恩不可偏废。吾且归省，万一两国失和，南北隔别，我来寻汝，将用何物表识？”媚珠曰：“妾为女子，遇此暌离，情难胜矣。妾有鹅毛锦褥常附于身，到那时节拔毛置诸歧路以示所在，庶得相救。”

仲始辞谢，挟机而归以告佗。佗得之大喜，发兵攻王。王恃神弩，不设备，围棋自若，笑曰：“佗不畏吾神弩耶？”及佗军进逼，王举弩射之，神弩以失，众遂奔溃。王坐媚珠于马后南奔。仲始认鹅毛表迹以追之。王奔至海滨，穷途无舟楫可渡。王大呼曰：“天丧予乎？江使何在，速来救我！”金龟涌出水上，叱曰：“乘马后者，贼也，当杀之，吾方救汝！”王乃拔剑斩媚珠。媚珠临死仰祝曰：“妾为女子，有叛逆之心，谋害其父，则四成微尘；若忠信一节，为人所诈，则化作珠玉，雪此仇耻！”媚珠死于海滨，学疏水上，蚌蛤吸入心，化成明珠。王持七寸文犀，金龟开水引王如海。世传演州高台社夜山县，是其处也。佗军到此，茫无所见，惟有媚珠尸在。仲始抱其尸将归螺城，化为宝石。种始痛惜不已，还妆浴处，想见媚珠形体，遂自投井底而死。后人有得东海明珠以此水洗之，色愈光明。因避媚珠，故呼明珠为大玖、小玖云。

参考文献

越文：

1. Chu Quang Trứ. *Di sản văn hóa dân tộc trong tín ngưỡng và tôn giáo ở Việt Nam*. Hà Nội, Nhà xuất bản Mỹ Thuật. 2001. （《越南信仰与宗教中的民族文化遗产》）

2. Đặng Thế Đại. *Diễn tiến của tín ngưỡng nữ thần truyền thống Việt Nam*. Hà Nội, Viện Nghiên cứu Tôn giáo. 2007. （《越南传统女神信仰的演变过程》）

3. Diệp Đình Hoa. *Tìm hiểu làng Việt*. Hà Nội, Nhà xuất bản Khoa học Xã hội. 1990. （《越南乡村研究》）

4. Diệp Đình Hoa. *Làng Nguyễn: Tìm hiểu làng Việt II* . Hà Nội, Nhà xuất bản Khoa học Xã hội. 1994. （《阮乡：越南乡村研究 II》）

5. Đỗ Thị Hảo. *Các nữ thần Việt Nam*. Hà Nội, Nhà xuất bản Phụ nữ. 1984. （《越南女神》）

6. Đỗ Thịnh. *Địa chí vùng ven Thăng Long*. Hà Nội, Nhà xuất bản Văn hóa Thông tin. 2000. （《升龙地区地方志》）

7. Frank Prochan. "Lên Đồng （Hầu Bóng） - Kho tàng sống của di sản văn hóa Việt nam. " Trong: *Đạo Mẫu và các hình thức Shaman trong các tộc người ở Việt Nam và Châu Á*. Hà Nội, Nhà xuất bản Khoa học Xã hội. 2004. （《降神——越南文化遗产的活宝藏》）

8. Hà Văn Cầu. *Phong tục cưới gả Việt Nam*. Hà Nội, Nhà xuất bản Hội nhà văn. 1992. （《越南嫁娶风俗》）

9. Hồ Đức Thọ. *Lệ làng Việt Nam*. Hà Nội, Nhà xuất bản Hà Nội. 1999. （《越南乡规》）

10. Hồ Đức Thọ. *Huyền tích Thánh Mẫu Liễu Hạnh và di sản văn hóa Lễ*

hội. Hà Nội, Nhà xuất bản Văn hóa Thông tin. 2004. （《圣母柳杏与礼会文化遗产》）

11. Hồ Đức Thọ. *Mẫu Liễu sử thi.* Hà Nội, Nhà xuất bản Văn hóa Dân tộc. 2006. （《柳母史诗》）

12. Hồ Hoàng Hoa. *Lễ hội: Một nét đẹp sinh hoạt văn hóa cộng đồng.* Hà Nội, Nhà xuất bản Khoa học Xã hội. 1998. （《庙会：共同文化生活的美丽形式》）

13. Khánh Duyên. *Tín ngưỡng Bà Chúa Kho.* Hà Bắc, Sở Văn Hóa Thông tin và Thể thao Hà Bắc, 1994. （《仓库女神信仰》）

14. Lê Trung Hòa. *Họ và tên người Việt Nam.* Hà Nội, Nhà xuất bản Khoa học Xã hội. 1992. （《越南人的姓与名》）

15. Ngô Đức Thịnh. "Tín ngưỡng Bà Chúa Kho và sự biến đổi của xã hội Việt Nam. " Trong: *Đạo Mẫu và các hình thức Shaman trong các tộc người ở Việt Nam và Châu Á.* Hà Nội, Nhà xuất bản Khoa học Xã hội. 2004. （《仓库女神信仰与越南社会变迁》）

16. Ngô Đức Thịnh. *Đạo mẫu ở Việt Nam.* Hà Nội, Nhà xuất bản Văn Hóa thông tin. 1996. （《越南母神教》）

17. Ngô Đức Thịnh. *Lên Đồng, cuộc hành trình của các thần linh.* Hà Nội, Nhà xuất bản Khoa học Xã hội. 2009. （《Lên Đồng——神灵的行程》）

18. Ngô Đức Thịnh. *Đạo mẫu.* Hà Nội, Nhà xuất bản Khoa học Xã hội. 2007. （《母神教》）

19. Nguyễn Đức Giang. *Những làn điệu trong hát chầu văn và các bản văn hát hầu.* Hải Phòng, Sở Văn hóa Thông tin, Trung tâm Văn hóa Thành phố Hải Phòng. 2007. （《母神教音乐与歌词汇编》）

20. Nguyễn Kim Hiền. "Lên Đồng ở Việt Nam- một sinh hoạt văn hóa tâm linh mang tính trị liệu. " Trong. *Đạo Mẫu và các hình thức Shaman trong các tộc người ở Việt Nam và Châu Á.* Hà Nội, Nhà xuất bản Khoa học Xã hội. 2004. （《越南 Lên Đồng——带有治疗作用的心灵文化活动》）

21. Nguyễn Minh San. *Những thần nữ danh tiếng trong văn hóa tín ngưỡng Việt Nam.* Hà Nội, Nhà xuất bản Phụ Nữ. 1996. （《越南文化信仰中的著名女神》）

22. Nguyễn Minh San. *Tiếp cận tín ngưỡng dân dã Việt Nam.* Hà Nội, Nhà xuất bản Văn hóa Dân tộc. 1998. （《接近越南民俗信仰》）

23. Nguyễn Văn Mai. *Việt Nam Phong sử.* Hà Nội, Nhà xuất bản Lao Động. 2004.（《越南风史》）

24. Nguyễn Văn Xuyên. "Lễ Hội Phủ Dày và việc quản lý lễ hội trên địa bàn tỉnh Nam Định. " Trong: *Đạo Mẫu và các hình thức Shaman trong các tộc người ở Việt Nam và Châu Á.* Hà Nội, Nhà xuất bản Khoa học Xã hội. 2004.（《Phủ Dày 庙会与南定省地方庙会管理》）

25. Nguyễn Quang Lê. "Bàn về mối quan hệ giữa Phật giáo với Đạo Mẫu dân gian". Trong: *Đạo Mẫu và các hình thức Shaman trong các tộc người ở Việt Nam và Châu Á.* Hà Nội, Nhà xuất bản Khoa học Xã hội. 2004.（《佛教与民间母神教的关系》）

26. Nguyễn Thị Hiền. "Ông Đồng, Bà Đồng: Họ là ai?" Trong: *Đạo Mẫu và các hình thức Shaman trong các tộc người ở Việt Nam và Châu Á.* Hà Nội, Nhà xuất bản Khoa học Xã hội. 2004.（《灵媒：他们是谁？》）

27. Nguyễn Thị Bảy. *Văn hóa Phật giáo và lối sống của người Việt ở Hà Nội và châu thổ Bắc Bộ.* Hà Nội, Nhà xuất bản Văn hóa Thông tin. 1997.（《河内及北部三角洲越人的佛教文化与生活方式》）

28. Phan Đào Nguyên. *Nếp sống tình cảm của người Việt.* Nhà xuất bản Thế giới. Hà Nội. 2006.（《越南人的情感生活方式》）

29. Phan Thuận Thảo. *Tục lệ cưới gả, tang ma của người Việt xưa.* Tp Hồ Chí Minh, Nhà xuất bản Tổng hợp. 2005.（《古代越南人的婚嫁与墓葬习俗》）

30. Phan Kế Bính. *Việt Nam phong tục.* Hà Nội, Nhà Xuất bản Hà Nội. 1999.（《越南风俗》）

31. Trần Lâm. "Di tích lịch sử văn hóa Phủ Dày". Trong: *Đạo Mẫu và các hình thức Shaman trong các tộc người ở Việt Nam và Châu Á.* Hà Nội, Nhà xuất bản Khoa học Xã hội. 2004.（《Phủ Dày 文化历史遗迹》）

32. Trần Quốc Vượng. "Tháng Tám giỗ Cha, tháng Ba giỗ Mẹ". Trong: *Đạo Mẫu và các hình thức Shaman trong các tộc người ở Việt Nam và Châu Á.* Hà Nội, Nhà xuất bản Khoa học Xã hội. 2004.（《八月祭父，三月祭母》）

33. Trịnh Quang Khang. "Tín ngưỡng thờ Mẫu trong tâm thức người Việt và lễ hội Phủ Dày" trong: *Đạo Mẫu và các hình thức Shaman trong các tộc người ở Việt Nam và Châu Á.* Hà Nội, Nhà xuất bản Khoa học Xã hội. 2004.（《越南人的母神信仰与 Phủ Dày 庙会》）

34. Toan Ánh. *Phong tục thờ cúng trong gia đình.* Hà Nội, Nhà xuất bản

Văn hóa Dân tộc. 1996. （《越南家庭祭祀风俗》）

35. Trần Quốc Vượng. *Truyền thống phụ nữ Việt Nam*. Hà Nội, Nhà xuất bản Phụ Nữ. 1972. （《越南妇女传统》）

36. Trung Tâm Khoa học Xã hội và Nhân văn Quốc gia, Bảo tàng Dân tộc học Việt Nam. *Các công trình nghiên cứu của Bảo tàng Dân tộc học Việt Nam*. Hà Nội, Nhà xuất bản Khoa học Xã hội. 2002. （《越南民族学宝藏的研究工程》）

37. Trần Từ. *Cơ cấu tổ chức làng Việt cổ truyền ở Bắc Bộ*. Hà Nội, Nhà xuất bản Khoa học Xã hội. 1984. （《北部古传越人乡村的组织机构》）

38. Trần Văn Giàu. *Sự phát triển của tư tưởng Việt Nam từ Thế kỷ 19 đến Cách mạng Tháng Tám*. . vol. 1. Hà Nội, Nhà xuất bản Chính trị Quốc gia. 1996. （《自 19 世纪到八月革命越南思想发展史》）

39. Võ Văn Trực. *Ngày hội dân gian*. Hà Nội, Nhà xuất bản Văn Hóa Thông tin. 1997. （《民间礼会》）

40. Vương Xuân Tình. *Tập quán ăn uống của người Việt vùng Kinh Bắc*. Hà Nội, Nhà xuất bản Khoa học Xã hội. 2004. （《北部越人的饮食习惯》）

41. Vũ Ngọc Khánh. *Tín ngưỡng dân gian Việt Nam*. Hà Nội, Nhà xuất bản Văn hóa Dân tộc. 2001. （《越南民间信仰》）

42. Vũ Ngọc Khánh. *Đạo Thánh ở Việt Nam*. Hà Nội, Nhà xuất bản Văn Hóa Thông tin. 2001. （《越南的神道》）

中文：

著作：

1. 爱弥尔·涂尔干著，汲喆等译：《乱伦禁忌及其起源》，上海：上海人民出版社 2003 年版。

2. 北京大学社会学人类学研究所：《东亚社会研究》，北京：北京大学出版社 1993 年版。

3. 勃洛尼斯拉夫·马林诺夫斯基著，吴文藻译：《两性社会学》，上海：上海人民出版社 2003 年版。

4. 陈庆浩、王三庆主编：《越南汉文小说丛刊》（第一辑），台北：学生书局 1987 年版。

5. 陈庆浩、郑阿财、陈义主编：《越南汉文小说丛刊》（第二辑），台北：学生书局 1991 年版。

6. 陈耀庭：《道教在海外》，福州：福建人民出版社 2000 年版。

7. 费孝通：《乡土中国》，北京：北京出版社 2005 年版。

8. 符达升、过竹等：《京族风俗志》，北京：中央民族学院出版社 1993 年版。

9. 郭振铎、张笑梅：《越南通史》，北京：中国人民大学出版社 2001 年版。

10. 过伟：《越南传说故事与民俗风情》，南宁：广西人民出版社 1998 年版。

11. 郭淑云：《原始活态文化——萨满教透视》，上海：上海人民出版社 2001 年版。

12. 京族简史编写组：《京族简史》，南宁：广西民族出版社 1984 年版。

13. 凯特·洛文塔尔著，罗跃军译：《宗教心理学简论》，北京：北京大学出版社 2002 年版。

14.《科供文本》，越南海防民间道士民间抄本，2008 年获得。

15.《圣母供文》，越南南定省务本县仙乡府（柳杏圣母神祠）民间道士抄本，2008 年版。

16. 黎氏壬雪：《越南妇女》，河内：越南外文出版社 1972 年版。

17. 黎氏壬雪：《越南妇女Ⅱ》，河内：越南外文出版社 1975 年版。

18. 黎崱：《安南志略》，北京：中华书局 2000 年版。

19. 林美容：《妈祖信仰与台湾社会》，台北：博扬文化事业有限公司 2006 年版。

20. 刘玉珺：《越南汉喃古籍的文献学研究》，北京：中华书局 2007 年版。

21. 罗长山：《越南传统文化与民间文学》，昆明：云南人民出版社 2004 年版。

22. 吕大吉：《宗教学通论新编》，北京：中国社会科学出版社 1998 年版。

23. 马丽加·金芭塔丝著，叶舒宪译：《活着的女神》，桂林：广西师范大学出版社 2008 年版。

24. 梅里·E. 威斯纳—汉克斯著，何开松译：《历史中的性别》，北京：东方出版社 2003 年版。

25. 孟慧英：《当代中国宗教研究精选丛书 · 原始宗教与萨满教卷》，北京：民族出版社 2007 年版。

26. 明峥著，范宏贵译：《越南史略》，北京：生活 · 读书 · 新知三联书店 1960 年版。

27. 明峥著，范宏贵译：《越南社会发展史研究》，北京：生活 · 读书 · 新知三联书店 1963 年版。

28. 王斯福著，赵旭东译：《帝国的隐喻》，南京：江苏人民出版社 2008 年版。

29. 阮鸿峰著，梁红奋译：《越南村社》，昆明：云南省东南亚研究所 1983 年版。

30. 罗伯特 · 希普里阿尼著，高师宁译：《宗教社会学史》，北京：中国人民大学出版社 2005 年版。

31. 约翰期通著，尹今黎、张蕾译：《社会中的宗教：一种宗教社会学》，成都：四川人民出版社 1991 年版。

32. 陶维英著，刘统文译：《越南古代史》，北京：科学出版社 1959 年版。

33. 王宏刚：《萨满教舞蹈及其象征》，沈阳：辽宁人民出版社 2002 年版。

34. 汪大渊著，苏继庼校释：《岛夷志略校释》，北京：中华书局 2000 年版。

35. 阎云翔著，龚晓夏译：《私人生活的变革：一个中国村庄里的爱情、家庭与亲密关系 1949—1999》，上海：上海书店出版社 2006 年版。

36. 孙尚扬：《宗教社会学》，北京：北京大学出版社 2001 年版。

37. 杨念群：《空间 · 记忆 · 社会转型："新社会史"研究论文精选集》，上海：上海人民出版社 2001 年版。

38. 叶舒宪：《高唐神女与维纳斯》，西安：陕西人民出版社 2005 年版。

39. 张加祥、俞培玲：《越南》，北京：当代世界出版社 1984 年版。

40. 张加祥、俞培玲：《越南文化》，北京：文化艺术出版社 2001 年版。

41. 郑振满、陈春声：《民间信仰与社会空间》，福州：福建人民出版社 2003 年版。

42. 中国科学院民族研究所、广东少数民族社会历史调查组编：《京族简史简志合编》，中国社会科学院民族所 1963 年版。

43. 周去非著，杨武泉校注：《岭外代答校注》，北京：中华书局 1999 年版。

44. 朱云影：《中国文化对日韩越的影响》，台北：黎明文化实业股份有限公司 1981 年版。

45. 杨庆堃著，范丽珠译：《中国社会中的宗教：宗教的现代社会功能及其历史因素之研究》，上海：上海人民出版社 2006 年版。

46. 中国佛教学会法音杂志社编：《佛教念诵集》，北京：中国佛教协会 1997 年版。

论文：

1. 白志红：《女性主义人类学视野下的亲属关系研究》，《云南社会科学》2004 年第 4 期。

2. 陈益源：《越南女神柳杏公主汉喃文先考索》，《中华文史论丛》2007 年第 2 期。

3. 陈英桃：《越南母神信仰与道教对它的影响》，《中山大学硕士学位论文》2004 年。

4. 付红梅：《社会性别理论在中国的运用和发展》，《经济与社会发展》2006 年第 7 期。

5. 顾乐真：《越南民间宗教——母道教琐谈》，《民族艺术》1995 年第 4 期。

6. 哈布尔：《上古华夏女神研究》，《内蒙古社会科学》1991 年第 5 期。

7. 黄敏：《道教与越南传统文化》，《东南亚纵横》2003 年第 8 期。

8. 金蓓：《当今越南妇女》，《国际展望》2000 年第 12 期。

9. 黎巧萍：《试述外来文化对越南文化的影响》，《东南亚纵横》2002 年第 5 期。

10. 李南：《试论女神》，《南亚研究》2003 年第 1 期。

11. 李宁利：《自梳女的“婚嫁”象征》，《民族研究》2004 年第 5 期。

12. 李权弟：《从创始女神萨天巴看侗族传统文化心理》，《中南民族学院学报》1990 年第 5 期。

13. 李素平：《中国原始母系社会的女神崇拜》，《北京印刷学院学报》

2003 年第 1 期。

14. 李姝：《创世神话中女神形象嬗变的几个阶段》，《云南师范大学学报》1999 年第 6 期。

15. 李天锡：《试述华侨华人的女神崇拜》，《八桂侨刊》2001 年第 2 期。

16. 李霞：《女性主义人类学与汉人亲属制度研究》，《妇女研究论丛》2002 年第 9 期。

17. 李小云：《发展进程中的妇女及性别问题》，《社会学研究》1998 年第 3 期。

18. 连镇标：《多元复合的宗教文化意象——临水夫人形象探考》，《世界宗教研究》2005 年第 1 期。

19. 刘霓：《女性主义社会科学研究的方法与特点》，《国外社会科学》1997 年第 4 期。

20. 刘勤：《对中国女神研究成果的回顾及检讨》，《民族文学研究》2007 年第 2 期。

21. 刘文明：《论罗马古典时期的女神崇拜与女性宗教生活》，《浙江师大学报》（社会科学版）2000 年第 1 期。

22. 刘志强：《越南的民间信仰》，《东南亚纵横》2005 年第 6 期。

23. 刘志伟：《大洲岛的神庙与社区关系》，郑振满、陈春声主编：《民间信仰与社会空间》，福州：福建人民出版社 2003 年版。

24. 罗长山：《越南民间的娱乐文化》，《东南亚纵横》1997 年第 1 期。

25. 麻国庆：《汉族传统社会结构与家庭》，《社会科学战线》1993 年第 4 期。

26. 聂槟：《外来文化在越南的传播与融合》，《东南亚纵横》2003 年第 12 期。

27. 潘大允：《关于越南乡村的几个问题》，《历史研究》1987 年第 1—2 期。

28. 秋山洋子：《女性主义分析与父权制概念》，《妇女研究论丛》1995 年第 1 期。

29. 任一鸣：《女性主义学术研究的价值》，《昌吉学院学报》2005 年第 1 期。

30. 释圣严：《越南佛教史略》，《现代佛教学术丛刊》1980 年第

83 期。

31. 孙敏：《从女神崇拜看楚文化女性思维的形成》，《西南民族大学学报》（人文社科版）2006 年第 8 期。

32. 孙衍峰：《论越南人的祖先崇拜》，《当代亚太》2005 年第 9 期。

33. 孙衍峰：《越南人的城隍信仰》，《解放军外国语学院学报》2003 年第 5 期。

34. 孙正国：《中国族源性女神母体的文化阐释》，《思想战线》2003 年第 3 期。

35. 汪毅夫：《流动的庙宇与闽台海上的水神信仰》，《世界宗教研究》2005 年第 2 期。

36. 王宏刚：《北方民族女神崇拜的历史、文化意义》，《社会科学战线》2003 年第 3 期。

37. 王卡：《越南访道研究报告》，《中国道教》1998 年第 2—3 期。

38. 王铭铭：《中国民间宗教：国外人类学研究综述》，《世界宗教研究》1996 年第 2 期。

39. 王晓丽：《孕体雕像与女神崇拜》，《青海师范大学学报》（社会科学版）1996 年第 2 期。

40. 肖发荣：《再论母系制母权制与女性社会地位》，《妇女研究论丛》2005 年第 5 期。

41. 徐子峰：《红山文化之“女神”及相关问题》，《内蒙古社会科学》2004 年第 6 期。

42. 徐子峰：《论东方史前“女神”》，《长江大学学报》（社会科学版）2006 年第 6 期。

43. 徐方宇：《汉族、越族民间灶神信仰之比较研究》，《东南亚研究》2006 年第 3 期。

44. 徐晓光：《日本与我国西南少数民族的女性始祖神化及女神崇拜观念比较》，《贵州民族学院学报》（哲学社会科学版）2006 年第 2 期。

45. 叶舒宪：《傩、萨满、瑜伽——神话复兴视野上的通观》，《吉林师范大学学报》2005 年第 4 期。

46. 张星德：《红山文化女神之性质及其地位考》，《辽海文物学刊》1995 年第 2 期。

47. 张星德：《红山文化女神与史前宗教中的土地神》，《社会科学辑刊》1996 年第 2 期。

48. 赵世瑜：《明清以来妇女的宗教活动、闲暇生活与女性亚文化》，郑振满、陈春声主编：《民间信仰与社会空间》，福州：福建人民出版社 2003 年版。

英文：

1. Barley Norton. Vietnamese Medium Rituals: the Musical Construction of the Spirits. *Mother Goddesses and Some Shamanistic Form of Ethnic Groups in Vietnam and Asia*. Hanoi: Social Sciences Publishing House, 2004.

2. Daniele Belanger. Single and Childless Women of Vietnam: Contesting and Negotiating Female Identity. *Gender Practices in Contemporary Vietnam*. Singapore: Singapore University Press, 2004.

3. Fiona Bowie. *The Anthropology of Religion*. Blackwell Publishers, USA, 2000.

4. Feuchtwang, S. and Wang Ming-ming. The Politics of Culture or a Contest of Histories: Representations of Chinese Popular Religion. *Dialectical Anthropology*, 1991.

5. Gellner, E. *Nations and Nationalism*. Oxford: Blackwell Publishers, USA, 1983.

6. Helle Rydstrom. *Embodying Morality: Growing Up in Rural Northern Vietnam*. Honolulu: University of Hawaii Press, 2003.

7. Helle Rydstrom. Female and Male "Characters": Images of Identification and Self-Identification for Rural Vietnamese Children and Adolescents. *Gender Practices in Contemporary Vietnam*. Singapore: Singapore University Press, 2004.

8. Jayne Werner. Managing Womanhoods in the Family: Gendered Subjectivities and the State in the Red River Delta in Vietnam. *Gender Practices in Contemporary Vietnam*. Singapore: Singapore University Press, 2004.

9. Khuat Thu Hong. Sexual Harassment in Vietnam: a New Term for and Old Phenomenon. *Gender Practices in Contemporary Vietnam*. Singapore: Singapore University Press, 2004.

10. Kleinen, J. *Facing the Future, Reviving the Past: a Study of Social*

Change in a Northern Vietnamese Village. Singapore: Institute of Southeast Asian Studies, 1999.

11. Laurel Kendall. *Shamans, Housewives, and Other Restless Spirits: Women in Korean Ritual Life*. Honolulu: University of Hawaii Press, 1987.

12. Laurel Kendall. When Is a Kut Like a Len Dong: Some Notes Toward a Korean/Vietnamese Comparison. *Mother Goddesses and Some Shamanistic Form of Ethnic Groups in Vietnam and Asia*. Hanoi: Social Sciences Publishing House, 2004.

13. Lisa Drummond. The Modern "Vietnamese Woman": Socialization and Women's Magazines. *Gender Practices in Contemporary Vietnam*. Singapore: Singapore University Press, 2004.

14. Luong, Hy Van. Economic Reform and the Intensification of Rituals in Two North Vietnamese Villages 1980 – 1990. Cambridge, MA: Harvard Institute for International Development, 1993.

15. Malarney, S. K. *Culture, Ritual and Revolution in Vietnam*. London: Routledge Curzon, 2002.

16. Marr, D. G. Religion in Vietnam. In R. F. Miller and T. H. Rigby (eds.) *Religion and Politics in Communist States* Canberra: Australian National University, 1986. pp. 123 – 33.

17. Ngo Duc Thinh. Some Concepts on the Mother Goddess and Hau Bong Rites. *Mother Goddesses and Some Shamanistic Form of Ethnic Groups in Vietnam and Asia* Hanoi: Social Sciences Publishing House, 2004.

18. Ngo Thi Ngan Binh. The Confucian Four Feminine Virtues (tu duc): the Old Versus the New-Ke Thua Versus Phat Huy. *Gender Practices in Contemporary Vietnam*. Singapore: Singapore University Press, 2004.

19. Philip Taylor. "The Goddess, the Ethnologist, the Folklorist and the Cadre: Situating Exegesis of Vietnam's Folk Religion in Time and Place". *The Australian Journal of Anthropology*, 2003.

20. Philip Taylor. *Goddess on the Rise: Pilgrimage and Popular Religion in Vietnam*. Honolulu: University of Hawaii Press, 2004.

21. Soucy, A. *The Buddha's Blessing: Gender and Buddhist Practice in Hanoi*. PhD Thesis. *Australian National University*, 1999.

22. Melford E. Spiro. *Culture and Human Nature: Theoretical Papers of Melford E. Spiro*. Chicago: Chicago University Press, 1987.

23. Taylor, P. The Ethnicity of Efficacy: Vietnamese Goddess Worship and the Encoding of Popular Histories. *Asian Ethnicity*, 2002, 3 (1): 85 – 102.

24. Thu-huong Nguyen-vo. The Class Sense of Bodies: Women Garment Workers Consume Body Products in and Around Ho Chi Minh City. *Gender Practices in Contemporary Vietnam*. Singapore: Singapore University Press, 2004.

25. Tran Ngoc Angie. What's Women's Work? Male Negotiations and Gender Reproduction in the Vietnamese Garment Industry. *Gender Practices in Contemporary Vietnam*. Singapore: Singapore University Press, 2004.

26. Tran Han Giang. Impact of Renovation Policies on Women in Education, Healthcare and Social Welfare. *Gender Practices in Contemporary Vietnam*. Singapore: Singapore University Press, 2004.

27. Yuval-Davis, N. *Gender and Nation*. London: Sage, 1997.

后记

"精忠上仰将军岳，正学前瞻教授胡"，这是母校泰州中学校园内安定书院的楹联。我的家乡江苏省泰州市，古称海陵，在海陵城西有一座土丘名叫"泰山"，山上有座岳武穆祠，山下有个安定书院。在这样一个古朴优雅的校园里，我却遇到了王凌老师——一位个性张扬的女老师，她给我们讲述性别差异与性别优势，带我们去无锡、宜兴远足，一路上要我们体会小吃与语言的地域差异。在她的熏陶下，我逐渐喜欢上了文字、摄影和旅行，梦想日后能够描绘各地的社会风俗。

多年的文史阅读在我脑海中隐约建构起传统东亚家庭结构的图景，我在北京语言大学读研期间常与日韩同学讨论当地的妇女风俗。当走访越南北部的乡村与城市之后，我察觉到了东亚传统的蛛丝马迹。经王建新教授引荐，我有幸师从中山大学人类学系的刘昭瑞教授攻读博士学位，征得导师同意后我开始对越南女神信仰与女性风俗展开研究。本书是博士论文的修订稿，是一本基于越南妇女民俗考察的民族志。接下来，我将继续考察岭南地区的妇女民俗，从而在民间记忆中寻觅中越文明的交集。

2011 年早春，我暂别广州，在英国兰卡斯特大学（Lancaster University）的社会学系进行为期三个月的访学。当我在校园中漫步，看到 Pendle 学院的标志竟是一位骑在扫帚上飞行的黑衣女巫时，觉得十分费解。

兰卡斯特大学性别与女性研究中心的负责人 Vicky Singleton 博士与 Maureen McNei 教授分别拥有心理学与科学史的学术背景，她们提醒我关注欧美的女巫研究。在她们眼里，1612 年在兰卡斯特城堡被处决的女巫其实是一群拥有医学护理知识与心理治疗能力的智慧女性，而这些女性在中世纪沦为了宗教迫害的牺牲品。在英国，Pendle 森林因女巫传说而著称，这个地名也成为亲近自然、抗拒主流、独立自主精神的象征，故而 Pendle 学院以女巫为标志。英国的学术之旅鼓舞我回顾东亚的女神研究，通过古老的传说以及鲜活的仪式，逐步描绘出东亚女性心理意识的原型。

我与人类学专业的缘分来自一段奇妙的友情。第一位向我描述人类学田野调查经历的是一位来自泰国的学长 Chusak，他带我去中山大学人类学系参观，并且督促我提高外文水平，鼓励我在海外做田野调查。在中山大学，我的博士生导师刘昭瑞教授常常提醒我治学须勤勉。我在田野调查时遇到困惑，他总是通过电子邮件及时指引。自始至终，刘老师鼓励我按照自己的兴趣选择研究课题。

中山大学人类学系的各位老师在学术方面给予了我无私的帮助。我能将越南作为东亚文化体系的一员，得益于麻国庆教授引荐我与日本学者末成道男教授的多次交流。周大鸣、张应强、何国强、邓启耀等老师在开题报告的时候为我提供了宝贵的意见。末成道男教授与河合洋尚老师给我莫大的精神鼓励，且在论文结构方面予以指导。

回顾研究的前期准备，难忘校外友人最初的支持。2006 年在广西民族大学图书馆查阅资料期间，王启慧老师招待我吃住，亲自带我去拜访两位越南文化专家——范宏贵教授与袁少芬教授。越南社科院的陈英桃女士在 2010 年春节特意去海防看望我、鼓励我，我曾经跟她就本书内容作过多次探讨。越南海防奉法村宝光寺的清林法师是我学习越南语的启蒙老师，也是我田野调查中的重要报道人，我能在社区轻松参加当地的民俗庆典，也多亏了他的介绍。法师通英文、擅音律，宅心仁厚，让我领略到越南僧侣的风度。

感谢我的父母，他们鼓励我快乐地做我自己，他们从不拿我跟他人比较。感谢我先生的父母，我在海防调查期间得到了他们的无私帮助。特别是在我骨折后养伤期间，是他们陪伴我渡过难关。

感谢在海防奉法村结识的姊妹，她们带我去家里做客，带我参加庙会和婚礼。没有她们的帮助和接纳，我不可能顺利完成调查工作。从 2006 年初识至今，发生了许多事情：有的姐妹经历了丧父之痛，有的姐妹结婚生子，有的姐妹离婚，有的姐妹去台湾打工了，但是我们始终保持着联系，关心着彼此。

感谢我的先生范德全和女儿范心怡，他们是我研究的起点与终点，是我生命的信念。

本书得以出版，承蒙广东省“211 工程”三期重点学科建设项目“人文学中心建设”学术著作出版资助，感谢刘昭瑞与郑立华两位教授的热忱推荐。2012 年我将在广东外语外贸大学外国文学文化研究中心开始博士后研究，栾栋教授鼓励我继续从事越南北部与岭南地区女神信仰之对比研究，得悉栾教授故里为陕西子长（古称安定），不禁想起母校的安定书院，忽觉此生须勤勉于学。

2011 年 4 月，我和女儿在英格兰西北部与当地人一道从严冬走入春天，等待大地苏醒。根据欧洲的民间信仰，复活节并非纪念耶稣基督的复活，原是庆祝生命女神的降临。感谢一切令我们坚持不懈、努力前进的智慧力量。

记得费孝通先生说过，人类学家不是在田野中就是在走往田野的路上。文化人类学的民族志带着对一方土地的眷恋以及旅途的颠簸，若要将这些尚在流动的信息付诸纸端，拾掇出淡定从容的样貌，非得遇着学术前辈的引领，非得仰仗出版社同仁的倾力扶持。在此感谢“人文学丛书”主编栾栋教授，暨南大学出版社总编辑史小军教授，以及本书责任编辑陈绪泉先生。愿所有美善的种子都能结出优雅的果子，时时荣耀大地。

2012 年春日写于广州白云山麓